DICTIONNAIRE
DE LA JURISPRUDENCE
DE LA
COUR DE CASSATION,

Ou les Maximes, Règles et Principes de cette Cour, depuis l'an VIII jusqu'à présent, recueillis et rangés par ordre de matières CIVILES ET CRIMINELLES.

DICTIONNAIRE

DE JURISPRUDENCE

DE LA

COUR DE CASSATION,

Ou les Maximes, Règles et Principes de cette Cour, depuis l'an VIII jusqu'à présent, recueillis et rangés par ordre de matières CIVILES ET CRIMINELLES;

PRÉCÉDÉ d'un Traité sur la compétence des Autorités judiciaires et des Magistrats de l'Empire français;

OUVRAGE jugé utile à toutes les Autorités judiciaires et administratives, et aux gens d'affaires.

DÉDIÉ

A SON ALT. SÉRÉNISSIME MONSEIGNEUR

LE PRINCE CAMBACÉRÈS,

Archi-Chancelier de l'Empire, Grand Cordon de la Légion d'Honneur; Chevalier de l'Ordre de l'Aigle noire (de Prusse); Membre de l'Institut de France.

PAR F. JEAN MONTAINVILLE, Juge de première instance à Trèves, (*Sarre*) de l'Académie de législation.

QUATRIÈME VOLUME.

A TRÈVES,

Chez l'Auteur, N.° 21, et aux adresses ordinaires.

JUIN 1807.

La Table des mots contenus dans ce volume est à la fin.
*Les exemplaires ont été déposés à la bibliothèque
impériale*

Chaque volume est signé comme le présent.

DICTIONNAIRE
DE LA JURISPRUDENCE

DE LA

COUR DE CASSATION,

Ou les Maximes, Règles et Principes de cette Cour, depuis l'an VIII jusqu'à présent, recueillis et rangés par ordre de matières CIVILES ET CRIMINELLES.

DICTIONNAIRE
DE JURISPRUDENCE

DE LA
COUR DE CASSATION,

Ou les Maximes, Règles et Principes de cette Cour, depuis l'an VIII jusqu'à présent, recueillis et rangés par ordre de matières CIVILES ET CRIMINELLES;

PRÉCÉDÉ d'un Traité sur la compétence des Autorités judiciaires et des Magistrats de l'Empire français;

OUVRAGE jugé utile à toutes les Autorités judiciaires et administratives, et aux gens d'affaires.

DÉDIÉ
A SON ALT. SÉRÉNISSIME MONSEIGNEUR
LE PRINCE CAMBACÉRÈS,

Archi-Chancelier de l'Empire, Grand Cordon de la Légion d'Honneur; Chevalier de l'Ordre de l'Aigle noire (de Prusse); Membre de l'Institut de France.

PAR F. JEAN MONTAINVILLE, Juge de première instance à Trèves, (Sarre) de l'Académie de législation.

PREMIER VOLUME.

A TRÈVES,
Chez l'Auteur, N.° 21, et aux adresses ordinaires.

OCTOBRE 1806.

Sur une même matière ; que tel était le but que je m'étais proposé. Voulant encourager mes travaux et récompenser les pénibles recherches que m'a coûtées ce Dictionnaire, *VOTRE ALTESSE* a bien voulu honorer cet ouvrage de sa souscription :

Veuillez, *MONSEIGNEUR*, juger mon travail, avec cette indulgence qui caractérise les grands hommes, au rang desquels nos contemporains ont déjà placé *VOTRE ALTESSE*, que la postérité proposera pour modèle à ses successeurs. C'est l'ouvrage des premiers organes de la Justice : c'est le résultat des connaissances profondes d'une foule de Magistrats du premier mérite. Puisse ma plume n'avoir point déprécié l'original, et lui avoir conservé les beautés sans lesquelles il ne serait pas digne d'être présenté au Chef de la Magistrature, chargé par les constitutions de l'Empire de surveiller les abus qui peuvent s'introduire dans l'administration de la justice, de présider la haute Cour impériale et de recevoir le serment des premières personnes de l'ordre judiciaire.

Heureux si je puis être de quelqu'utilité au barreau et à l'enseignement d'une science qui fut toujours l'objet de vos occupations les plus chères, et si mon travail peut être agréable à *VOTRE ALTESSE SÉRÉNISSIME.*

Daignez, MONSEIGNEUR, en agréer l'hommage, ainsi que l'expression du profond respect avec lequel je suis,

De Votre Altesse Sérénissime ;

MONSEIGNEUR,

Le très-humble et très-obéissant
Serviteur,

F. Jean Montainville,
Juge à Tréveu.

TABLE
ALPHABÉTIQUE

*D***ES** *mots dont sont composés les sept premiers volumes du Dictionnaire de la Jurisprudence de la Cour de cassation , publiés en* 1807.

TRAITÉ *sur la compétence des autorités judiciaires et des magistrats de l'Empire français, dans lequel sont entrés beaucoup de décis ons sur les règles du droit et sur la forme , en temps qu'elles décidaient la compétence : composé de* 102 *articles relatifs aux matières civiles et de* 161 *articles relatifs aux matières criminelles : extraits de plus de* 400 *arrêts de la Cour de cassation , depuis l'an VIII jusqu'en* 1807.

O.

Obligation,
Octrois *municipaux*,
Offense *à la loi*,
Office,
Officiers de santé,
Idem de police,
Offres réelles,
Omission,
Opposition *aux arrêts*,
  en mat. civile.
Idem en mat. crimin.
Opposition (*tierce*),
Option,
Original,
Outrages,
Ouvriers.

P.

Pacage,
Paiement,
Papier monnaie,
Parcours,
Partage *des biens*,
Idem d'opinions,
Passe de-bout,
Pâturage,
Pêche,
Peines (*des*) *en gé-*
  néral.
Percière,
Péremption,
Pertinence *de faits*,
Peste,
Pièces,
Piémont,
Pilotes lamaneurs,
Plaignant,
Plainte,
Poids et mesures,
Pontage, (*droit de*)
Porteur *d'effet de*
  commerc, etc.
Portion disponible,
Possesseur,
Possession,
Possessoire,
Poudre *et salpêtre*,
Pouvoir,

Préciput,
Préférence, (*droit de*)
Préfet,
Préposés,
Prescription,
Présence,
Présomption,
Prétérition,
Prêt,
Prêtre,
Prévarication,
Preuve,
Prévention,
Prime,
Principal,
Prise,
Prisonnier,
Privilege,
Prix,
Procédure,
Procès,
Procès-verbaux,
Procuration,
Procureur,
Prodigalité,
Prohibition,
Promesse,
Promulgation,
Prononciation,
Propres,
Propriété,
Prorogation,
Protêt,
Protestans,
Provision,
Publication,
Publicité,
Pupille,
Purgement *de saisine.*

Q.

Qualification,
Qualité,
Quarantaine,
Question,
Quint,
Quittance,
Quotité.

R.

Rachat,
Radiation,
Rappel,
Rapport,
Rapprochement,
Rapt,
Rassemblement,
Ratification,
Rébellion,
Recélement,
Recherche,
Récidive,
Réciprocité,
Réclusion,
Récolte,
Recommandation,
Reconciliation,
Reconnaissance,
Récusation,
Rédaction,
Redevance,
Réduction,
Refente,
Référés,
Refus,
Régies,
Registres,
Réglemens,
Réintégration,
Rejet,
Religionnaire,
Remboursement,
Réméré,
Remise,
Rémission,
Remplacement,
Remploi,
Renonciation,
Rente,
Renvoi,
Réparation,
Représentation,
Répudiation,
Requête,
Rescision,
Rescription,
Réserve,
Résiliation,

Responsabilité,
Ressort,
Restitution,
Rétention,
Retenue,
Retour,
Rétractation,
Retrait,
Rétroactif, (*effet*)
Rétrocession,
Revendication,
Révision,
Révocation,
Révolution,
Rôle,
Roulage,
Ruisseau.

S.

Saisie,
Saint-Domingue,
Salpêtrier,
Sardaigne,
Sauf-conduit,
Sceau,
Seigneur,
Séparation,
Septuagénàire.
Séquestre,
Serment,
Servitudes,
Sévices,
Signature,
Signification,
Simulation,
Société,
Solidaire,
Solidarité.
Soultes,
Sous-locataire,-
Sous-marqué,
Sous-seing-privé,
Sous-ordre,

Soustraction,
Souveraineté,
Spéculation,
Statut,
Stélionat,
Subrogation,
Subrogé tuteur,
Substitution,
Successeur,
Successible,
Succession,
Suppléant,
Supplément,
Supposition,
Suppression,
Surcharges,
Sur-séance,
Sursis,
Surveillance,
Survenance,
Suspension,
Suspicion.
Synallagmatique,

T.

Tabacs,
Taxes,
Témoignage,
Témoins,
Tentative,
Terrage,
Territoire,
Testament,
Tiers *acquéreur*,
Idem coutumier,
Idem deniers,
Idem possesseur,
Timbre,
Tirage,
Tireurs,
Titre,
Tradition,
Traitant

Transaction,
Transcription,
Transfert,
Transit,
Transmission,
Trésors,
Triages,
Troubles,
Troupes,
Tutelle,
Tuteur,

U.

Usage,
Usagers,
Usufruit,
Usufruitier,
Usure,
Usurpation.

V.

Vacations,
Vagabondage,
Vaisseau *ou* navire,
Valeur,
Validité,
Vendeur,
Vente *de bois*,
Idem de meubles,
Idem d'immeubles,
Vérification,
Veuve,
Viduité,
Viol,
Violation,
Violence,
Visa,
Visites,
Voies *de faits*,
Voirie,
Voitures.
Voiturier,
Vol,
Volonté.

Fin de la Table générale des mots qui composent ce Dictionnaire.

Nota. Tous les mots placés dans cette table contiennent des arrêts rendus par la Cour de cassation; ceux qui ne font qu'indiquer des renvois à d'autres mots n'y sont point compris.

INDICATIONS

Nécessaires pour l'usage de ce recueil.

L'on sait qu'une décision judiciaire donne souvent lieu à l'application de divers principes susceptibles d'être classés sous différens mots; c'est ce qui a été fait dans ce Dictionnaire, en se déterminant, autant que possible, par ceux que la Cour a consacré dans ses décisions. Néanmoins, il est des principes qui par leur analogie avec d'autres, ne permettent pas de les isoler; pour ce cas, des renvois placés, aux articles qui en sont susceptibles, évitent au lecteur de pénibles recherches.

On sait qu'un principe s'applique souvent à des espèces différentes; pour ne point grossir ce Dictionnaire par des répétitions fastidieuses, on a encore placé, à chacun des articles qui sont dans ce cas, des renvois à ceux qui contiennent les mêmes principes.

Dans l'usage d'un Dictionnaire, chacun y cherchant les matières sous les mots qui se présentent à son esprit; on a placé des arrêts rendus sur une même matière à divers mots, avec renvoi de l'un à l'autre; par exemple, en fait de *Prescription du droit de mutation*, l'on trouve le principe au mot *Mutation*, et le développement du même principe par un autre arrêt au mot *Prescription*, etc. etc.

Une table alphabétique et raisonnée des matières, placée à la fin du dernier volume, remplira doublement le même objet. Rien n'a été négligé pour mettre le lecteur à même de vérifier en peu de temps et sans un grand travail si le principe qui lui est rapporté et l'autorité de la jurisprudence (*), ou s'il ne forme qu'un préjugé.

Un grand nombre d'articles, extrait de plusieurs arrêts rendus sur le même point de *fait* ou de *droit*, établissent eux-mêmes la jurisprudence.

La phrase affirmative a paru préférable à celle interrogative, pour la règle (*imprimée en lettres italiques*)

(*) *Autoritas rerum judicatarum nihil aliud est quàm res perpetuò similiter judicatæ, quæ similium causarum jus constituunt.*

qui commence chacun des articles : cette règle présente
d'une manière concise le point de difficulté jugé par
la Cour de cassation; lorsque les parties (ou les juges
dont la décision a été réformée) ont présenté des
moyens à l'appui de leur pourvoi (ou pour motif de
leur jugement) des opinions contraires, on les a extraites
et mises en opposition avec la règle posée : par là les
principes sont controversés, et la décision de la Cour,
qui termine chaque article, fixe d'une manière certaine
l'exactitude de la règle.

Les faits ainsi que *les clauses des contrats qui ont
donné lieu à la contestation*, (pour les cas où il est
nécessaire de les connaître) ont été extrait avec soin,
toutes les fois que la Cour ne les a point rappellés
dans ses motifs dégagés, autant que possible, de la
pluralité des personnes et des lieux, ils ne présentent
jamais que le nombre d'interlocuteurs strictement nécessaire pour leur intelligence.

Les décisions de la Cour sont rapportées avec des guillemets à toutes les lignes ; les opinions du ministère
public, dont on s'est souvent appuyé, n'ont de guillemets
qu'au commencement et à la fin de chaque à linéa ; ces
décisions ont été fidèlement recueillies, mais en supprimant les mots *considérant* et *attendu*, usité dans les rédac-
tions judiciaires, de manière à se rapprocher, autant
que possible, des règles du discours simple ou ordinaire.

C'est au lecteur à décider, si aucun des ouvrages
périodiques, publiés sur la jurisprudence de la Cour de
cassation, peut lui rendre les mêmes services que ce Dictionnaire, soit *dans les cours* aux écoles de droit; soit
dans les plaidoiries aux audiences; soit, enfin, *dans ses
délibérations*, s'il est magistrat ;

C'est encore au lecteur à faire le calcul de la différence existante entre le prix auquel ce Dictionnaire est
porté et celui des cinquante-deux volumes nécessaires
pour rassembler plus de *trois mille arrêt· de la Cour
de cassation* que les premiers volumes de ce Dictionnaire
réunissent.

AVIS AUX RELIEURS.

Messieurs, Son Altesse Sérénissime Monseigneur le Prince Cambacérès ayant daigné accepter la dédicace de ce Dictionnaire lors de la mise au jour du troisième volume, on joint ici, pour être placé en tête du premier le titre, l'épître dédicatoire et cette table ; ces trois objets ne contenant qu'une feuille d'impression, vous savez qu'il est facile de la substituer aux premiers feuillets du premier volume déjà relié, en y attachant le feuillet de l'indicateur du Traité de compétence.

Beaucoup de personnes ayant pu faire du *Traité de compétence* un volume séparé du *Dictionnaire* proprement dit: dans ce cas les titre, épître dédicatoire et table, ici réunis, doivent être placés avec la seconde livraison, (contenant l'*Avis au lecteur*, les mots *Abandon* jusqu'à *Actes*, inclus,) en tête du second volume.

DICTIONNAIRE

DE LA JURISPRUDENCE

DE LA

COUR DE CASSATION,

DOT. *De tous les biens.*

1.º *Dot (la constitution d'une) pour être générale n'a pas besoin d'être littéralement exprimée ; cette généralité peut se présumer par induction d'après les expressions employées dans l'acte.* (*)

    « En droit, l'expression de *Dot* n'est pas
» essentielle pour faire reconnaître une sti-
» pulation dotale, quand les autres stipula-
» tions indiquent suffisamment l'intention,
» la volonté de ne rien excepter ni réserver
» des biens, soit présens, soit à venir. »

    En vain dirait-on : les biens des femmes dans la ci-devant Provence étaient paraphernaux ; elles n'avaient de biens dotaux, que ceux qui étaient expressément qualifiés tels ; tel est le vœu de la loi 9, § 2 ff. De *JURE DOTIUM.*

    De-là cette maxime, la constitution de tous les biens ne s'étend qu'aux biens présens, si

Constitution générale.

Droit romain.

(*) *Voyez* les termes de cet acte au mot *Constitution*, nomb. 1.º 3.ᵉ vol. p. 117.

IV.ᵉ Vol.　　　　　　　　　　A

elle n'est littéralement étendue aux biens
à venir.

Lorsque les juges « appuyent leur déci-
» sion des clauses de l'acte, de la considéra-
» tion de l'état des biens de la femme, qui
» lors du contrat, ne possédait que le mon-
» tant d'un legs à elle fait par son père, qui
» se constitue en dot tout ce qu'elle posse-
» dait, et qui de suite constitue son mari son
» procureur général et spécial . . . ; enfin, de
» l'acte qui indique le sens que les époux
» ont donné à leur stipulation ; »

En décidant que la constitution de dot est
» générale, *ces juges* ne violent pas la loi
» romaine. » (*)

Car, « dans le cas même où l'interprétation
» donnée à la stipulation dont il s'agit, serait
» moins évidemment déduite du sens, de
» l'esprit et de la lettre des lois romaines, de
» l'opinion des commentateurs et des auteurs
» les plus accrédités, il faudrait au moins y
» reconnaître une interprètation de doctrine
» qui aurait eu pour objet ou pour résultat,
» non de violer une loi positive et sans am-
» biguité, mais d'appliquer dans le sens le
» plus juste et le plus moral des textes de la
» loi, sur lesquels les auteurs étaient parta-
» gés. » (1)

2.° *Dot* (la) *reçue, par le mari, en assignats, ne doit être restituée que suivant l'échelle
de dépréciation.*

« Le système contraire est une erreur,
disait M. *Le Coutour*, provenant de la fausse

(*) Voyez la note, page précédente.
(1) 11 *Flor. an XI.* Rej. D'*Audibert*. Jur. an 11 , p. 264.

interprétation donnée à l'art. 15 de la loi du 16 nivôse an VI, afin de contraindre le mari à payer plus qu'il n'a reçu réellement. »

« La règle générale est que le mari, détenteur de deniers dotaux reçus en assignats, n'en doit la restitution que suivant l'échelle de dépréciation : l'article cité porte une exception à ce principe ; il veut que l'on puisse contraindre à payer sans réduction les détenteurs de deniers dotaux, *qui auraient dû* les recevoir en numéraire : mais l'expression *qui aurait dû*, est relative à ceux qui étaient dans la nécessité, pour qui c'était un devoir de recevoir ou au moins de poursuivre, et non à ceux en qui la poursuite de la dot était de pure faculté, sans être un devoir ; elle n'est relative qu'au cas où le mari par sa négligence aurait laissé périr la dot de sa femme : la même expression n'est pas relative au mari auquel on ne peut imputer de négligence. »

C'est dans ce sens que la cour a jugé, dans la même affaire ; voyez l'espèce et la disposition au mot *Assignats*, nomb. 13 .2.e v. p. 233.

3.º *Dot (la) reçue par le mari, en assignats ne doit être restituée que suivant l'échelle de dépréciation.*

Voici l'espèce : *Paul*, veuf avec enfans d'un premier mariage, épouse *Rose* (tous deux domiciliés en pays de droit écrit) dont le frère lui promet une dot de . . . et les intérêts.

Paul reçoit de son beau frère une somme qu'il porte en recette sur son livre à compte des intérêts de la dote de *Rose* son épouse.

Paul et son *beau frère* sont décédés, sans que les intérêts de la dot en question ayent été payés : les enfans du premier lit de *Paul* actionnent *Rose* leur belle mère, héritière de son frère (débiteur de la dot) en paiement des intérêts de sa dot joint à d'autres prétentions.

Instance a lieu entr'eux : jugement de première instance, qui condamne *Rose* à payer aux enfans de son mari, différentes créances, ensemble et notamment les intérêts de sa dot: appel de toutes les parties; la condamnation au paiement desdits intérêts est confirmée.

Rose soutient que *Paul* n'ayant pas exigé de son vivant les intérêts de la dot, est censé en avoir fait donation à son époux, lui en avoir fait remise d'après la loi 54 ff. *DE DON. INT. VIR. ET UX.* qu'ainsi les héritiers sont nonrecevables à exiger les mêmes intérêts: elle appuie son opinion de celle de *DEISPESSES*, de *FABER:* elle dit que la décision de la loi citée est suivie parmis nous, et que le jugement qui est contrevenu à cette loi est dans le cas d'être cassé et annullé.

Sur quoi la Cour de cassation, « attendu » que la loi 54 ff. *DE DON. INT. VIR. ET UX.*, » suppose le cas où la femme jouit de la dot; » que dans l'espèce *le frère de Rose* est resté » saisi de celle de sa sœur et qu'en consé » quence la présomption de la loi disparaît: » *a rejetté le pourvoi de Rose.* » (1)

Décision conforme aux principes qui veulent « que la dot portant intérêts de sa na » ture, celui qui l'a constitué, en doive payer » les intérêts du jour de la constitution, sans » distinguer si la loi l'oblige à faire une telle

---

(1) 12 *Germ. an X.* Rej. *Veuve PAUL et JAC.* Jour. du Pal. an 10, 2. s. p. 113.

» constitution, ou s'il l'a constituée volontaire-
» ment, par pure générosité, et alors qu'il
» n'y était pas tenu. » (1)

4.º *Dot (la) constituée en Normandie, et aliénée par le mari émigré, ne peut donner lieu à une action contre l'acquéreur ; c'est contre l'état que la femme ou ses représentans doivent agir.*

La raison de décider ainsi est ; « qu'aux
» termes de l'art. 540 de la coutume de Nor-
» mandie, l'action accordee à la femme sur
» les acquéreurs de ses biens, n'était que sub-
» sidiaire, et qu'elle n'en pouvait faire usage
» qu'après avoir exercé celle que la loi lui
» donnait sur les biens de son mari. »

Or, » en jugeant dans ce sens que l'action
» *de la femme* contre l'acquéreur de ses biens
» n'était pas recevable, parce que la répu-
» blique qui représente *son mari émigré*, ne
» peut être considérée comme insolvable, les
» juges n'auraient pas contrevenu à la cou-
» tume de Normandie, et se seraient au con-
» traire conformés à cette loi et à celle du
» 1.er floréal an III. » (2)

5.º Il en est autrement, *pour le cas où la femme ayant pris une hypothèque générale sur tous les biens de son mari, celui-ci, avant son émigration, en aurait vendu une partie.*

Car, en ce cas, la femme de l'émigré serait bien fondée à agir hypothécairement, pour toute sa prétention, contre l'acquéreur.

Aliénée par un émigré.
Coutume de Normandie.

Exception résultante d'une hypothèque.

---

(1) 2 *Niv. an XIV.* Rej. MATHON. Jour. des Aud. an 14 et 1806, p. 106.

(2) 21 *Frim. an XIII.* Rej. *Héritiers* FREVILLE. Jur. an 13, p. 308. — Jour. des Aud. an 13, S. p. 73.

En effet, « l'article 1.er de la loi du 1.er fri-
» maire an III , a bien enlevé à la femme de
» *l'émigré* l'hypothèque qu'elle avait sur ses
» immeubles , dont la république s'est em-
» parée ; mais il a laissé intacte l'action hy-
» pothècaire qui lui était acquise sur les biens
» de *l'acquéreur* ; »

Et « pour se soustraire à cette action , l'ac-
» quéreur ne pourrait réclamer le bénéfice
» de discussion contre la république, puisque
» l'émigré que la république représenterait,
» n'aurait jamais été débiteur personnel de
» sa femme , » mais bien débiteur hypothécaire. (1)

D'une fille naturelle.

Avant le code civil.

6.º **Dot** (la) *d'une fille naturelle a pû être
réclamée sur les biens de son père , décédé
avant le code civil ;*

Au moins dans les circonstances qui suivent:

G. . . décède , avant d'avoir reconnu une
fille , présentée sous son nom à l'officier public :

La mère de cet enfant, en qualité de tutrice , forme contre les frères du défunt une
demande en paiement d'une somme certaine,
pour servir de dot à sa fille ;

Lesdits frères reconnaissent l'enfant pour
être la fille de leur frère, et lui offrent, en justice , le paiement annuel d'une pension pour
servir à son entretien et à son éducation , et
de lui payer une dot, quand elle aura atteint
l'âge de puberté.

En vain auraient-ils dit: qu'il y aurait eu
dans le jugement, qui l'aurait ainsi prononcé,

---

(1) 12 *Niv.* an IX. Rej. **Gaussain.** Jur. an 15, p. 309.

violation de la loi qui excluait les enfans naturels de la succession de leur père, et contravention aux lois qui défendaient de condamner les héritiers bénéficiaires en leur nom
personnel;

« Parce que lesdits frères et héritiers au-
» raient eux-mêmes reconnu la mineure pour
» la fille de leur frère, qu'ils auraient été
» condamnés de leur consentement à lui payer
» une pension annuelle, et une dot lors-
» qu'elle aurait atteint sa puberté, que les
» juges n'auraint point accordé la dot comme
» portion héréditaire, qu'enfin lesdits frères
» n'auraient jamais pris vis-à-vis de la mineure
» la qualité d'héritiers bénéficiaires. » (1)

Il résulte donc de ces faits et circonstances
que . si la dot ne pouvait être demandée en
toute circonstance elle pouvait au moins l'être
dans de cas particuliers.

7 ° *Dot (la) avec la faculté de rappel à la*
succession des dotateurs a dû recevoir son exé-
cution de plein droit après la publication des
lois des 15 *avril* 1791 *et* 7 *mars* 1793.

Du rappel à la succession des dotateurs.

C'est-à-dire, » que la loi de pluviôse an V,
» art. 1.er, n'a maintenu les institutions con-
» tractuelles légitimement stipulées en ligne
» directe, avant la publication de la loi du 7
» mars 1793, qu'autant que leurs dispositions
» étaient irrévocables de leur nature. »

Or, « une institution n'a jamais acquis le
» caractère d'irrévocabilité voulu par la loi,
» lorsqu'elle a été subordonnée à la faculté
» que s'étaient formellement réservée les père

______

(1) 2 *Brum. an XII.* Rej. *Frères Gimmin.* Jour. du Pal.
an 12 , Coll. p. 151.

» et mère instituans de rappeller leurs fiilles
» à leurs successions. »

Ainsi. « quoique le rappel n'ait pas été
» exercé, ni par le père. décédé en 1789,
» ni par la mère survivante. et qui a existé
» jusqu'après les lois d'avril 1791 et 7 mars
» 1793; ces lois ont-elles mêmes prononcé le
» rappel .,en prescrivant le partage égal entre
» co-héritiers. »

Donc, « il était inutile que l'époux survi-
» vant. qui aurait eu la faculté de rappeller
» sa fille. même à la succession de l'époux
» prédécédé, mit cette faculté en usage, puis-
» que les lois l'avaient fait pour lui » (1)

Hypothèque, droit d'augment. Édit de 1771. Parlement de Toulouse.

8.º *Dot (la) et l'augment de dot de la femme, emportant hypothèque sur les biens du mari, pouvait être exigée de l'acquéreur desdits biens nonobstant les lettres de ratification par lui obtenues.* sous l'empire de l'édit de 1771.

C'est à dire que la femme n'était point obligé de former opposition aux lettres de ratification pour la conservation de sa dot et de
son droit d'augment.

En vain dirait on: la règle établie par l'édit
est applicable à toutes sortes de personnes, et
par conséquent aux femmes mariées qui, vivant
sous l'empire du droit écrit, pouvaient faire
elles mêmes des actes conservatoires ;

Si la femme était décédée avant son mari,
et que par son décès le montant de sa dot eût
appartenu à ses enfans, le défaut d'opposi-

___

(2) 18 *Therm. an **XIII**.* Rej. *Jussiaume.* **Jour. du Pal.**
1806, 1. s. p. 257.

tions . . . eût eu l'effet de purger les biens du mari de l'hypothèque à raison de la dot ;

On ne doit point appliquer à l'espèce le principe de la loi *ASSIDUIS* § 2., d'après lequel les femmes avaient un privilège sur tous les créanciers de leurs maris, pour raison de leurs dots ;

L'édit de 1771 était une loi générale de l'etat ; et peu importait qu'il n'eût été enregistré par quelques parlemens qu'avec des modifications, et que d'autres parlemens se fussent permis de juger contrairement à certaines dispositions de cet édit ; les tribunaux qui ont remplacé ces parlemens doivent appliquer la loi et non la jurisprudence particulière ;

Enfin , les principes contraires à la règle ci-dessus, sont consacrés par l'article 4 de la loi du 11 brumaire an VII , sur le régime hypothècaire et par l'article 2195 du code civil.

On répondrait victorieusement : « l'édit de » 1771 n'a pas été reçu dans toutes les an-» ciennes cours ; il n'a été enregistré dans » plusieurs, que sous différentes modifications; » il n'était point une règle générale de l'état, » et son exécution uniforme ne pouvait pas » être exigée dans tous les tribunaux; »

« Il est attesté , que suivant la jurispru-» dence constante du ci-devant parlement de » Toulouse, l'art. 32 dudit édit a toujours été » entendu et appliqué dans le sens que les » hypothèques des femmes, sur les biens de » leurs maris, pendant la vie de leurs maris, » pour leurs dots, comme pour l'augment de » dot, étaient dans l'exception , et que pour

» icelles, il n'était pas nécessaire de former
» opposition. » (1)

DOTAL. (*Bien*)

Vente, nullité.
Coutume
d'Auvergne.

Bien DOTAL (*la nullité de la vente d'un*) *ne peut être ratifiée tacitement et sans un acte formel.*

C'est-à-dire que la femme qui, sous l'empire de la coutume d'Auvergne, et avec l'autorisation de son mari a vendu ses biens dotaux, peut ensuite, après le décès de son dit mari, attaquer cette même vente de nullité, si elle ne l'a ratifiée depuis son veuvage.

En effet « l'art. 3 du chapitre 14 de la cou-
» tume d'Auvergne, proscrit l'aliénation des
» biens dotaux ; si l'article 7 établit que dans
» les cas de la plus absolue nécessité, elle peut
» avoir lieu, ce n'est qu'en connaissance de
» cause et avec décret du juge ; »

Si, « dans l'espèce, ces formalités n'ont pas
» été remplies, l'exécution, pendant plusieurs
» années, du traité de vente *dont il s'agit*, ne
» peut valider un acte nul dans son prin-
» cipe, lorsqu'il n'a pas été valablement con-
» firmé depuis la viduité de la venderesse. »
(2) Voyez *Constitution* de dot, nomb. 1.

Des Églises.

DOTATION des églises (*les questions relatives à la*) *ne sont point de la compétence des tribunaux.*

---

(1) 23 *Prair. an XIII.* Rej. DENOSJEAN. Jour. des Aud. an 13, p. 467. — *Daté* 25 *dito.* Jour. du Pal. an 14 et 1806, Coll. p. 165.

(2) 23 *Messid. an IV.* Cass. CHALLIER. Jur. notice, p. 90.

Voyez au *Traité de compétence*, part. civ.
pag. 59. nomb. 58. *Administrateurs*, nomb. 10.

DOUAIRE. *Ouverture*

DOUAIRE (le) ouvert sous l'empire de la coutume de Normandie etait dès-lors un droit de propriété.

Ouvert est un droit de propriété.

Coutume de Normandie.

Le douaire a été ouvert par le jugement prononçant la séparation de biens alors même qu'il n'a pas été suivi d'exécution.

Ces régles se vérifient dans l'espèce par le principe, « que le douaire d'une femme était
» ouvert par la séparation de biens pronon-
» cés entre elle et son mari, des 1791 ; dès
» cette époque, elle en a été saisie, dès-lors
» que son contrat de mariage portait qu'il
» courrait à son profit, du jour où le douaire
» aurait lieu, (du jour du coucher) sans être
» obligé de le demander en justice. »

« De ce moment elle s'est trouvée proprié-
» taire avec son mari en usufruit, et sa pro-
» priété n'aurait pas pu être compromise,
» quoique la sentence de séparation n'aurait
» pas été immédiatement suivie de la forma-
» tion des lots à douaire, l'exercice du droit
» ne devant pas être confondu avec le droit
» même, et le partage ou confection des lots
» à douaire étant déclaratif et non attributif
» de propriété. » (1)

2.º *DOUAIRE (le) ouvert et pour lequel il a été pris hypothèque, ne profite pas pour cela aux enfans propriétaires du fond de ce douaire.*

Voyez au mot *Hypothèque.*

---

(1) 25 *Therm. an XIII.* Rej. *Dame LAMBRE.* Jur. an
14 et 1806, p. 20. ⟶ Jour. des Aud. an 13, p. 522.

3.° *Douaire* (*le paiement du*) *peut être demandé et obtenu par une femme divorcée en suite de sa séparation de corps.*

« *Il est de principe*, en matière de douaire, *disait* M. *Merlin*, qu'étant la récompense ou plutot la consolation de la femme qui devient veuve, il ne peut être exigé tant que le mari vit encore; »

« Mais, ne prend-il naissance que par la mort de celui-ci? faut-il induire de ce principe que pendant le mariage, le douaire n'a pas un germe d'existence? »

Dans l'espèce « il en est de la séparation de corps comme de la mort civile, par rapport au douaire; l'une et l'autre ont pour objet d'en procurer la propriété à la femme, lors même qu'elle n'en peut point jouir; »

« Ce droit se trouve dans les termes d'une obligation conditionnelle, consacrée entre vifs; elle a déjà le pouvoir d'en disposer à son gré, ... seulement il ne lui est pas donné, d'en demander encore le paiement: ... la femme est déjà créancière, l'objet du douaire est déjà dans son domaine, mais l'action qui en résulte, elle ne peut l'exercer qu'alors qu'elle est devenue veuve. »

« La *femme*, qui avait été sous les anciennes lois, séparée de corps, n'avait pas par-là perdu les avantages qui lui étaient assurés par son contrat de mariage; ... les lois nouvelles n'ont rien changé à ce qui existait et à ce qui avait existé avant elles, seulement elles ont introduit un droit nouveau quant au divorce, et elles ne l'ont établi que pour l'avenir. Ainsi à l'époque de la loi du 20 septembre 1792, la *femme séparée de corps* avait un

droit acquis dont elle ne pouvait involontai-
rement être dépossédée. »

D'où il suit, d'après l'opinion de la cour,
« que les juges en adjugeant à *une femme* sé-
» parée de corps et d'habitation en 1791, et
» depuis divorcée sur la demande de son
» mari en 1792, la jouissance à droit de sur-
» vie, du douaire préfixe stipulé par le traité
» de mariage, retenu lors de l'acte qui a
» suivi la séparation de corps, et maintenu
» par la disposition de l'article 10 du § 3 de la
» loi du 20 septembre 1792 ; n'auraient fait
» qu'ordonner l'exécution des conventions
» matrimoniales, et de la disposition de la loi
» qui les maintient entières, au cas du divorce
» intervenant sur séparation de corps pronon-
» cée avant l'introduction du divorce. » (1)

4.º *Douaire* préfix (*le*) *doit être établi par stipulation expresse : il ne peut s'établir par des présomptions résultantes des clauses du contrat de mariage.*

C'est-à-dire que, malgré les inductions qu'on pourrait tirer des clauses d'un contrat de mariage, pour faire présumer l'établisse-ment d'un douaire préfix, la femme peut cu-muler le douaire coutumier que la loi lui accorde, avec des avantages résultans de son contrat de mariage.

On ne saurait reconnaitre l'établissemeut d'un douaire préfix dans la disposition sui-vante ;

Je donne à ma future épouse, par forme de

____

(1) 23 *Germ. an* X. Rej. *Héritière Buffon.* Jur. an 10,
p. 249. — Jour. du Pal. an 10, 2. s. p. 129.

pension alimentaire, une somme de... de rente viagère, à prendre sur tous mes biens actuels, soit qu'il y ait enfans ou non vivant de mon futur mariage, pour par la future commencer à en jouir du jour de mon décès.

En effet, les juges en accordant à la femme le douaire coutumier en sus de l'avantage sus rapporté ne fourniraient point motif à la ré-formation de leur jugement;

Car, « le contrat dont s'agit, ne contient » pas un douaire préfix, ni rien qui en tienne » lieu, et en le décidant ainsi, le jugement » ne violerait ancune loi. » (1) Voyez *Tiers-Coutumiers.*

DOUANES.

Règles générales. 1.° DOUANES (*en matière de*) « *la cause de* » *la condamnation est la fraude reconnue.* »

« Il importe peu, aux yeux de la justice, » que la fraude consiste dans une loi relatée » ou non relatée dans le procès-verbal de » saisie, dans la contravention à une loi objec- » tée par la régie ou non objectée par la ré- » gie, mais seulement par le Procureur im- » périal. »

« La fraude découverte doit, dans tous » les cas, être réprimée. »

C'est d'après ces principes que la régie est recevable à invoquer comme moyen de cas-sation la contravention à une loi qu'elle n'a pas invoquée devant les juges ordinaires,

____

(1) 17 *Vent. an XI.* Rej. *Héritiers* HUREAU. Jour. du Pal. an 11 2. s. p. 81.

mais qui l'a été par le Procureur impérial. (1)

Voyez *Déclaration*, en matière de douane, *par un capitaine de vaisseau.*

« La contravention étant devenue constante,
» les juges ne peuvent, sans contrevenir for-
» mellement à la disposition des lois des 9
» floréal an VII (art. 2. tit. 4.) 19 vendémiaire
» an VI (art. 3), autoriser la preuve de pré-
» tendus faits justificatifs, tendant évidem-
» ment à détruire la foi dû à un procès verbal.
» bal. » (2)

« L'inscription de faux, incident contre les
» procès-verbaux des préposés des douanes,
» doit être portée devant le tribunal saisi de
» la connaissance du fond de la contesta-
» tion. » (3)

2° « *La connaissance en premier ressort* **Compétence.**
» *des saisies et contraventions appartient au*   Justice de
» *juge de paix;* »   paix.

C'est ce « qui résulte de la combinaison des
» articles 12 et 13 du tit. 6 de la loi du 4 ger-
» minal an II; 12 du tit. 4 de la loi du 9 floréal
» an VII; 533, 534 et 535 du code des délits
» et des peines. » (3)

« Lorsque ces causes étaient du ressort des
» ci-devant tribunaux de district, il fallait
» les instruire d'après les règles de procédure
» établies dans ces tribunaux: soumises en-
» suite à la juridiction des juges de paix,

----

(1) 28 *Therm. an XI.* Rej. *Régie des douanes.* Jour. du Pal. an 11 , 2. s. p. 545.

(2) 19 *Brum. an XII.* Cass. d'office. Jour. du Pal. an 12, Coll. p. 306. — 7 *Niv. an XII.* Cass. Jour. des Aud. an 12, p. 205.

(3) 13 *Frim. an XII.* Cass. Jour. des Aud. an 13, p. 196.

» elles doivent s'instruire d'après les règles
» établies pour l'instruction des procès, dans
» les justices de paix, quant aux points où
» la loi n'en a pas autrement dispose. » (1)
Voyez *Appel*, mat. civile, nomb. 7.

« Le juge de paix est tenu de rendre son
» jugement au jour indiqué pour la compa-
» rution, et si les circonstances de la saisie
» nécessitent un délai, ce délai ne peut ex-
» ceder trois jours, aux termes de l'art. 13
» de la loi du 9 floreal an VII; »

Or, « si le jour pour la comparution était
» indiqué au 26 et que le jugement du juge
» de paix n'ait été rendu que le 8 du mois
» suivant: le tribunal de l'arrondissement,
» en prononçant la nullité de ce jugement,
» *comme rendu hors le délai*, loin de contre-
» venir à cet article, se conformerait au con-
» traire littéralement à sa disposition. » (2)

3.° *Les contraventions à la loi du 26 ventôse
an V, contre l'exportation des grains, sont
du ressort de la police correctionnelle.*

« Du rapport constatant qu'une centaine
» de fraudeurs ont été surpris, la nuit, trans-
» portant vers la digue de la mer, chacun
» un sac rempli, se sont précipités en foule
» dans la maison *d'un individu*, où l'on a trouvé
» les sacs remplis de grains, il résulte contre
» ledit individu, la prévention d'une con-
» travention aux articles 1.er et 2 de ladite
» loi; contravention qui est de la compétence

____

(1) 4 *Flor. an* X. Cass. *Régie des douanes.* Jur. an 10,
p. 273.

(2) 3 *Prair. an* XI. Rej. *Régie des douanes.* Jur. an 11,
p. 299.

» des

» des tribunaux correctionnels, suivant l'art.
» 6 de cette loi; d'où il suit qu'un tribunal
» de première instance, en se déclarant in-
» compétent, violerait ledit article et ferait
» une fausse application des lois relatives aux
» entrepôts. » (1)

« Le prétexte que l'entrepôt aurait été formé
» dans l objet d'alimenter soit des marchers,
» soit les magasins d'une ville, serait-il vrai,
» ne pourrait autoriser les juges à accor-
» der main-levée de la saisie des grains. puis-
» que la loi du 9 floréal an VII défend ex-
» pressément aux juges d'excuser les contre-
» venans sur l'intention. » (2)

« L'introduction des marchandises anglai-
» ses, et toutes les autres contraventions à la
» loi du 10 brumaire an V , sont attribuées
» formellement aux tribunaux de police cor-
» rectionnelle, par l'art. 15 de cette loi. » (3)

4.º *Sur l'instruction des procès, pour raison* De *l'instruc-*
des contraventions, en matière de douane ; il *tion des*
faut observer, *affaires.*

« Que l'article 6 du tit. 4 de la loi du 9 flo-
» réal an VII ne s'applique qu'au cas où l'af-
» faire est de la compétence de la justice de
» paix ; et non lorsque l'affaire est de la com-
» pétence du tribunal correctionnel; »

« D'où il résulterait excès de pouvoir de
» la part des juges (autres que le juge de paix)

---

(1) 6 *Frim. an X.* Cass. Bul. de la Cour, an 10, part.
crim.p.89.

(2) 15 *Frim. an X.* Cass Sections réunies. *Régie des*
douanes. Bul de la Cour , an 10, part crim. p. 106.

(3) 17 *Germ. an X.* Cass. *Régie des douanes.* Bul. de la
Cour, idem, an 10, p. 289.

IV.ᵉ Vol.   B

De l'instruc-
tion des
affaires.

» qui casseraient un procès-verbal des em-
» ployés des douanes, sur le motif que le pré-
» venu n'aurait pas été cité pour comparaître
» par devant le juge de paix; » (1)

Qu'en fait de la nationalité des marchandises réputées anglaises, les certificats doivent
être produits au moment de la saisie.

En effet, si « les prévenus n'ont pas fourni,
» au moment de la saisie, les preuves de na-
» tionalité exigées par l'article 1.er de l'arrêté
» du Directoire exécutif du 20 brumaire an V;
» l'admission des prévenus à présenter de
» prétendues rectifications de ces preuves
» postérieurement à la saisie, est contraire
» aux expressions formelles de cet arrêté,
» puisqu'il n'accorde de délai pour la justifi-
» cation qu'à l'égard des marchandises étant
» en magasin à l'époque de la déclaration
» prescrite par l'article 7 de la loi du 10 bru-
» maire an V. » (2)

« Que les faits allégués par des prévenus ne
» peuvent avoir d'autre objet que de détruire
» ceux résultant du procès-verbal des pré-
» posés des douanes, puisque sans cela ils se-
» raient insignifians et inutiles à leur défense.»

« Si par les considérans d'un jugement (de
» police correctionnelle) les juges n'ont pas
» parlé des dépositions de témoins qui au-
» raient été entendus (sur ces faits), ni de
» leur résultat; s'ils ne les ont pas rejettées,
» et n'ont pas dit qu'ils jugeaient sans y avoir

---

(1) 17 *Flor. an X.* Cass. *Régie des douanes.* Bul. de la
Cour, an 10, part. crim. p. 325.

(2) 5 *Brum. an XIII.* Cass. d'office. Bul. de la Cour,
an 13, part. crim. p. 22.

» égard ; ces dépositions peuvent être présu-
» mées avoir influé sur leur décision, et en
» avoir formé l'un des élémens ; »

Or, » en refusant d'annuller ce jugement
» qui, contre la lettre et l'esprit de la loi du 9
» floréal an VII, aurait reçu sans inscription
» de faux, des dépositions de témoins oppo-
» sées par des prévenus de fraude à un pro-
» cès-vebal d'employés aux douanes, une
» cour de justice criminelle s'approprierait
» le vice de ce jugement et, comme le tri-
» bunal qui l'aurait rendu, contreviendrait
» à la loi citée. » (1)

5.° *L'opposition à l'exercice des employés*
aux douanes est un fait dont la répression
doit être poursuivie civilement.

Voyez au *Traité de compétence*, part. crim.
pag. 198, nomb. 99.

6.° *Douanes (en matière de) il n'est point*
permis aux juges de rechercher l'intention et
la bonne foi des contrevenans. Du jugement des affaires,

« La disposition de la loi doit être suivie
» par les tribunaux, et les condamnations
» qu'elle ordonne, prononcées par eux. »

« L'art. 15 de la loi du 10 brumaire an V,
» par exemple, ne fait aucune distinction
» entre les contrevenans et les délinquans ;
» ces deux expressions sont au contraire sy-
» nonimement employées dans sa lettre et
» dans son esprit ; »

« Elles le sont même dans toutes les lois

____

(1) 15 *Frim. an XIII.* **Cass.** d'office. Eul. de la Cour,
an 13, part. crim. p. 59.

Du jugement
des affaires.

» pénales ; (code des délits et des peines, art.
» 1.er) »

   » En matière de contraventions aux lois des
» douanes, il n'est pas permis aux juges de
» rechercher l'intention et la bonne foi des
» contrevenans ; ils ne doivent examiner que
» les faits, les rapprocher de la loi à laquelle
» il a été contrevenu, et appliquer la peine
» qu'elle ordonne ; sauf aux condamnés à se
» pourvoir, s'il y a lieu, devant l'autorité ad-
» ministrative supérieure, dans les cas, suivant
» le mode et dans l'objet déterminés par la
» législation des douanes. »

   « Ce principe résulte de l'art. 4, tit. 12 de
» la loi du 23 brumaire an III et des lois pos-
» térieures. » (1)

   Par exemple, « il serait dérisoire de dire
» que des soupières et assiettes de grès anglais
» et de porcelaine, des tasses de porcelaine,
» plusieurs coupons de velours, et autres étof-
» fes trouvés cachés à bord d'un vaisseau,
» seraient des articles de ménage, qui paraî-
» traient n'être destinés que pour l'usage du
» commandant : en s'appuyant sur un pareil
» motif (pour acquitter le prévenu) ce serait
» mettre l'arbitraire à la place de la loi, qui
» ne fait aucune exception, usurper un pou-
» voir qu'elle ne donne pas, et contrevenir
» à l'art. 5 de la loi du 10 brumaire an V pré-
» citée. » (2)

   De même, « qu'en excusant un genre de
» fraude consistant à former des vêtemens

―――――――――――――――――――――――

   (1) 2 *Vend. an XI.* Cass. *Régie des douanes.* Bul. de
la Cour, an 11, part. crim. p. 1.re

   (2) 25 *Germ. an XI.* Cass. *Régie des douanes.* Bul. de
la Cour, an 11, idem, p. 217.

» avec des étoffes anglaises neuves, et à les
» introduire ainsi : c'est contrevenir à l'art 2.
» de la loi du 10 brumaire an V, puisque,
» par le moyen pratiqué, rien ne serait si
» facile que d'éluder la loi. et d'introduire
» telle quantité que l'on voudrait, de mar-
» chandises anglaises; »

» Les juges ne peuvent se dispenser de pro-
» noncer, en ce cas, les peines portées par
» la loi, sous le prétexte que rien ne prou-
» verait que le capitaine du vaisseau (où les
» dites marchandises auraient été saisies) ait
» eu connaissance de l'embarquement de ces
» effets; un capitaine étant responsable de
» tout ce qui est sur son bord. » (1)

7.º « *Les bureaux des douanes, qui par une* Des bureaux
» *disposition administrative , essentiellement* Deuxième
» *liée à l'intérêt national, sont établis comme* ligne.
» *bureaux de deuxième ligne et se trouvent*
» *entre les deux lignes de bureaux et postes*
» *du service des douanes, sont assujettis à la*
» *police des deux lieues limitrophes de l'étran-*
» *ger et aux effets de la loi d'août* 1791 *et*
» *de celle du* 19 *vendémiaire an VI.* » (2)

« Quoique la distance de l'une à l'autre
» ligne soit un peu plus forte que d'un my-
» riamètre, la police ne doit pas moins y être
» exercée, ainsi qu'il est prescrit par l'arrêté
» du 17 thermidor an IV; cette disposition
» étant générale pour tous les départemens

---

(1) 20 *Prair. an XI.* Cass. *Régie des douanes.* Bul. de
la Cour, an 11, part. crim. p. 266.

(2) 1.ᵉʳ *Prair. an X.* Cass. *Régie des douanes.* Bul. de
la Cour, an 10, idem, p. 345.

» et pour tous les bureaux établis par le fait; »
(1)

« La saisie faite sur le territoire entre les
» deux lignes de bureaux et postes du service
» des douanes, est régulière; la distance de
» l'une à l'autre ligne, même excédant celle
» d'un myriamètre, n'étant point un obstacle à
» la saisie d'après l'arrêté de thermidor pré-
» cité. » (2)

Droit de la régie sur les marchandises entreposées.

Question importante.

Droit de suite et de revendication

8.º *Douanes* (*l'administration des*) *n'a point, pour raison des crédits qu'elle accorde, de droit de suite ou de garantie à exercer sur des marchandises entreposées. au préjudice de la vente legalement faite avant la sortie desdites marchandises de l'entrepôt.*

Par exemple, si un négociant doit à la régie des douanes des sommes résultantes des droits à raison des marchandises qu'il a introduites en France;

Si ce marchand fait banqueroute, et que l'administration des douanes ait fait saisir les marchandises que ce marchand avait fait entreposer dans les magasins des douanes; cette saisie ne peut porter aucun préjudice au droit de celui qui aurait acheté lesdites marchandises du marchand banqueroutier. Cet acquereur serait bien fondé à soutenir, que l'achat qu'il en aurait fait, l'aurait rendu propriétaire desdites marchandises, et affranchi de tous droits dûs pour autres marchandises, pour raison desquelles l'administration

-----

(1) 18 *Therm. an XI.* Cass. *Régie des douanes.* Bul. de la Cour, an 11, ppart. crim. p. 336.

(2) 28 *Pluv. an XII.* Cass. *Régie des douanes.* Bul. de la Cour, an 12, idem, p. 109.

des douanes serait non fondée à vouloir les retenir, dans les circonstances ci après relatées.

En vain l'administration des douanes dirait-elle : c'est par faveur pour le commerce, que l'entrepôt est permis; tant que les marchandises demeurent entreposées, elles sont le gage spécial du montant des droits non acquittes;

Le marchand qui les a entreposée, ne peut les vendre sans notre autorisation;

Peu importe que le réclamant prouve les avoir achetes (il était alors question de tabacs) et même les avoir revendus à d'autres — le marchand doit savoir que les tabacs étant emmagasinés à titre de dépôt ils sont notre nantissement — qu'il ne peut exister de vente réelle d'un objet mobilier, sans tradition, et que la tradition d'une chose mise en gage, ne peut s'effectuer qu'avec l'assentiment de celui à qui le gage appartient — que sur les registres des douanes, *tel* (le banqueroutier) seul était reconnu propriétaire, et que ces registres n'étaient point déchargés — qu'enfin au moment de la faillite les tabacs dont il s'agit, n'etant pas sortis des magasins des douanes, ils étaient par cela seul à considérer comme la propriété du failli.

A ces raisonnemens, quelque fondés qu'ils puissent paraître, sous les rapports de l'application des principes en matière de vente de choses mobiliaires, on opposerait avec plus de fondement;

« Quant aux tabacs non sortis : qu'aucune » loi n'en a prohibé la vente pendant le » temps qu'ils sont dans l'entrepôt; que ces » ventes sont d'un usage notoire et constant, » ainsi qu'il a été jugé par le tribunal de paix

 » et celui de l'arrondissement de Bordeaux; »

« Que s'il est jugé en fait : que la vente qui
» en a été passée par *le failli*, à été accom-
» pagnée de toutes les marques caractéris-
» tiques qui opèrent la consommation d'une
» vente, telles que déplacement, nouvelles
» marques apposées; que le tout ne pour-
» rait avoir eu lieu qu'en la présence et avec
» le concours des préposés de la douane,
» nantie à cet effet d'une des clefs de l'entre-
» pôt; qu'il n'a apparu même dans le temps
» d'aucune réclamation de la part desdits
» préposés; si la vérité de la vente à eté re-
» connue par l'administration elle-même, qui
» ne lui a reproché ni simulation ni fraude;
» s'il résulte enfin qu'elle a eu lieu avant
» la faillite et dans un temps non suspect. »

Alors, dans cet état de choses, « ces tabacs
» non sortis de l'entrepôt, n'étant plus dès-
» lors la propriété du failli, mais celle de
» l'acheteur, cette marchandise ne peut être
» passible envers l'administration, que des
» droits qui la concerneraient matérielle-
» ment, suivant son poids ou sa qualité, con-
» formément au tarif; les offres réelles en
» ayant été faites, l'administration ne pour-
» rait s'opposer à la sortie, ni prétendre, sur
» ces tabacs circulant dans le commerce, des
» droits de garantie ou de suite, que la loi
» du 29 floréal ni aucune autre n'a réservés
» à l'administration des douanes. » (1)

 Dans la vue d'éviter les doubles emplois et
de diminuer le nombre des volumes qui doi-

------

(1) 27 *Frim. an XIII.* Rej. *Régie des douanes.* Jour.
des Aud. an 13, p. 315.

vent composer ce recueil, nous nous sommes bornés à rapporter ici les règles générales en matière de douanes et qui n'avaient point de dénomination particulière : mais à l'égard de celles susceptibles d'être remarquées par des mots particuliers ; voyez :

Affirmation,   *Entrepôt*,
Amendes,   *Exportation*,
Anglaises (marchan-   *Fraude*,
   dises)   *Importation*,
Appel,   *Introduction*,
Certificat d'origine,   *Nullité*,
Confiscation,   *Passe-avant*,
Contrainte par corps,   *Procès-verbaux*,
Courtiers,   *Saisies*,
Cultivateur,   *Traité* de compétence,
Déclaration,   part. crim. n.º 7.
Dommages-intérêts,   *Visites* domiciliaires,

et le mot *Douanes* placé aux notes marginales des *autres mots*, suivant les espèces, particulières ou analogues.

DROIT. (*)

1.º *Droit* romain, *Droit* écrit, et *Droit* commun, voyez les notes marginales indicatives des *coutumes*, *lois* et *ordonnances* anciennes et nouvelles.

(*) *Droit*. Ce mot considéré grammaticalement est un de ceux qui offre le plus de distinction.

En jurisprudence, c'est *ARS ÆQUI ET BONI*, un assemblage de précepte qui conduise l'homme à vivre conformément à la justice ; c'est la loi écrite ou non écrite, et que l'on distingue en *Droit divin, Droit humain*, po-

2.º *Droit* de faire ou de ne pas faire, *relativement aux juridictions* et aux magistrats; voyez le *Traité de compétence* aux divers §. qui leurs sont particuliers.

3.º *Droits féodaux*; voyez *Féodalité, Indemnité, Suppression, Trouble.*

4.º *Droit d'enregistrement*, voyez les notes marginales, et les divers mots indicatifs des matières particulières; il y est fait mention du droit d'enregistrement auquel le droit ouvert ou l'acte donne lieu.

5.º *Droit d'octroi*, voyez *Octroi, Affirmation, Nullité, Procès-verbaux*, et autres mots

---

sitif, et commun; *Droit* naturel, *Droit* des gens, *Droit* écrit, *Droit* coutumier;

On nomme *Droit étroit*, la rigueur du droit, pour dire qu'une disposition législative, ou contractuelle, doit être exécutée à la lettre, et qu'il n'est pas permis de s'en écarter;

C'est aussi l'autorité, le pouvoir de faire ou de ne pas faire, de permettre ou de défendre, d'exiger ou de remettre, (c'est-à-dire de ne pas exiger).

C'est encore l'*aptitude*, la *capacité* que l'on a de poursuivre en justice;

C'est enfin, dans le sens où nous le considérons, la redevance d'une imposition foncière directe ou indirecte, ou le salaire de ceux qui ont été occupés à quelque travail tels que les *droit de greffe*, etc. etc.

La cour de cassation n'ayant point eu l'occasion de s'occuper du droit sous tous ses rapports; il est beaucoup de distinctions dont nous n'aurons point à parler. Toutes les matières qui divisent le droit ont des noms propres qui les distinguent: c'est pourquoi nous ne nous occuperons ici que d'une *administration* connue sous le nom de *droits réunis*, et pour le surplus nous renvoyons le lec-

indicatifs des matières ou des actes auxquels ce droit peut donner lieu.

6.º *Droit de passe et d'entretien des rou-tes ;* ce droit étant supprimé, la jurisprudence qui y est relative, devient sans objet; cause pour laquelle il n'en sera pas fait mention ici.

DROITS *réunis.* (Régie des)

1.º *Les saisies faites, par les employés de la régie, chez les débitans de tabac sont va-lables, sans l'assistance d'un officier de police, laquelle n'est nécessaire que pour les saisies faites chez les citoyens non débitans.*

RÈGLES GÉNÉRALES. Des saisies.

---

teur aux mots ci-après indiqués, qui dans l'usage sont précédé du mot droit dans leur désignation, ou sont in-dicatifs d'un droit particulier, savoir :

Auteurs, (droit des) voyez *Brevet d'invention, Contrefa-çon, Privilège.*

Cessionnaires,	*Hypothèque,*	*Réserve,*
Communes,	*Marque* d'or *et* d'ar-	*Responsabilité,*
Décl ration,	gent,	*Retour,*
Echange,	*Mutation ,*	*Retrait,*
Enfans naturels,	*Option,*	*Séquestre,*
Entre-cens,	*Pacage ,*	*Servitude ,*
Erreur de droit,	*Parcours,*	*Subrogation,*
Eventuel,	*Partage ,*	*Succession,*
Féodalité,	*Patente,*	*Transaction ,*
Fondations pieu-	*Pâturages ,*	*Usage,*
ses,	*Percière,*	*Usufruit,*
Garantie,	*Préférence,*	*Vente,*
Grace,	*Prescription,*	
Greffe ,	*Réméré ,*	

Des saisies.   « Parce que des articles 43, 81, 82 et 83 de
» la loi du 5 ventôse an XII, il résulte que
» l'assistance d'un officier de police n'est point
» prescrite pour la validité des visites et des
» saisies qui se font chez les débitans de ta-
» bac, mais seulement chez les citoyens non
» débitans ; cela résulte aussi de l'article 12
» de la loi du 29 floréal an X , qui, en char-
» geant la régie de l'enregistrement de l'inspec-
» tion et surveillance des fabriques de tabac,
» avait autorisé ses préposés à se transporter
» seuls dans les ateliers, toutes les fois qu'ils
» le jugeraient nécessaire, à l'effet de vérifier
» si on n'y employait pas d'autre machine
» que celles qui étaient déclarées ; au lieu que
» l'art. 13 voulait l'assistance d'un officier de
» police pour la visite dans les maisons où il
» serait présumé qu'il existait des fabrications
» clandestines : ... toute décision contraire
» contiendrait une fausse application de l'art.
» 83 de la loi de ventôse, et une contraven-
» tion aux articles 43 et 81 de la même loi. »
(1)

2.° *Les procès-verbaux de saisies sont nuls, s'il*
n'en a été donné copie à la partie saisie : mais
cette nullité n'empêche point qu'il y ait lieu à
la confiscation.

En effet « dès qu'il n'est pas établi par le pro-
» cès verbal de saisie qu'il a été donné co-
» pie de ce procès-verbal au saisi, *les juges*
» sont bien fondés à prononcer la nullité de
» ce procès-verbal ; »

« Néanmoins, d'après l'art. 34 du décret

____

(1) 24 *Messid. an XIII. Cass. Régie des droits réunis*
Bul. de la Cour, an 13, part. crim. p. 322.

» impérial du 1.er germinal an XIII, ces mê-
» mes juges sont impérieusement tenus,
» d'après le résulat de l'instruction constatant
» un entrepôt essentiellement frauduleux, et
» les connaissances acquises, de prononcer la
» confiscation des tabacs trouvés en contraven-
» tion:... en refusant de prononcer cette con-
» fiscation, ces juges violeraient les lois de la
» matière; » (1) « la confiscation sans amende
» devant être prononcée conformément à l'art.
» 23, titre 10 de la loi du 22 août 1791, et à
» l'art. 4 de la loi du 15 août 1793, les mar-
» chandises prohibées étant saisissables par-
» tout où elles se trouvent, en dedans comme
» en-deçà de deux myriamètres frontières. »
(2)

3.º *Les procès-verbaux des employés des droits réunis font foi jusqu'à inscription de faux,*

En vain le prévenu de contravention au droit de garantie des matières d'or et d'argent, se prévaudrait-il de la nullité prétendue du procès-verbal sous le prétexte que le procès-verbal qui en aurait été dressé, ne serait pas l'ouvrage du contrôleur et du receveur du bureau de garantie, mais du premier de ces employés, et d'un simple commis aux exercices de la régie des droits réunis.

Parce que « si aux termes de la loi du 19
» brumaire an VI, tous les procès-verbaux re-
» latifs au droit de garantie sur les matières

Des procès-
verbaux.

---

(1) 14 *Frim. an XIV.* Cass. *Régie des droits réunis.* Bul. de la Cour, an 14, part. crim. p. 468.

(2) 22 *Germ. an XIII.* Cass. *Régie des droits réunis.* Bul. de la Cour, an 13, part. crim. p. 213.

» d'or et d'argent, devaient être dressés par
» le receveur et le contrôleur des bureaux de
» garantie; cette disposition se trouve abro-
» gée par les articles 81 et 84 de la loi du 5
» ventôse an XII, qui autorisent expressément
» les employés de la régie des droits réunis
» à faire les visites dont étaient chargés les
» seuls receveurs et contrôleurs des bureaux
» de garantie, et qui veulent que foi soit don-
» née en justice à leurs procès-verbaux, jus-
» qu'à inscription de faux. » (1)

4.º « *Le défaut de transcription en tête du*
» *procès-verbal de visite de la réquisition faite*
» *à l'officier de police, ne peut influer sur la*
» *validité du procès-verbal,*
« Lorsque la visite a été faite en présence
» de l'officier de police; » (2)

Voyez *Procès-verbaux*, *Tabac*, *Voitüres*, et
autres mots indicatifs des choses mises sous la
surveillance de la régie des droits réunis, et
des formes qu'elle doit suivre.

Des assigna-
tions dans
la huitaine.

5.º *L'assignation en condamnation aux pei-*
nes portées contre les contrevenans en matière
de droits réunis, doit être donnée dans la hui-
taine du procès-verbal; sans qu'il y ait néan-
moins ni nullité ni décheance contre la régie, si
elle était donnée plus tard.
En effet « l'article 28 du décret impérial
» de l'an XIII, concernant les droit réunis et
» portant que l'assignation *en question* sera

____

(1) 17 *Vend. an XIII.* Cass. d'office. Bul. de la Cour,
an 13, part crim. p. 185. —— Jour. des Aud. an 13, S.
p. 99.
(2) Voyez la note (2) page précédente.

» donnée dans la huitaine, au plus tard de la
» date du procès-verbal, ne prononce, à dé-
» faut de cette formalité ni la peine de nul-
» lité ni celle de la déchéance; cette disposi-
» tion n'a d'autre objet qu'une invitation à
» la diligence pour accélérer la marche de la
» procédure; il en est plusieurs de ce genre,
» entre autres celle de l'article 164 du code
» des délits et des peines, portant que les af-
» faires de police doivent être jugées au plus
» tard dans quinze jours, à partir de la remise
» des pièces au Procureur impérial. »

« Il y aurait par conséquent excès de pou-
» voir dans la disposition qui jugerait éteinte
» l'action de la régie, pour n'avoir pas été
» exercée dans la huitaine de la date du
» procès-verbal dressé par les préposés. » (1)

6.º *Sur l'appel, en cette matière, les tribu-* De l'appel des
naux ne peuvent appliquer les dispositions du jugemens.
code des délits et des peines, qui sont virtuelle-
ment rapportées par le décret du 1.ᵉʳ *germi-*
nal an XIII.

C'est-à-dire, qu'en matière des droits réunis, le délai de l'appel des jugemens correctionnels est de huit jours de celui de la signification de ces jugemens, et qu'il n'est point
exigé, à peine de déchéance, que la requête
contenant les moyens soit jointe à la déclaration d'appel.

« L'art. 32 du décret impérial du 1.ᵉʳ ger-
» minal an XIII, en réglant la forme et les
» délais qui devraient être observés, relative-

---

(1) *Deux arrêts du* 4 *Brum. an XIV.* Cass. *Régie des*
droits réunis. Bul. de la Cour, an 14, part. crim. p. 415.

De l'appel des jugemens.

» ment aux appels des jugemens des tribunaux
» correctionnels en matière de droits réunis,
» a dérogé, quant à ce, aux articles 194 et
» 195 du code des délits et des peines ; »

« D'où il suit qu'une cour de justice cri-
» minelle, en déclarant la régie non-receva-
» ble dans l'appel qu'elle aurait interjetté le 2
» (en se conformant audit art. 32) d'un ju-
» gement correctionnel rendu le 11 du mois
» précédent, et signifié seulement le 28 du
» même mois, sur le motif qu'il ne le serait
» pas dans les délais et selon les formes réglées
» par les articles 194 et 195 précités, ferait
» non seulement une fausse application de ces
» articles, mais elle violerait encore expres-
» sément l'art. 32 du décret impérial ; puisque
» l'appel aurait été interjetté, conformément
» à cet article dans la huitaine de la significa-
» tion du jugement. » (1)

« La disposition de la loi du 3 brumaire
» an IV, qui prononce la déchéance de l'appel
» d'un jugement correctionnel faute d'avoir
» joint une requête contenant les moyens
» d'appel à la déclaration d'appel, a été ab-
» rogé, en ce qui concerne la régie des droits
» réunis, par le décret impérial du 1.ᵉʳ ger-
» minal précité, puisque cet article introduit,
» à son égard, un mode de procéder tout
» nouveau en matière d'appel, ainsi qu'il est
» facile de s'en convaincre en le méditant ; »

« Il résulte du texte de cet article, que le
» législateur a eu l'intention de simplifier,

---

(1) 15 *Frim. et* 29 *id. an XIV.* Cass. *Administr. des drouts réunis.* Bul. de la Cour, an 14, part. crim. p. 472 et 497.

» relativement

» relativement aux intérêts de la régie, les
» formes de procéder en matière d'appel;
» puisque, d'une part, il a abrégé le délai
» dans lequel il pouvait être interjetté , et l'a
» réduit à huitaine; de l'autre, il a voulu que
» le délai ne courût que du jour de la signi-
» fication du jugement. et enfin il a ordonné
» qu'il serait donné assignation à trois jours
» pour procéder sur l'appel; »
Enfin, « ces nouvelles formes étant évidem-
» ment inconciliables avec celles établies par
» la loi du 3 brumaire an IV, et le décret
» impérial n'imposant pas l'obligation de don-
» ner une requête contenant les moyens d'ap-
» pel, l'abrogation de l'art. 195 du code, à
» l'égard de la régie, est évidente. » (1)

5.° *Le pourvoi en cassation de la régie des* De *l'effet des*
droits réunis. est suspensif des poursuites qui *pourvois en*
pourraient, en règle générale, être exercées *cassation.*
en vertu des arrêts ou jugemens obtenus contre
elle.

C'est ainsi qu'une partie déchargée, par
jugement ou arrêt, des poursuites de la régie
des droits réunis. avec dommages et intérêts
contre ladite régie, ne pourrait exercer de
poursuites contre son receveur après le pourvoi en cassation exercé par ce dernier.

Car « les articles 440, 443 et 205 du code
» des délits et des peines, attribuent un effet
» suspensif au pourvoi formé par la régie
» contre l'arrêt (ou jugement dont il s'agit);»
Ainsi « l'huissier qui se permettrait de pro-
» céder, en exécution de cet arrêt, à l'em-

____

(1) 7 *Niv. an XIV.* Cass. *Régie des droits réunis.* Bul.
de la Cour, an 13 et 14, par. crim. p. 511.

» prisonnement (ou autre exécution forcée)
» du receveur principal de la régie , malgré la
» vaine observation qu'elle se serait pour-
» vue contre cet arrêt et que le pourvoi se-
» rait notifié ; au lieu de surseoir ainsi que
» la loi le lui commanderait, au lieu de laisser
» aux parties le droit de faire décider par
» l'autorité compétente la question élevée ;
» fournirait motif à la cassation et annulla-
» tion spécialement de son procès-verbal de
» l'emprisonnement de ce receveur, ainsi que
» de l'acte d'écrou ; et à l'interdiction de
» l'exercice de ses fonctions pendant un mois
» (ou autres termes) à compter du jour de
» la notification de l'arrêt » de la Cour de
cassation , qui l'aurait ainsi prononcé. (1)

----

(1) 30 *Brum. an XIV.* Cass. *Régie des droits réunis.*
Bul. de la Cour, an 13 et 14, part. crim. p. 448.

EAU (*Cours d'*)

1.º « *L*e droit de cours d'eau *était seigneu-* — Était féodal.
rial dans presque toute la France, nul ne — Alsace.
pouvait, *dit M.ʳ* MERLIN, bâtir un moulin sur
une rivière dépendante d'une seigneurie,
sans la permission du seigneur ; et les redevances, moyennant lesquelles les ci-devant
seigneurs avaient antérieurement à la révolution, autorisé des particuliers à construire
des moulins à eau, ont été abolies par les lois
nouvelles. »

Voyez, au surplus, *Bail* emphitéotique,
nomb. 3, pag. 3o1 du 2.ᵉ vol.

2.º *Les contestations qui naissent du* cours — Des contesta-
d'eaux, *sont de la compétence de l'autorité* — tions qui en
administrative ; — résultent.

C'est ainsi qu'un citoyen ne saurait être
légalement condamné, par les tribunaux, à
construire un pont sur un canal qu'il aurait
creusé.

Parce que « d'après l'art. 6 de la loi du 11
» septembre 1790, c'est aux corps adminis-
» tratifs, et non aux tribunaux, qu'appartient
» l'administration de grande voirie ; »

« Que s'agissant, dans l'espèce, d'éléva-
» tion des eaux, le corps administratif du lieu
» doit être préalablement consulté : » (1)

3.º *Néanmoins les tribunaux peuvent pro-*

___

(1) 8 *Prair. an VII.* Cass. d'office, Jur. notice, p. 211.

noncer, *sur les intérêts civils des parties, relativement à la hauteur des eaux.*

C'est-à-dire que, si mon voisin et moi avons par une transaction réglé et fixé amiablement la hauteur des eaux, communes entre nous, les contestations sur l'exécution de cette transaction sont du ressort des tribunaux.

Parce « qu'il ne s'agirait dans la cause que » de l'intérêt privé des parties; que la transac- » tion ferait à cet égard la loi des mêmes » parties; or, les difficultés qui peuvent s'éle- » ver sur son exécution, entrent dans la » compétence des tribunaux; toutefois néan- » moins, que la question d'intérêt public (à » l'égard des riverains ou voisins) sur la hau- » teur des eaux en question , et qui est at- » tribuée à la décision des corps administra- » tifs par la loi sur la police rurale, n'a été éle- » vée par aucune partie. » (1)

En fait d'irrigation, ou arrosement.

4.° « *Les travaux faits par un particulier* » *pour se procurer un volume d'eau plus utile* » *dans son pré, en supposant qu'ils pussent* » *faire quelque préjudice à son voisin, ne peu-* » *vent donner ouverture qu'à une action civile* » *et ordinaire , en dommages-intérêts , et non* » *à une poursuite au tribunal de police ;*

Car, s'il était intervenu jugement rendu en police simple, ce jugement serait cassé, et la partie souffrante, « renvoyée à se pour- » voir par voie civile, pour obtenir la répa- » ration du tort qu'elle prétendrait lui avoir » été fait par l'autre partie, et résulter des

____

(1) 19 *Frim. an VIII.* Cass. **CHAVI.** Jur. notice , p. 271. ---- Bul. de la Cour, an 8, p. 83.

» travaux qu'elle aurait faits pour distribuer
» les eaux dans son pré. » (1)

5.º *La réclamation, en justice, d'un cours d'eaux, ne peut être jugée en dernier ressort ; encore que la réparation du trouble n'ait été portée qu'à la somme de six francs.*

« Parce que la maintenue prononcée dans
» la possession d'un droit d'arrosage contesté,
» et dont la valeur serait restée indéter-
» minée ; rendrait le jugement sujet à l'ap-
» pel. » (2)

De la demande en maintenue.

EAUX ET FORÊTS : terme consacré par l'ordonnance de 1669 *en matière forestière ;* voyez, *Forêts, Bois, Pêches, Chasses, Gardes,* et tous les autres mots relatifs à cette partie du domaine public et particulier.

ECCLÉSIASTIQUES. (*)

1.º *ECCLÉSIASTIQUES (les) qui refusèrent de prêter le serment de liberté, égalité, furent soumis à la déportation qui les constituait en état de mort civile :*

L'état de mort civile d'un Ecclésiastique était suffisamment établi par le séquestre et la saisie

Etat de mort civile.

---

(1) 7 *Therm. an XII.* Cass. SIMON. Bul. de la Cour, an 12, part. crim. p. 289.

(2) 24 *Messid. an XI.* Cass. CHATAIGNIER. Bul. de la Cour, an 11, p. 336.

(*) *ECCLÉSIASTIQUE* ; qui appartient ou qui est destiné à l'église, à la prêtrise : tous les ecclésiastiques considérés comme un corps, forment ce que l'on nomme le clergé. Ils furent l'objet de la partialité la plus haineuse pendant les orages de la révolution ; *tormentum, vexatio, afflictio*

État de mort civile.

de ses meubles, sans qu'il fut besoin d'arrêté ou de jugement qui ordonnat sa deportation;

Les droits de leurs héritiers ont été ouverts du jour où ils ont été considérés en état de mort civile, et non du jour du décès.

Par exemple, un Ecclésiastique astreint au serment prescrit à tous les Français, à défaut de prestation de ce serment, a été condamné à la déportation par les lois du 26 août 1792 et du 23 avril 1793, et frappé de mort civile par celle du 17 septembre suivant;

Dans cet état de choses, la succession de cet Ecclésiastique a été ouverte du moment où il a refusé de prêter le serment; elle a dû être délivrée aux héritiers ayant droit à cette époque; sans égard à son décès arrivé seulement en l'an III.

Conséquemment, la succession de cet Ecclésiastique, ouverte en 1793, appartenait à son père, suivant la loi lors en vigueur.

En vain, les frères de cet Ecclésiastique auraient-ils réclamés sa succession, sur le motif de son décès arrivé en l'an III, et parce que la loi du 17 nivôse an II faisait héritiers les frères au préjudice du père.

On leur aurait opposé,» que leur frère n'ayant » pas prêté le serment prescrit aux Ecclésias- » tiques par la loi du 26 août 1792, il avait » encouru les peines portées, contre ceux qui » n'avaient pas prêté ce serment, par les lois

---

ou *desertor sacrilegus;* telle a été l'alternative à laquelle très peu d'entr'eux ont échappé. L'intérêt des familles dépendra encore long-temps de cette législation, et la jurisprudence, quoiqu'à regret, devra encore l'interprêter; c'est le motif pour lequel cet article a trouvé place en ce volume.

» des 23 avril 1793 et 17 septembre suivant,
» sans qu'il fut besoin de condamnation ni
» d'arrêté administratif, et seulement par l'ef-
» fet desdites lois ; »

« Que des scellés apposés dans sa demeure
» durant son absence, en 1793; de la saisie
» de ses meubles, par l'administration; de la
» vente d'iceux à la poursuite du Procureur-
» syndic, et du versement du prix dans la
» caisse du receveur, il résulte que cet Ec-
» clésiastique a été dans le fait traité par les
» administrateurs, comme réclus ou déporté;»

« Que cette réclusion ou déportation re-
» monte à l'époque du 17 septembre 1793, ce
» qui porte l'époque de sa mort civile au
» même jour de la même année, par consé-
» quent antérieurement à celle de la publi-
» cation de la loi du 17 nivôse an II ; »

D'où il suit, qu'en déclarant la succession
de cet Ecclésiastique ouverte au profit du
père « les juges ne seraient contrevenus ni à
» la loi du 22 fructidor an III, ni à celle du
» 17 nivôse an II, et n'auraient fait aucune
» fausse application d'icelles. » (1)

2.° *La succession dévolue à l'héritier de l'Ec-* Succession
clésiastique en état de mort civile, a dû être a eux échue,
restituée à l'Ecclésiastique, après sa réintégra-
tion. mais à charge des hypothèques prises sur
les biens de cette succession par les créanciers
de l'héritier.

En effet, un Ecclésiastique s'étant déporté,
par suite de la loi du 26 août 1792, si son père
est venu à décéder, durant son absence, son

______

(1) 5 *Messid. an XIII.* Rej. *Frères* GAUTIER. Jur. an
14 et 1806, p. 35.

frère a pû, en payant les droits de mutation, se mettre en possession de l'hérédité ; et les hypothèques prises sur les biens de cette succession pour les faits de l'héritier en possession conservent leur effet , nonobstant la reintégration de l'Ecclésiastique et sa rentrée dans la possession desdits biens :

« En effet, en déclarant légalement acquises,
» et en maintenant les hypothèques des créan-
» ciers de *l'héritier de l'Ecclésiastique*. sur
» les biens revendiqués par *ce dernier*,
» les juges ne contreviendraient à aucune
» loi, puisque par l'effet de sa déportation,
» de la confiscation qui s'en serait suivie. et
» de la remise faite de ses biens à *son frère*,
» par les lois de fructidor an III, les créan-
» ciers de celui-ci auraient eu un juste motif de
» le considérer comme propriétaire desdits
» biens, et on ne saurait les priver des hypo-
» thèques qu'ils auraient acquises, sans trom-
» per la foi publique. » (1)

Voyez *Confiscation*, *Déportation*, *Incapacité*, et les mots indicatifs des actes qu'ils ont pû faire tels que *Testament*, *Vente*; ou des droits qu'ils ont délaissés, tels que *Succession*, &c.

ECHANGE (*)

De l'éviction de la chose échangée.

ECHANGE (l') ne donne point à l'échangiste le droit de revendication de la chose qu'il a

-----

(1) 5 *Messid.* an XIII. Rej. *Prêtre* BELIN. Jur. an 14 et 1806, p. 40.

(*) *ÉCHANGE* ; « C'est un contrat par lequel les par-
» ties se donnent respectivement une chose pour une
» autre ; » *art.* 1702 *du code civil.* — *Nota.* L'article 1705 relatif à l'éviction de l'un des co-permutans ne résout point la première question que nous traitons.
Echangiste, celui qui fait une échange.

donnée en contre-échange, lorsque son co-per-mutant a vendu la chose cédée en échange.

Par exemple, si j'ai échangé aujourd'hui, avec *Mevius*, une pièce de terre contre une autre; et que ce dernier ait ensuite vendu la pièce de terre qu'il a reçue de moi et celle qu'il m'a cédée: si l'acquéreur de *Mevius* pravient à se faire mettre en possession de la pièce de terre qui m'a été cédée, soit parce que j'aurais négligé de faire transcrire mon contrat d'échange ou tout autrement; je ne peux valablement revendiquer la mienne sur cet acquéreur: je n'ai qu'une action en indemnité contre *Mevius* pour raison de son manque de foi.

Il en est de même si *Mevius* n'a vendu que la pièce de terre que je lui ai donnée en échange et que par une cause ou par une autre je sois évincé de celle que j'aurais reçu de lui: c'est le fait dans l'espèce jugée. (*)

En vain, dans cette dernière hypothèse, formerais-je contre l'acquéreur une demande en délaissement de ma pièce de terre, que *Mevius* lui aurait vendue; sur le fondement que par suite de l'éviction que j'aurais éprouvée, l'échange fait entre *moi* et *Mevius* serait résolu, et que cette résolution m'autoriserait à rentrer dans le bien que j'aurais cédé en contre-échange à *Mevius*.

En vain dirais-je : la loi 1.re §. 3. ff. *DE RER. PERMUT.*, déclare qu'il n'y a pas d'échange dans le cas où l'un des co-permutans a donné en échange la chose d'autrui ; . . . l'aliénation

Question non prévue par le code civil.
Droit romain.

(*) Nous n'avons surchargé cet article du premier fait que pour faire remarquer l'importance de faire transcrire les contrats d'échange, comme les contrats de vente.

faite par l'un des co-permutans, ne peut donc produire aucun effet contre l'autre ; *CESSANTE CAUSA CESSAT EFFECTUS :* la chose aliénée doit nécessairement être restituée au co-permutans qui se trouve évincé , *RESOLUTO JURE DANTIS RESOLVITUR JUS ACCIPIENTIS.*

Suivant la loi 1.re, cod. *DE RER. PERMUT.*, et suivant l'art. 1705 du code civil, je peux agir contre mon co-permutant, ou pour le faire condamner en des dommages-intérêts, ou pour répéter la chose; ... la loi m'accorde l'action *REI VINDICATIONIS*, elle me donne un droit sur la chose cédée, un droit qui la suit par tout; cette chose peut donc être revendiquée contre le tiers-acquéreur comme elle le pourrait être contre celui qui l'aurait reçue en contre-échange; ... deux arrêts du parlement d'Aix rendus en 1544 et 1581, l'ont jugé ainsi.

La loi 4, C. *DE RERUM PERMUT.*, n'est point applicable à l'espèce. elle ne peut s'appliquer que dans le cas où l'un des co-permutans a livré sa chose sans avoir reçu celle qui devait lui être donnée en échange : mais ici il y a livraison effective des choses; l'échange est consommé.

On m'opposerait avec succès : « que la loi » 4, cod. *DE RERUM PERMUT.* décide positive- » ment que l'échangiste vis-à-vis duquel » l'échange n'a pas été exécuté, n'a point » d'action en revendication contre *le tiers-* » *acquéreur.* »

« Que le motif de cette loi est que le tiers- » acquéreur a reçu en propriété la chose de » celui-là même auquel celui qui agit contre » le tiers-acquéreur l'avait livrée; que ce mo- » tif est général et s'applique au cas où l'un

» des échangistes se trouve évincé, comme à
» celui où il n'a pas été mis en possession de la
» chose qu'on devait lui donner en échange. »

« Que les principes généraux *RESOLUTO JURE*
» *DANTIS RESOLVITUR JUS ACCIPIENTIS.* —
» *NEMO PLUS JURIS IN ALIUM TRANSFERRE*
» *POTEST QUAM IPSE HABET*, se trouvent sans
» application dans une espèce où la loi y dé-
» roge spécialement. »

« Que les lois qui décident que l'éviction
» de l'un des co-permutans annulle l'échange,
» ne s'expliquent dans leurs termes qu'entre
» les deux parties, et n'ont point de consé-
» quence rigoureuse contre les tiers acqué-
» reurs. »

« Qu'enfin la jurisprudence des arrêts n'é-
» tant pas uniforme sur la question dont il
» s'agit, on ne saurait trouver un motif de
» cassation contre un jugement (ou un arrêt),
» en ce qu'il aurait préféré l'interprétation
» la plus récente (*), et qui aurait paru aux
» juges être la plus conforme à l'équitée. » (1)

Voyez au mot *Soulte*, l'effet d'une échange
de choses inégales, quoique déclarée avoir
eu lieu sans soulte ni retour, &c.

ÉCHÉANCE.

1.° *L'ÉCHÉANCE des effets de commerce est* *Des effets de commerce.*
censée arrivée aussitôt que le débiteur est en *Faillite.*

(*) Trois arrêts, deux du Parlement de Paris, rendus le 30 mars 1674, le 20 mai 1683, et le troisième
du Parlement de Toulouse, du 22 février 1741, lesquels
ont été opposés, dans la cause, aux deux arrêts du Parlement d'Aix, comme prononcés en sens contraire.

(1) 16 Prair. an XII. Rej. BASTIER. Jour. des Aud. an
13, p. 135. —— Jur. an 13, p. 97.

faillite : en conséquence, le protet fait au mo-ment de la faillite conserve les droits du débiteur contre les endosseurs et autres ga-rans.

Parce que « la faillite rend tous les billets,
» lettres de change et dettes du failli exi-
» gibles, quand même le délai porté par ces
» obligations ne serait pas expiré ; d'où il
» suit que le protet de ces billets, quoique
» fait avant le jour indiqué pour le paie-
» ment, serait fait en temps utile. » (1)
Voyez *Endosseur Garant, Lettres de change*
et , *Protet.*

Dans le cou-rant de l'année.   *L'ÉCHÉANCE d'une lettre de change n'a lieu que le dernier jour de l'année, si on a promis de l'acquiter dans l'année.*

Parce que « le terme porté au titre de
» créance (dans le courant) est évidemment
» le dernier jour de l'année; ... en énon-
» çant dans le courant de l'année, on ne
» fait qu'exprimer la faculté de se libérer
» avant le terme d'exigibilité. » (2) Voyez
Remboursement.

ÉCHELLE (*) *de dépréciation.*

Ses effets.   1.° *ÉCHELLE* (l') de dépréciation des assi-gnats, *du lieu où le contrat a été fait, ou l'obligation contractée, est celle qui doit ré-*

---

(1) 11 *Niv. an X.* Cass. GARNOT. Jur. an 10, p. 218.

(2) 7 *Therm. an XI.* Rej. PAIROU. Jur. an 11, p. 383.

(*) *Échelle :* terme qui n'était point usité en jurisprudence avant le 5 messidor an V, où le législateur
l'a introduit comme la mesure qui devait pallier les maux
qu'avait causés le papier-monnaie ; il ordonna que dans

gler la valeur nominale d'une créance con- Les effets.
tranctée pendant l'existence des assignats ;

Au moins dans l'espèce suivante :

D... banquier à Dijon, avait reçu de R...
depuis 1784 jusqu'en 1793, plusieurs effets
de commerce, pour être recouvrés à Dijon,
et encaissés pour le compte de R..., c'est-
à-dire, le prix être conservé en caisse, à
la disposition de R..., mais avec la condition que sesdits fonds lui porteraient intérêt à cinq pour cent pendant le temps qu'ils
resteraient dans la caisse de R...

Toute la correspondance de D... avec R...
a été datée de Dijon; le compte arrêté par
D..., pendant l'existence des assignats, le
constitue reliquataire de 97,000 livres ; à cette
époque D... et R... habitaient le même
lieu dans le département de la Haute-Saone;

D'après ces circonstances, c'est l'échelle de
dépréciation du département de la Côte-d'Or,

---

chaque département, il serait formé des tableaux de la
valeur métalique que les assignats y avaient eu pendant
leur cours forcé; ces tableaux furent dressés (avec plus
ou moins de bonne-foi), ils reçurent le nom d'échelle
de dépréciation des assignats ; et c'est avec ces échelles
ou tableaux que l'on évalue en numéraire le prix de
toutes les conventions faites pendant l'existence du papier-
monnaie et qui n'ont point été soldées dans ce temps.
Moins odieuse que le papier-monnaie, elle ne contribue
pas beaucoup moins à enrichir les frippons. L'instrument connu dans la société sous le nom d'échelle n'a
que deux usages; il sert aux émules des *Raphael* et des
Rubens ; il est à l'usage du modeste maçon, etc.; il sert
aux criminels qui vont expier leurs forfaits; sous tous
ces rapports ce n'est qu'un instrument utile : l'échelle
de dépréciation ne rend aucun de ces services à l'hu-
manité : puissions-nous bientôt effacer son nom de la liste
de ceux maintenant usités au barreau.

dont Dijon est le chef-lieu, qui doit être suivie pour déterminer la valeur métallique de 97,000 livres dont D... s'est reconnu déditeur envers R..., en 1793, et non l'échelle du département de la Haute-Saone; malgré que ce soit le lieu du domicile des parties, lors du réglement de compte, et où l'action en paiement soit poursuivie.

Voyez les motifs de décider ainsi au mot *Assignats*, nomb. 21. page 239 du deuxième volume.

ÉCOLE *de Charité.*

Des legs qui leur ont été faits.
Edit. 1749.

Écoles de charité (*les*) *n'étaient point soumises à la disposition de l'édit de 1749 qui annullait les legs faits aux collèges sans lettres patentes.*

En effet, « un legs qui n'était destiné qu'à
» l'institution d'un précepteur, pour l'ins-
» truction de la jeunesse d'une commune;
» ne présentait véritablement que l'institu-
» tion d'une école de charité, et non un
» collège; ce legs était donc valable, quoi-
» qu'il n'eut pas été fait en vertu de lettres
» patentes. »

« D'où il suit, qu'en prononçant la nullité
» de ce legs, sous prétexte que les articles 1.er
» et 2 de l'édit de 1749, qui ne parlent que
» des collèges, séminaires, hospices et com-
» munautés, exigeaient ces lettres patentes; les
» juges feraient une fausse application de ces
» articles, et par suite violeraient l'art. 3 du
» même édit, qui excepte des dispositions
» des articles précédens, les legs destinés à

» l'établissement des écoles de charité. » (1)

ÉCRITURE.

ÉCRITURE (*l'*) non contestée, *d'un notaire* D'un notaire.
qui a reçu un testament, n'est point suffisante En fait de
pour la validité de ce testament, si le notaire testament.
n'a pas fait la mention expresse qu'il l'a écrit. Code civil.

« L'article 972 du code civil prescrit également, *disait M.* MERLIN, et sans distinction, la mention expresse des quatre formalités, *dictée* par le testateur, *écriture* par le notaire, &c. ; .. c'est donc faire le procès à la loi, de soutenir que la mention de l'écriture est inutile ; ... elle est habituellement utile : car en soi, l'écriture ne prouve rien que son existence : si elle est contestée, il faut vérification ;.... et quand la vérification serait toujours possible, ce serait un faible moyen de s'assurer que le notaire a écrit, puisque l'expertise, en cette matière, est une science conjecturale. »

Voyez le mot *Dicter* et la note; voyez l'espèce au mot *Testament.*

En fait de vérification d'écriture, *les juges peuvent énoncer leurs opinions sans blesser la loi.*

Voyez *Vérification* d'écriture, où l'espèce et la disposition de la cour sont rapportés.

L'écriture à la main, *n'est pas essentiellement nécessaire pour constituer le crime de faux en écriture.*

___

(1) 1.ᵉʳ *Vent. an VIII.* Cass. *Régie de l'enregist.* Jur, notice, p. 283. — Bul. de la Cour, au 8, p. 142.

Voyez *Traité de compétence*, part. crimin.
pag. 251 , nomb. 144.
Voyez *Approbation* , *Billets* , *Ordre.*

ÉCU *de mer.*

D'usage
en Russie.

ÉCU DE MER (*l'*) ou congé de partir, *qui se
délivre à St.-Petersbourg, au capitaine étranger qui a déchargé ses marchandises à la
douane, avec faculté de prendre un nouveau
chargement, opère la décharge parfaite de ce
capitaine envers tous négocians et marchands
de ce pays:*

« Parce que le paiement de son fret, et la
» remise à lui faite de son écu de mer, le
» décharge pleinement de toute obligation à
» cet égard, et ne le rend passible d'aucune
» action à diriger contre lui. »

« Du réglement maritime de l'empire de
» Russie de 1731. relatif aux droits de douane,
» il résulte que, lorsqu'un capitaine de na-
» vire marchand étranger arrive au port de
» St.-Petersbourg, ce n'est point au proprié-
» taire ni au consignataire des marchandises
» dont il est chargé, qu'il en fait la remise :
» elle s'éffectue entre les mains des commis
» de la douane qui les font transporter dans
» les magasins, ensuite de la vérification qui
» en est faite, d'après le manifeste, les con-
» naissemens et tous les papiers de mer de ce
» capitaine : le tout en présence et à la parti-
» cipation d'un commis du consignataire. »

« Ce dépôt une fois consommé, la décharge
» qu'il reçoit, et la permission qui lui est ac-
» dordée par le même commis, de prendre
» charge et de quitter le port, que l'on appelle
» *écu de mer*, opère le même effet qu'une

» quittance

» quittance qu'il recevrait du propriétaire. »
(1) Voyez *Navire.*

EFFET *au porteur.*

EFFET (*un*) payable au porteur, *est la pro-priété de celui qui en est en possession; nonobstant la revendication d'une tierce personne :*

Est la propriété du possesseur.

Possession vaut titre en fait de meubles: telle est la maxime!

Dans l'espèce. *M MERLIN disait*, « il est constant que. quoique *les tiers revendiquans* eussent prouvés que des récépissés au porteur leurs eussent autrefois appartenu , ils ne pourraient en tirer aucun avantage, puisqu'il faudrait qu'ils eussent établi en outre le vice de la possession actuelle de celui qui en etait le porteur : » Voyez au mot *Propriété* le reste de la dissertation de M.ʳ le Proc. général.

En effet, s'agissant « de récépissés conçus » en forme de billets au porteur, de pareils » effets sont réputés être la propriété de celui » qui en a la possession , à moins que celui » qui les revendique. ne prouve que ces effets » lui ont été volés ou qu'il les a perdus, et » qu'ils ont été trouvés par le possesseur. » (2)

Voyez *Assignats, Aval, Billets, Consignation, Endossement. Lettres de change. Longs termes, Protet, Réduction, Remboursement,*

---

(1) 21 *B, um. an XIII.* Cass. *Capitaine GEWIZ-ZIEDZÈS.* Bul. de la Cour ,an 13, p. 37.

(2) 2 *Niv. an XII.* Rej. *Dame VAUBOMEL et consorts.* Jour.du Pal. an 10, 2. s. p. 161. —— Jour. des Aud. an 12, p. 326. —— Jur. an 12, p. 225.

et autres mots usités en matière de commerce ; voyez aussi *Messagerie.*

EEFET *rétroactif.*

Où l'effet rétroactif commence.
Où il finit.
Loi du 17 niv an 2.

« *L'effet rétroactif commence là où l'on*
» *dépasse la limite de sa publication dans l'exé-*
» *cution d'une loi, laquelle contrarie un sys-*
» *tême de législation qui a été en vigueur jus-*
» *qu'alors, et s'attache nécessairement à une*
» *disposition législative ainsi reportée aux épo-*
» *ques antérieures :* »

« L'effet rétroactif étant rapporté, il ne
» peut plus servir de motif pour appliquer la
» loi (qui le contenait) aux conventions faites
» avant sa publication. »

C'est ainsi que l'on doit raisonner sur le rapport de l'effet rétroactif de la loi du 17 nivôse an II.

Par exemple : l'époux qui réclame la libéralité qui lui avait été faite, sous la condition de ne point convoler en secondes nôces, et ouverte depuis la publication des lois des 5 brumaire et 17 nivôse an II, ne peut soutenir avoir pu convoler sans avoir perdu les avantages auxquels la condition de viduité était attachée, par son contrat passé en 1789 :

Car « l'effet rétroactif dont il s'agit, n'est
» pas d'une nature différente de celui que la
» législation de ce temps avait généralement
» adopté, sous prétexte que la loi n'avait fait
» que développer les principes proclamés dès-
» lors (le 14 juillet 1789) par un grand peuple
» qui se ressaisissait de ses droits ; cela est
» si vrai, que dans l'art. 23, la loi du 9 fructi-
» dor an II borne elle-même l'effet rétroactif
» de l'annullation des clauses contraires à la

» liberté, au 14 juillet 1789, comme celui des
» successions et donations : ainsi, les juges ne
» pouvaient, après que l'effet rétroactif a été
» détaché des lois de brumaire et de nivôse an
» II, sans restriction. en appliquer les disposi-
» tions à un contrat de 1789. » (1) V. *Viduité*
où l'espèce est rapportée.

EFFRACTION.

Une EFFRACTION *est en jurisprudence l'ac-*   *Ce que c'est.*
tion de briser . fracturer une chose , une porte *Comment elle*
pour entrer dans un lieu ou pour en sortir :   *a lieu.*
on dit, ce vol a été commis avec effraction.

1.º *EFFRACTION* (*l'*) *a lieu de diverses ma-*
nières plus ou moins considérables.

« Le vol commis en faisant une ouverture
» à l'aide d'un instrument tranchant, aux en-
» veloppes qui contiennent des marchandi-
» ses, est une véritable effraction. »

« Si, dans l'espèce. le Président d'une cour
» de justice criminelle refuse de poser la ques-
» tion, *le vol a t-il été commis avec effraction;*
» il y a violation formelle de l'article 375 du
» code des délits et des peines » (2)

2.º Le vol commis « après être parvenu à
» ouvrir un coffre . en enlevant les clous qui
» attachent la serrure de ce coffre . présente
» le vrai caractère de l'effraction ; »

Ainsi « en réduisant la peine encourue par
» le coupable à deux années d'emprissonne-

____

(1) 20 *Janvier* 1806 Cass. *V. THAIRE.* Jur. an 14 et
1806, p. 236. — Bul. de la Cour, an 1806, p. 17.

(2) 10 *Niv. an XII.* Cass. d'office. Bul. de la Cour,
an 12, part. crim. p. 90.

D 2

» ment, il y aurait contravention aux dispo-
» sitions des articles 6 et 9, sect. 2, tit. 3, part. 2
» du code pénal, et fausse application de l'ar-
» ticle 32 du code de la police correction-
» nelle. » (1)

ÉGLISES. (*Dotation des*) Voyez *Dotation.*

ÉLECTION. Voyez *Command*, *Domicile*,
Héritiers et *Institution.*

ÉMANCIPATION. *De ses effets.*

Avant le code civil.
Droit romain

1.° *EMANCIPATION* (*l'*) *d'un mineur, avant le code civil, le rendait habile à acquérir pour lui.*

C'est ainsi qu'un mineur émancipé, en 1786 a pù acquérir le même jour un immeuble, sans que ses frères et sœurs ayent été en droit de demander le rapport de cet immeuble à la succession paternelle, s'ils ne prouvaient que l'immeuble dont il s'agissait avait été payé par le père commun ou de ses deniers.

En effet, « de la loi *DE EMANCIPATIONIBUS* » *LIBERORUM*, au code, liv. 8, tit. 49, il résulte » qu'un père pouvait émanciper son fils sou- » mis à la puissance paternelle, et, par l'ef- » fet de cette émancipation, le rendre maî- » tre de lui même, par conséquent capable » de s'obliger et surtout d'acquérir; » (*)

Ainsi « lorsque, par un premier jugement,

---

(1) 5 *Niv. an XIV.* Cass. d'office. Bul. de la Cour, an 13 et 14, part. crim. p. 499.

(*) Voyez sur ce point de droit, pour l'avenir les articles 481 à 487 inclut du code civil.

» un tribunal (ou des arbitres) avait décidé
» que le domaine que le mineur avait acquis
» en 1786, ne serait point compris dans l'état
» des biens composant la succession du père
» commun, sauf à ses frères et sœurs à
» prouver que partie du prix principal avait
» été acquittée par le père, ou de ses deniers;
» cette preuve seule pouvait autoriser les ju-
» ges à décider que le domaine en question
» faisait partie des acquêts du père commun;
» s'ils avaient jugé, sans cette preuve, que
» l'acquisition de ce domaine devait être con-
» sidérée comme faite par le père commun,
» ils auraient porté atteinte à la chose jugée,
» et violé en même temps la loi qui permet-
» tait aux pères d'émanciper leurs enfans et
» de les rendre par là capables d'acquérir
» pour eux; en ce que l'émancipé aurait été
» privé de l'acquisition qu'il aurait faite après
» son émancipation. » (1)

2.º *EMANCIPATION* (*l'*) *n'a point privé
l'émancipé, devenu majeur, du droit « de for-*
» *mer, (contre son tuteur) après sa majorité,*
» *une demande en justice, en reddition de nou-*
» *veau compte; »*

« Et de se plaindre des erreurs commises à
» son préjudice lors d'un premier compte. »
Voy. *Assignats, Mineur* et *Réduction.*

ÉMIGRATION. (*)

1.º *ÉMIGRATION* (*l'*) *a produit la nullité des
actes faits par les émigrés et leurs ascendans,*

*Nullités
d'actes.*

____

(1) Ventôse an 6. cap. *Frère* CAUTANCA. Jur.
notice. p. 134.

(*) *Émigration :* L'intérêt de la législation sur ce fait,

après leur émigration, toutes les fois que ces actes ont été jugés avoir été faits en fraude de la saisine nationale prononcée par la loi.

« Les actes de disposition, de vente, ces-
» sion, transport, donation entre vifs ou à
» cause de mort, énoncés aux articles de la
» loi du 28 mars 1793, faits par les ascendans
» d'émigrés, postérieurement à l'emigration
» de leurs enfans ou héritiers présomptifs en
» ligne directe descendante, ou par les émi-
» grés eux-mêmes, sont nuls et de nul effet,
» s'ils sont jugés faits en fraude ou en contra-
» vention à la saisine nationale, prononcée
» par la loi du 9 fevrier 1793. »

« Mais cette nullité n'étant relative qu'à l'in-
» térêt national, et ne pouvant être envisa-
» gée que comme une mesure fiscale, l'effet
» n'en peut tourner au profit des émigrés eux-
» mêmes, contre qui elle a été prise. » (1)

En fait de prescription.

2.° *EMIGRATION (l') n'a point interrompu le cours de la prescription contre l'émigré.*

« L'absence d'une personne, qui la consti-
» tue en état d'émigration, puisqu'elle n'a pû
» rentrer sur le territoire français qu'en jouis-
» sant du benefice de l'amnistie accordée aux
» émigrés, n'a pû suspendre le cours du délai
» de la prescription, jusqu'à son retour;
» avec d'autant plus de raison, que, comme
» émigrée, elle aurait été pendant son émi-

diminuant tous les jours, nous ne rapporterons que les décisions qui peuvent intéresser des personnes tierces, et dont
les effets peuvent influer sur l'état des biens, et doivent
par conséquent recevoir leur application tant que la
prescription des actions ne sera pas acquise.

(1) *Voyez* la note (1) 15 *Vent.* p. 61.

» gration réprésentée tant activement que
» passivement, par la république, contre la-
» quelle la prescription aurait couru au be-
» soin, par le défaut d'aucune demande de sa
» part » sur l'objet en contestation. (1)

3.° EMIGRATION (l') a fait perdre à l'émigré
ses droits, sur une substitution ouverte à son
profit, à l'époque de la loi du 14 novembre 1792,
lorsqu'il n'avait pas demandé l'envoi en pos-
session des biens substitués.
Voyez *Emigrés* ci-après, nomb. 3.

Droit de
succession.
Substitution.

4.° EMIGRATION (l') puni de la mort civile
en France, n'a point rendu l'émigré incapable
en pays étrangers.

Jugemens
rendus en pays
étrangers.

« Elle ne peut, *dit M.*^r *MERLIN*, être mise
au nombre des crimes contre le genre hu-
main en général, et dont le coupable doit
traîner la peine dans tous les pays où il porte
ses pas ; c'est un délit particulier au peuple
qui en soufre, et que la nation qui en profite, regarde comme une augmentation heu-
reuse de population. La mort civile des émigrés n'a donc été relative qu'à la France ;
ils ont pû et dû jouir dans les pays étrangers
où ils ont été reçus, de la plénitude des droits
civils, comme étrangers non naturalisés, tels
que de passer tous les contrats du droit des
gens et d'ester en jugement. »
En effet « les émigrés français n'étaient re-
» putés morts civilement que relativement

---

(1) 16 *Prair. an XII.* Cass. d'office. Jour. du Pal. an
12, 1. s. p. 19. — Bul. de la Cour, an 12, p. 294. —
Jour. des Aud. an 12, p. 498.

» à la France; ainsi les peines prononcées
» contr'eux en France. ne s'opposaient point
» à ce qu'ils estassent en jugement dans les
» pays étrangers. » (*)

En fait de testament.

5.º *ÉMIGRATION (l') a rendu l'émigré, décédé après la loi du 12 ventôse an VIII , incapable de tester. même depuis l'époque à laquelle il se serait pourvu en réclamation contre son inscription sur la liste des émigrés.*

En principe : « depuis le changement sur-
» venu par la loi du 12 ventôse an VIII, à la
» législation concernant l'état des inscrits sur
» la liste générale des émigrés. les inscrits
» qui sont rayés. éliminés ou amnistiés. sont
» assimilés les uns aux autres, par conséquent
» considérés comme émigrés. »

« Ce principe a encore été développé par
» des arrêtés postérieurs du Gouvernement,
» notamment par celui du 3 floréal an XI. »

« Ainsi, l'inscrit sur une des listes généra-
» les d'émigrés, le 29 messidor an III , et en
» réclamation contre son inscription, dans
» les délais des lois antérieures à celle du 12
» ventôse précitée (dès le 16 fructidor an III),
» n'avait pas à cette époque la capacité de
» disposer de ses biens. soit par testament,
» soit par codicile ou autrement; »

D'où il suit, « que les juges, en déclarant le
» testament et le codicile de *cet émigré*, en
» date des 17 nivôse an IV , et 9 floréal an VII,
» nuls et de nul effet. (parce qu'à son décès,
» étant frappé de mort civile comme émigré,
» il n'avait pas la capacité de faire aucune
» disposition de ses biens) loin de contreve-

____

(*) Voyez la note (2) 7 *Janv.* page 60.

» nir aux lois, se conformeraient, en ce sens,
» à celle du 12 ventôse an VIII. » (1)

D'ailleurs, « il est constant en droit, que
» les inscrits qui avaient réclamés en temps
» utile, étaient seulement réputés prévenus
» d'émigration, et qu'une telle prévention ne
» pouvait être considérée que comme une
» simple accusation qui n'ôtait pas la faculté
» de tester. »

Or, « en admettant que la loi du 12 ventôse
» an VIII, ait apportée un changement à la
» législation sur la matière, elle ne saurait
» être applicable à l'individu décédé en état de
» simple prévention d'émigration, bien long-
» temps (comme peu de temps) avant que cette
» loi ait été portée. »

« D'où il suit, *qu'un individu* n'ayant été,
» à l'époque de son testament et à celle de sa
» mort, qu'en état de simple prévention d'émi-
» gration, et son nom ayant été de plus rayé
» définitivement, on ne peut dire que, dans
» aucun temps, il ait été frappé de mort ci-
» vile, par l'effet de son inscription sur la
» liste; » ni incapable de disposer de ses biens.
(2)

6.º *ÉMIGRATION (la vente d'un domaine faite*   En fait de
pendant l') est valable quant à l'émigré, ses   vente.
héritiers et ayant causes.

Voyez les dév_loppemens du fait et de
ce principe aux mots *Héritiers* et *Vente.*

---

(1) 28 *Germ. an XII.* Rej. *Dame* MARET. Jur. an 12,
p. 304. — Jour. des Aud. an 12, p. 393. — Jour. du
Pal. an 12, Coll. p. 425.

(2) 12 *Mai* 1806. Rej. *Héritiers* MEYER. Jour. des Aud.
an 14 et 1806, p. 363. — Jour. du Pal. 1806, 2. s. p. 557.

Du père et des enfans. Succession.

7.º *EMIGRATION* (l') *du père et des enfans les a réciproquement rendus incapables de transmettre et de recueillir la succession délaissée par le premier.*

En effet « le père étant décédé le 28 floréal
» an III, en état d'émigration et de mort ci-
» vile ; (ses enfans étant dans le même état) les
» lois alors existantes déféraient sa succession
» à la république ; la radiation définitive du
» père n'ayant été accordée que le 9 prairial
» an VIII. les enfans eux-mêmes n'ayant été
» radiés définitivement *que le même jour;*
» on ne peut pas dire que la succession
» ait été ouverte au profit desdits enfans *le 28*
» *floréal an III*, puisque ce n'est que *le 9 prai-*
» *rial an VIII.* qu'ils sont devenus capables de
» recueillir la succession de leur père et de
» faire des actes d'héritiers ; » (1) Voyez le
fait et ses développemens au mot *Successions*,
§. de leur acceptation.

En fait de rente constituée.

8.º *EMIGRATION* (l') *ne peut soustraire l'émigré rayé au paiement d'une rente constituée antérieurement à l'émigration. sous l'obligation de tous ses biens, de fournir et de faire valoir ; lorsque tous ces biens n'ont point été vendus.*

C'est-à-dire, qu'après la vente, par la république, de l'immeuble qui formait le prix de cette rente. le vendeur crédit-rentier peut, après la radiation de l'émigré acquéreur et débit-rentier, poursuivre le paiement de la rente en question sur les biens qui ont été restitués à l'émigré rayé.

______

(1) 31 *Mars* 1806. Rej. *Créanciers THUNIN.* Jour. du Pal. 1806, Coll. p. 437. —— Jur. an 14 et 1806. p. 265.

En effet « lorsque l'émigré s'est soumis par
» contrat d'arrentement, sous l'obligation de
» tous ses biens, à fournir et faire valoir la-
» dite rente; son émigration postérieure, le
» séquestre apposé en conséquence sur la mai-
» son (faisant l'objet de l'arrentement) par
» l'autorité du Gouvernement, la vente qui
» s'en serait suivie, ne seraient point capables
» de le soustraire à l'exécution de ses engage-
» mens, puisque ses autres biens non vendus,
» dans la possession desquels il serait rentré,
» après sa radiation de la liste des émigrés,
» resteraient toujours hypothéqués pour la
» sûreté du paiement des arrérages échus
» et à écheoir de ladite rente, en vertu de
» la clause de fournir et faire valoir, à la-
» quelle il se serait soumis par le contrat,
» dès 1783 » (1)

9.º *EMIGRATION* (l') *fait perdre au mari son* Femme
autorité sur sa femme; laquelle peut, dès le d'émigré.
moment de l'inscription de son mari sur la liste Autorisation.
des émigrés, contracter sans autorisation.

Voyez *Communauté*, pag. 39, nomb. 2. et
ajouté :

« Le fait d'émigration, et l'inscription *du*
» *nom du mari* sur la liste des émigrés, lui a
» fait encourir la mort civile, prononcée con-
» tre les émigrés, par la loi du 28 mars 1793;
» l'effet de cette mort civile a été de dis-
» soudre la puissance maritale, et de rendre
» l'épouse de l'émigré à sa liberté naturelle. »

« L'on ne pourrait induire des dispositions
» de la loi du 20 septembre 1792, qui met

---

(1) 30 *Avril* 1806. Rej. CRAIPAIN. Jour. des Aud. an 14
et 1806, p. 381. — Jur. an 14 et 1806. p. 254.

» l'émigration au nombre des causes déter-
» minées du divorce, que la femme de l'émi-
» gré ait été dans la nécessité absolue de for-
» mer cette demande pour recouvrer l'exer-
» cice de ses droits civils. » (1)

Il suit de la cause jugée par la cour, qu'une femme d'émigré a pû, après l'inscription de son mari sur la liste des émigrés, vendre des immeubles sans autorisation de son mari ni de la justice.

ÉMIGRÉ.

Des jugemens rendus contre eux.
Pays étrangers.

1.º *EMIGRÉS (les jugemens rendus par des tribunaux étrangers contre des) pendant leur émigration, peuvent être déclarés exécutoires en France et y produire hypothèque.*

En vain l'émigré invoquerait-il la disposition de l'article 121 de l'ordonnance de 1629 : car, « les dispositions de cet article ne s'ap-
» pliquent qu'aux jugemens rendus en pays
» étrangers, entre un étranger et un français,
» et dans l'espèce le jugement *dont il s'agit*,
» aurait été rendu entre des étrangers. » (2)

Des actes qu'il a souscrits.
Nullité.

2.º *EMIGRÉ (l') rayé ne peut faire annuller dans son intérêt les actes qu'il a souscrit pendant son inscription.*

Le fait d'un émigré rayé, « qui n'allégue-
» rait contre une quittance (par lui donnée

---

(1) 24 *Flor. an XIII.* Rej. Joubert. Jur. an 13, p. 310.
— Jour. des Aud. an 13, p. 597. — Jour. du Pal. an 13,
2. s. p 481.

(2) 7 *Janvier* 1806. Rej. Chaillet Jour. du Pal. 1806,
1. s. p. 561. — Jour. des Aud. au 14 et 1806, p. 113. —
Jur. an 14 et 1806, p. 129.

» pendant son émigration) ni dol ni fraude,
» mais seulement voudrait se faire un titre
» de son inscription sur la liste des émigrés,
» serait entièrement en opposition avec les
» lois de la matière et l'esprit dans lequel
» elles ont été faites. » (1)

3.º *Il ne peut après son amnistie réclamer* En fait de
contre l'héritier d'un grèvé de substitution, le substitution.
bénéfice de la substitution ouverte à son profit
à l'époque du 14 novembre 1792 :
S'il ne justifie pas son existence en France
au moment où sa vocation à cette substitution a été réalisée.

Car « en jugeant que, pour pouvoir deman-
» der les biens substitués à leur profit, il fal-
» lait que les appelés eussent eu et qu'ils eus-
» sent conservés le droit de les réclamer jus-
» qu'au jour de la publication de ce décret
» (celui du 14 novembre 1792), les juges ne
» contreviendraient à aucune loi, mais se
» conformeraient aux dispositions et à l'inten-
» tion de la susdite loi de novembre 1792 ; »
De même « ils ne contraviendraient à au-
» cune loi, en jugeant que *l'émigré* inscrit,
» le 21 novembre 1792, ne pourrait dater de
» cette époque celle de son émigration ; puis-
» que le fait de cette émigration serait né-
» cessairement antérieur à son inscription sur
» la liste au moins de plusieurs jours, et par
» conséquent antérieur à l'époque de la pu-
» blication du décret du 14 novembre 1792 ;
» d'où il s'ensuivrait que, banni à perpétuité

______

(1) 15 *Vent. an XII* Cass. *Héritiers HAUTEFORT.* Jour.
du Pal. an 12, 2. s. p. 565. —— Bul. de la Cour, an 12,
p. 190. —— Jour. des Aud. an 12, p. 441.

» du territoire de la république, par le décret
» du 23 octobre précédent, il n'avait plus à
» la date de cette publication du décret de
» novembre, le droit de réclamer les biens
» substitués dont il s'agit. » 1) Voyez *Donataire*, nomb. 5, et *Succession*.

Reprise du procès soutenu par la république.

4.º *EMIGRÉ* rayé (*l'*) *peut reprendre les procès soutenus par la république en son nom pendant son émigration; il profite de tous les droits
que la république y a acquis.*

« L'émigré rayé reçoit, *disait* M.ᵣ *le Proc.
génér.* des mains de la république, les biens
que la république lui restitue ; il les reçoit
dans l'état où ils se trouvent au moment où
la restitution lui est faite; il les reçoit grévés
des jugemens qui ont été rendus contre la république ; il les reçoit enrichis des jugemens
que la république a pû obtenir : en un mot,
l'émigré rayé prend, à tous égard, la place
de la république. » (*)

Et « les juges peuvent bien faire profiter un
» émigré rayé d'un appel émis par l'agent du
» Gouvernement, puisque l'un et l'autre ont
» eu constamment le même intérêt dans
» l'instance. »(2) Voyez au mot *Acquiescement*. nomb. 5. page 55 du premier vol.

Confusion de dettes et de créances.

5.º *EMIGRÉ* (*l'*) rayé ou amnistié *ne peut
opposer à son créancier aussi émigré amnistié*

---

(1) 18 *Flor. an XIII*. Rej. CLERMONT-TONNÈRE. Jour.
du Pal. an 13, 2. s. p. 561. — Jour. des Aud. an 13,
p. 422.

(*) Plaidoyer *dans l'affaire* DESMIERS. Arrêt conforme
du 19 *Prairial an XI.*

(2) SANS DATE. *Commune de Chassagne.* Jur. an 13,
p. 302.

l'extinction d'une dette par confusion, sur la tête de la république.

Voyez *Confusion*, pag. 81 du 3ᵉ. vol.

Nota. La législation sur les émigrés fut toujours dirigée par les circonstances; elle fut souvent dictée par des opinions différentes, et l'on pourrait dire qu'elle est une espèce de dédale dans lequel les magistrats ont nécessairement peine à se retrouver en concordance avec le droit commun, auquel cette législation déroge presque toujours : nous avons fait tous nos efforts pour réunir ici tous les principes généraux sur cette matière, en tant qu'ils peuvent être de quelqu'intérêt dans les affaires des personnes tierces ; mais nous avons placés à d'autres mots les principes particuliers à des espèces singulières ; c'est pourquoi nous renvoyons le lecteur aux mots qui les indiquent (et aux notes marginales placées à chacun d'eux) principalement au *Traité de compétence.* et aux mots *Absent, Acte, Acquiescement, Action, Amnistie, Communauté, Confusion, Créanciers, Divorce, Donataire, Dot, Héritiers, Mariage, Opposition, Remboursement, Séquestre, Solidarité, Succession, Transaction, Vente,* &c; suivant les espèces.

EMPHITÉOSES (*à l'égard des*) voyez les mots *Bail,* nomb. 7 et 9; *Contribution,* 2ᵉ volume, page 147, deuxième à linea; *Mutation* et *Rente.*

EMPRISSONNEMENT : par rapport aux emprissonnemens, voyez le *Traité de compé-*

tence en matière correctionnelle, nomb. 104; *Alimens*, nomb. 6; et *Contrainte par corps.*

EMPRUNT.

Par des enfans sous la puissance paternelle.

Sénatus-consulte macédonien.

Emprunt (aucun) valable n'a pû être fait, en pays de droit écrit, par un enfant sous la puissance paternelle, sans le concours de ses père et mère;

Même dans le cas où cet emprunt aurait été déguisé sous la forme d'une constitution de rente.

C'est ainsi, qu'une rente constituée dans le département de l'Ourthe, en 1777, par un enfant sous la puissance de sa mère, a dû être annullée comme contraire aux dispositions du sénatus-consulte macédonien.

Vainement soutiendrait-on : que les contrats de constitution de rente n'étant pas compris dans le sénatus-consulte, celle dont il s'agit, devrait être déclarée valable

Car « la loi 1.ʳᵉ au digeste, tit. *DE SENATUS* » *CONS. MACED.* et la loi 7 au code; déclare » nuls les contrats de prêt consentis par les » enfans de famille, sans le concours de leurs » père ou mère, sous la puissance desquels ils » vivaient; »

Ainsi, dans l'espèce, « cet enfant ayant cons-» tamment soutenu que les contrats de consti-» tution de rente n'étaient que des contrats » de prêt. déguisés, dans l'unique objet d'élu-» der l'effet du sénatus-consulte macédonien, » ce qui n'aurait point été nié ni contesté; s'il » résulte des contrats mêmes qu'ils ne font que » déguiser des contrats de prêt, en fraude du » sénatus-consulte; en déclarant ces contrats » valables,

» valables , les juges fourniraient motif à
» la réformation de leur jugement pour con-
» travention aux lois citées. » (1)

ENCHÈRES. (*Sur*)

Sur - Enchère (une) ayant été requise par Aux termes de
un créancier , son effet est de suspendre l'ordre la loi de bru-
et distribution du prix de la vente volontaire maire an 7.
jusqu'à l'adjudication publique de l'immeuble Code civil.
sur encheri.

Une fois faite , elle profite à tous les créan-
ciers inscrits.

En principe : « d'après l'art. 32 de la pre-
» mière loi du 11 brumaire an VII , faute de
» soumission d'enchère dans le délai prescrit,
» le prix de l'immeuble demeure définitive-
» ment fixé au prix énoncé au contrat d'ac-
» quisition ; »

« L'article cité et nul autre de cette loi ne
» porte que la soummission une fois faite par
» un créancier , ne profitera pas aux autres
» créanciers inscrits ; dès qu'il y a eu décla-
» ration et soumission d'enchère, le prix n'est
» point définitif, aussi bien envers les créan-
» ciers inscrits, qu'envers celui qui a fait la
» soumission , la loi ne faisant à cet égard
» aucune distinction. »

« Ainsi , en professant que l'enchère d'un
» créancier est un acte passé avec la justice ,
» qui profite à toutes les parties intéressées,
» qui ont un titre légal, et ont fait les diligen-
» ces d'inscription hypothécaire , les juges ne

______

(1) 14 *Vent. an VIII.* Cass. *Demoiselle* PIETTE. Bul. de
la Cour, an 8, p. 168. — Jur. notice p. 285.

» feraient que rappeler les anciens princi-
» pes, et la doctrine des auteurs les plus esti-
» mables, qui ont traité de la matière, et
» que le code civil a formellement consacrés. »
(art. 2190.) (1) Voyez *Créancier*, nomb. 6,
pag. 175 du 2.e vol.

ENDOSSEMENT. *Ses effets.*

Oblige le tireur au paiement.

1.º *Endossement* (l') même irrégulier ne donne point au tireur le droit de refuser au porteur le paiement de l'effet ainsi endossé.

En principe : « quelque soit l'endossement,
» le tireur est tenu de remplir l'obligation
» personnelle qu'il a souscrit, de payer et de
» faire valoir la lettre de change; cela résulte
» notamment de l'art. 25 du tit. 5 de l'ordon-
» nance de 1673, qui est étranger au tireur,
» et qui ne donne le droit d'exciper des vi-
» ces d'un endossement, qu'aux créanciers
» ou aux redevables de l'endosseur. »
Voyez ci-après le nomb. 5, et le mot *Ordre.*

Approbation en toutes lettres.
Décl. de 1733.

2.º *Endossemens* (les) ne sont point assu-jettis à l'approbation en toutes lettres des som-mes y mentionnées comme pour les billets ou promesses.

En effet « la déclaration de 1733 ne prescrit
» l'écriture ou l'approbation de la main du
» souscripteur que pour le corps des billets à
» ordre, et non pour les simples endosse-
» mens; l'usage du commerce n'a point astreint

─────────────

(1) 22 *Prair. an XIII.* Rej. *Duverger.* Jour. du Pal.
an 14, 1. s. p. 49. —— Jur. an 13, p. 285. —— Jour.
des Aud. an 13, p. 404.

» à ces formalités les souscripteurs d'endosse-
» mens d'effets négociables. » (1)

3.° *ENDOSSEMENT (l') valeur en compte,
rend véritable propriétaire de l'effet négocié
celui dont le nom se trouve écrit dans l'ordre.*

*Valeur en
compte.*
Confusion.

*L'endossement au profit de celui qui doit
faire le paiement, opère en sa personne une
véritable confusion.*

C'est-à-dire que, si j'ai accepté une lettre
de change, tirée sur moi par G... qui l'a
endossée au profit de B... qui lui-même l'a
endossée à mon profit, valeur en compte ; si je
suis en faillite au jour du paiement, la pré-
caution ridicule que j'aurais prise de faire protester, sur moi-même, ladite lettre, en parlant
à mes commis, qui auraient répondu que les
paiemens étaient suspendus, ne pourrait faire
revivre la garantie contre les endosseurs, laquelle serait éteinte par la confusion qui
aurait été opérée en ma personne.

Sur les mots ; *valeur en compte :* « l'ordon-
» nance de 1673, tit. 5, art 23 et 24. admet
» pour légitime propriétaire d'une lettre de
» change, celui du nom duquel l'ordre est
» rempli, toutes les fois que cet ordre est
» daté et contient le nom de celui qui a payé
» la valeur en argent, marchandises ou au-
» trement ; les expressions *valeur en compte,*
» ne peuvent être regardées comme hypothé-
» tiques et suspendant les effets du transport
» légal opéré par un ordre dans les formes
» prescrites par l'art. 23, puisque celui au nom

---

(1) 7 *Therm. an XI.* Cass. RAYER. Bul. de la Cour,
an 11, p. 358. — Jour. du Pal. an 12, 1. s. p. 553.

» duquel ledit ordre est passé , conserve aux
» termes de l'ordonnance, la faculté de trans-
» porter lui-même la propriété de la lettre
» de change passée à son ordre par un nou-
» vel ordre, conçu valeur en argent, mar-
» chandises ou autrement ; »

Sur la confusion : « dans l'espèce , les for-
» malités prescrites par ledit art. 23 de l'or-
» donnance susdatée , ont été remplies, *je*
» *dois* être regardé comme légitime proprié-
» taire du jour de l'endossement fait à *mon*
» profit ; c'est à ma requête, et en annonçant
» comme légal et subsistant dans tous ses ef-
» fets l'ordre passé en mon nom, que le pro-
» têt de la lettre de change tirée par G. . . a
» été fait ; or , le transport légal étant opéré
» à mon profit, il a confondu en ma personne
» les qualités de créancier et de débiteur,
» et l'extinction de la dette s'est opérée par
» l'effet de cette confusion. » (1)

Par simple signature.

Principe controversé, dans l'article suivant.

4.° *Endossement* (*l'*) *par simple signature, sans déclaration de valeur reçue , ne donne au porteur de la traite qu'une simple procuration pour recevoir ; il ne lui confère point la propriété.* (*)

---

(1) 14 *Flor. an IX.* Rej. *Hayaert.* Jur. notice, p. 429.

(*) *Voyez* l'article suivant, lequel rapporte le principe contraire; mais observez que dans l'espèce présente, la lettre endossée avait été remise seulement en nantissement d'une modique somme, et que la section des requêtes a seulement décidé qu'il n'y avait pas contravention à l'ordonnance dans l'application de la présente règle ; tandis que dans l'espèce suivante, comme dans une autre rapportée au mot *Billet*, elle a décidé qu'il n'y avait point motif à se pourvoir en cassation, lorsque

« L'endossement d'une lettre de change ne
» portant point que le porteur en ait payé la va-
» leur ; en décidant que cette lettre de change
» ne lui a été remise que pour sûreté d'une
» somme qui lui était due, (ou à tout autre
» titre que celui de propriété) les juges ne
» contreviendraient point à la preuve écrite
» de cette lettre de change ni de son endos-
» sement. »

« L'article 23 du même tit. 5 précité, porte
» expressément que les signatures au dos des
» lettres de change ne serviront que d'endos-
» sement et non d'ordre, s'il n'est daté et
» ne contient le nom de celui qui a payé
» la valeur . . . ; cet article ne comprend pas
» moins, dans sa disposition générale, les par-
» ties contractantes que les tierces personnes
» intéressées ; ainsi un endossement ne conte-
» nant aucune des conditions voulues par cet
» article pour constituer un ordre ; en refu-
» sant à cet endossement les effets de l'ordre,
» les juges ne contreviendraient ni à l'article
» cité, ni à aucune autre disposition de l'or-
» donnance du commerce. » (1)

5.° *Endossement* (un) *par une simple signa-* Par simple
ture au dos d'un effet de commerce équivaut signature.
à un ordre et transmet au porteur la propriété D'usage dans
de l'effet ; d'après l'usage généralement admis le commerce.
dans le commerce.

Controverse
de l'article
précédente.

« L'endossement en blanc, envisagé en soi,

---

les tribunaux, en se conformant à l'usage général, disaient
que l'endossement en blanc avait transmis la propriété
de l'effet endossé d'une simple signature.

(1) 27 *Vend. an XI,* Rej. *Lesage.* Jur. an 11, p. 65.

Par simple signature, etc.

» est depuis long-temps d'un usage général;
» cet usage s'est introduit pour la facilité du
» commerce, il a lieu même pour les lettres
» de change qui, étant faites en la forme
» ordinaire, indiquent dans leur contexte
» même, le nom de celui à qui elles doivent
» être payées, et de quelle manière il en a
» fourni la valeur au tireur : en conséquence,
» on tient depuis long temps pour principe
» dans les tribunaux, comme dans le com-
» merce, que la signature en blanc au dos
» d'un effet de commerce, équivaut à un or-
» dre et transfert au portenr la propriété de
» l'effet négocié; à moins qu'aux termes de
» l'art. 25 (du tit. 5 de l'ordonnance de 1673)
» cet effet ne soit réclamé par les créanciers
» du signataire en blanc, ou dans le cas d'être
» compensé par ses redevables. » (1)

C'est-à-dire, « que les dispositions des arti-
» cles de l'ordonnance de commerce de 1673,
» relatives aux effets que doivent produire
» les endossemens, selon les différentes for-
» mes dans lesquels ils ont été faits, ne con-
» cernent que les seuls endosseurs ou leurs
» créanciers, et nullement les souscripteurs : »

« D'où il suit que le défaut des formalités
» que l'ordonnance exige pour que la pro-
» priété d'un billet négociable puisse être va-
» lablement transmise au porteur, ne peut
» être opposé à celui-ci par le souscripteur
» du même billet. »

Par conséquent si A... a souscrit au profit
de B... un effet, que B... a passé à l'ordre
de C..., celui-ci à E...; et que ce dernier,

---

(1) 2 *P. air. an XIII.* Rej. *LANCHERE.* **Jur.** an 13, p. 581. —— Jour. des Aud. an 13, p. 447.

ayant fait protester l'effet faute de paiement , *Par simple*
l'ait rendu à C. . ., celui-ci est habile a en *signature, etc.*
poursuivre le paiement sur A. . . souscripteur ;

En vain « les juges déclareraient-ils C. . .
» non-recevable à exiger de A. . . le paiement
» dudit effet, sous l'unique prétexte que les
» endossemens en vertu desquels C. . . serait
» porteur, n'ayant pas été faits dans les for-
» mes voulues par la loi, pour lui en transmet-
» tre la propriété, il ne devrait être consi-
» déré que comme un simple prête-nom; car,
» ces juges violeraient et appliqueraient faus-
» sement les dispositions de ladite ordon-
» nance. » (1) (art. 24 tit. 5)

6° *ENDOSSEMENT* (*l'*) en blanc, *est tellement translatif de propriété en faveur du
porteur, qu'un jugement de condamnation,
ayant été rendu à la requête de ce tiers, celui
à qui la traite appartiendrait, devrait être
admis à conclure sur l'appel à la confirmation
du jugement rendu à la diligence du porteur
de l'endossement en blanc.*

Par exemple ; si je confie à un ami une lettre
de change qui m'avait été transmise par endossement avec ma signature au dos, pour
que cet ami mette l'acquit, en touchant la valeur, et qu'au lieu d'attendre l'époque de
l'échéance il transmette cette traite à une autre personne, cette personne peut, à défaut
de paiement, obtenir jugement contre l'accepteur, débiteur de la traite ; et sur l'appel

---

(1) 29 *Brum. an XIII.* Cass. BELLOT. Bul. de la Cour ,
an 13, p. 51. —— Jour. du Pal. an 13, 2. s. p. 65. — Jour.
des Aud. an 13, p. 111 ; où se trouve rapporté un autre
arrêt de rejet, *daté du 18 Messid. an X.*

interjetté par ce dernier je peux intervenir pour demander la confirmation du jugement dont appel.

En vain dirait-on : que n'ayant fait que donner ma signature en blanc, sans autre énonciation, je serais resté seul propriétaire de cet effet ; que ni mon ami, ni l'autre personne n'auraient pû le devenir contre le vœu de la loi ; et qu'en le déclarant autrement les juges de première instance, auraient violé les articles 23 et 25 du tit. 5 de l'ordonnance de 1673, ainsi que l'art. 1599 du code civil, qui veut qu'on ne puisse vendre la chose d'autrui ; puisque mon ami n'étant point propriétaire, il n'aurait pû ni rétrocéder l'effet en question ni en poursuivre en son nom la condamnation ; et en outre contravention à l'art. 1239 du même code, puisqu'il y aurait condamnation à payer à des personnes qui n'avaient ni qualité ni pouvoir pour recevoir à mon lieu et place.

En effet « les juges d'appel ne violeraient » ni les articles 23 et 25 de l'ordonnance de » 1673, ni les articles 1239, 1583 et 1599 du » code civil, ni la loi du 1.er mai 1790, rela- » tive aux deux dégrés de juridiction, en dé- » boutant l'accepteur de l'appel du jugement » en question, en permettant à celui qui l'au- » rait obtenu ainsi qu'à moi de le ramener à » exécution » (1) Voyez *Appel* en mat. civile, nomb. 25. pag. 175, du 2.e vol.

Nous n'avons rapporté la décision n.° 4, que dans l'intention d'eviter les surprises où elle

____

(1) 24 *Février* 1806. Rej. MOUTON. Jour. du Pal. 1806. 2. s. p. 3. — Jour. des Aud. an 14 et 1806, p. 243.

jette, lorsqu'on la rencontre seule comme dans les autres recueils; mais les 4 arrêts ci-dessus réunis établissent très-certainement l'opinion de la cour suprême sur ce point de droit, anciennement jugé en sens contraire.

7.° « ENDOSSEMENT (l') d'une obligation pas- *D'une obliga-*
» sée devant notaire, ne peut la dénaturer au *tion notarié.*
» point de la faire sortir de la classe des ob-
» ligations civiles ordinaires ; »

« Il n'a évidemment pour objet que d'en
» rendre le transport plus facile, sans qu'elle
» cesse de jouir des avantages accordés par
» la loi aux actes faits par devant notaires. »
(1)

Voyez, en fait d'endossement et d'endos-seur, les mots *Aval, Billets, Cession, Garan-tie, Lettre de change, Ordre, Prescription, Protêt.*

ENDOSSEUR. *De ses obligations.*

1.° ENDOSSEUR (l') est tenu, comme le tireur, *Est tenu de*
de garantir, à celui au profit duquel il souscrit *garantir.*
l'endossement, que le débiteur (celui sur lequel
l'effet est tiré) a les fonds nécessaires pour
acquitter à son échéance, ou qu'il est redevable.

« S'il conste, en fait, que celui qui devait
» acquitter une lettre de change , a répondu
» lors du protêt n'avoir point de fonds au
» tireur, et que l'endosseur n'ait pas prouvé
» ni demandé à prouver le contraire; » celui-ci est tenu de rembourser cet effet à celui qui en est le porteur.

---

(1) 5 *Pluv. an XI.* Cass. *Régie de l'enregistr.* Bul. de la Cour, an 11, p. 129.— Jour. du Pal. an 12, Coll. p. 249.

Est tenu de garantir.

En vain établirait-on une distinction entre l'endosseur qui est en même temps tireur, ou qui n'est qu'endosseur simple, c'est-à-dire, celui qui n'a pas payé la valeur de l'effet protesté ; et celui qui en aurait véritablement payé le montant ;

Car « l'ordonnance (de 1673 art. 16 tit. 5) » ne fait aucune distinction entre les endos- » seurs qui ont fourni la valeur ; elle les sou- » met tous, ainsi que les tireurs, à la garan- » tie, faute de prouver la provision entre les » mains de celui sur qui la lettre est tirée, » ou qu'il était redevable au temps du pro- » têt. » (1)

2.º *Il doit également le remboursement de l'effet dans le cas du défaut de protêt, ou lors- qu'il ne lui à été signifié qu'après le délai de quinzaine.*

En le décidant ainsi « les juges reconnaî- » traient les règles établies par les articles 2, » 4, 13 et 15 de l'ordonnance de 1673, tit. 5 ; » et ne fondant leur décision que sur l'excep- » tion à ces mêmes règles, consignée dans » l'art. 16 ils ne pourraient se mettre en con- » travention avec lesdits art. 2, 4, 13 et 15. » Donc « s'il est convenu, par les endosseurs, » que les fonds d'une lettre de change n'ont » jamais été remis à la délégation (celui qui » devait payer) les juges loin d'appliquer faus- » sement l'article précité, en feraient au con- » traire une très-juste application. » (2)

---

(1) 14 *Therm. an XI.* Cass. MERCKEN. Bul. de la Cour, an 11, p. 370. — Jour. du Pal. an 11, 1. s. p. 65.

(2) 9 *Prair. an XII.* Rej... Jour. du Pal. an 12, 2. s. p. 545. — Jour. des Aud. an 12, p. 450.

De mêmè « si le protêt , fait dans le temps
» utile , constate que celui sur qui la lettre
» de change était tirée , a répondu n'avoir
» point de fonds , ni provision , et ne pouvoir
» payer ; »

« Cette réponse ayànt établi la dénégation
» prévue par l'art. 16 précité, l'endosseur (*)
» doit , conformément au même article , de-
» mander à prouver que celui sur qui l'effet
» a été tiré , était redevable ou avait provi-
» sion à l'epoque du protêt , ou bien appeler
» en garantie les autres endosseurs ou le ti-
» reur pour faire cette preuve ; mais s'il n'a
» fait ni l'une ni l'autre demande , il se trouve
» tenu de la garantie envers le porteur , sauf
» son recours , s'il y a lieu , contre les autres
» endosseurs ou le tireur. » (1)

« En jugeant le contraire, les tribunaux
» appliqueraient faussement les art. 14 , 15 et
» 16 précités , et contreviendraient à l'article
» 16. » (2)

3.º *ENDOSSEUR* (*l'*) *doit encore garantir le* Lorsqu'il a
porteur même dans le cas où le protêt ne lui reçu le prix
aurait point été signifié dans le délai , lorsque après le protêt
après le protêt , il a reçu du tireur une partie
de la marchandise dont l'effet était le prix.

(*) Dans l'espèce , la demande en remboursement de
l'effet, protesté le 18 juin 1792, ne fut faite que le 29
prairial an V , plus de trois ans après le protêt.

(1) 1.ᵉʳ *Fruct. an VI.* Cass. *TISSANÉ.* Jur. notice, p.
151.

(2) 25 *Prair. an X.* Cass. *BOTTE.* Bul. de la Cour , an
10, p. 416. —— Jur. an 10, p. 337. —— *Nota.* Ce dernier
arrêt contient les mêmes principes que les précédens et
dans les mêmes termes.

Car « l'art. 17 du tit. 5 de l'ordonnance de
» 1673, forme, ainsi que l'art. 16 qui le pré-
» cède, une exception à la déchéance pro-
» noncée par l'art. 15 contre le porteur d'une
» traite qui n'a pas attaqué en garantie les
» tireurs et endosseurs dans le temps déter-
» miné. Si, après le protêt, ils ont retiré la
» valeur de la lettre de change en argent ou
» en marchandises, ils sont tenus de garantir le
» porteur, nonobstant le défaut de poursuites
» dans le temps prescrit. » (1) Voyez *Garantie* et *Tireurs.*

Suivant les usages établis dans les places de commerce.

4.º *ENDOSSEURS* (les) *doivent être poursuivis en garantie dans les délais et suivant les
usages qui se sont établis dans les différentes
places de commerce.*

Parce que « l'ordonnance de 1673 n'a point
» de dispositions positives sur la nature des
» diligences que doivent faire les porteurs de
» billets à ordre, valeur reçue en espèces,
» marchandises et autres effets, pour exercer
» leur garantie contre les endosseurs, ni dans
» quels temps ces diligences doivent être exer-
» cées ; ainsi les tribunaux ne peuvent que
» se conformer aux usages qui se sont établis
» dans les différentes places. » (2)

5.º *ENDOSSEUR* (l') *d'une lettre de change
ne peut invoquer la prescription établie en faveur de la caution.*

Voy. *Prescription*, en matière de commerce.

------

(1) 7 *Germ. an XI.* Cass. *DÉPRÉS.* Bul. de la Cour,
an 11, p. 200.

(2) 24 *Flor. an XIII.* Rej. *Veuve CUNIN.* Jour. des Aud,
an 12, p. 371.

6.° *Endosseur* (l') *est déchargé par la quittance donnée au tireur qui a payé; encore que cette quittance porte une somme moins forte que la créance.*

Lorsque le tireur a remboursé.

Par exemple : je tire de Paris une lettre de change sur A. . . de Lyon, pour la somme de 2000 fr., à l'ordre de B. . . qui en transporte l'ordre à C. . ; l'effet est protesté à son échéance époque à laquelle je suis en faillite : par arrangement entre moi et C. . . je lui paye la somme de 1000 fr. qu'il reconnaît avoir reçue pour solde de toutes ses créances sur moi, *fondées sur les titres ci-dessous énoncées* (ces titres étaient la lettre de change et le protêt) *lesquels lui seront remis :* néanmoins et malgré cette promesse C. . . conserve lesdites pièces, et à l'appui d'icelles forme une demande, contre B. . . son endosseur, pour le paiement des derniers 1000 francs : dans ce cas C. . . doit être déclaré non-recevable dans sa demande.

Le Procureur général disait dans cette cause « il y a eu, de la part de C. . , *remise réelle* pour l'excédant de 1000 fr., puisque la quittance est *pour solde de toute la créance ;* puisqu'il a promis de rendre les titres.

« *Et ideo si debitori reddiderim cautionem, videtur inter nos convenisse ne peterem.* (*L.* 2. §. 1. *ff de pactis*) »

« La *remise réelle* profite également à tous les co-débiteurs, ne pouvant plus y avoir de débiteur quand il n'y a plus de chose due. »

« Si la quittance présentait. (à mon égard) une simple *décharge personnelle*, le résultat doit encore être le même. » Il citait *Pothier, Traité des obligations*, part. 3 , chap. 3.

La cour suprême « attendu la remise réelle » a rejetté la demande en cassation » du jugement qui avait declaré C... non-recevable dans son action contre B... endosseur. (1)

Comment il est déchargé par la prescription.

7.° ENDOSSEUR (l') est déchargé par la prescription de cinq ans : mais elle ne peut être prononcée d'office par le juge.

Pour le cas « où l'endosseur n'a point opposé » la prescription de cinq ans, » mais seulement conclu au renvoi de la demande en garentie, avec offre de payer ausitôt qu'il en aurait les moyens; il faut observer;

« Que l'art. 21 (même ordonnance et titre » que dessus) n'établit pas une prescription » absolue, mais simplement une présomption » de paiement subordonnée au résultat d'une » affirmation que la loi autorise de requérir » des prétendus débiteurs; or, en prononçant » d'office purement et simplement. la décharge » de l'endosseur, sous le motif du laps de cinq » ans, les juges mettraient le créancier dans » l'impossibilité de requérir, comme il y se- » rait fondé l'affirmation dont parle l'article » 21 précité. » (2)

En matière criminelle.

EN FAIT DE FALSIFICATION DE LETTRE DE CHANGE : l'endossement souscrit dans un lieu détermine la compétence, pour les juges dans le ressort desquels se trouve le lieu où l'endossement a été fait.

---

(1) 12 *Frim. an X.* Rej. ABBÉMA. Jur. an 10, p. 99.

(2) 9 *Brum. an XIII.* Cass. GOUZY. Bul. de la Cour, an 13, p. 26. —— Jur. an 13, p. 82.—— Jour. des Aud. an 13, p. 68.

Voyez au *Traité de compétence*, en matière criminelle, nomb. 150, pag. 256.

ENFANT *légitime.*

1.º « *ENFANT* (l') *né en France*, *sous l'an-* » *cien régime*, *quoique d'un étranger*, *était* » *réputé par sa naissance vrai français ; ce* » *principe est reconnu par les auteurs* »

« Il en était de même des enfans nés dans » le pays étranger d'un père français, lors- » que celui-ci n'avait pas établi son domicile » dans ce pays, et perdu l'espoir de retour. » (1)

Né en France sous l'ancien régime.

2.º « *ENFANS* (les) *d'après les dispositions* » *de la coutume de Liège ont été saisis de la* » *propriété des biens qui ont appartenu à leur* » *père*, *au moment de la mort ;* »

» Cette propriété des enfans était seule- » ment résoluble au profit de leur mère, » usufruitière par l'événement de la mort de » tous les enfans avant elle. » (2) Voyez *Succession.*

D'après la coutume de Liège.

3.º *ENFANT* (l') naturel, *dont le père est* décédé avant 1789, *a pû réclamer la succes-* sion de son oncle ouverte en l'an III.

En d'autres termes « les droits de successi- » bilité et de représentation en ligne collaté- » rale accordés par les articles 9 et 16 de la » loi du 12 brumaire an II aux enfans natu- » rels, leur ont été acquis généralement et

Naturel. A pu succéder en ligne collatérale. Loi de brum. an II.

---

(1) 8 *Ther. an XI.* Régl. de juges. S*ERANT.* Jour. du Pal an 12, 2. s. p. 228.

(2) 4 *Fruct. an XI.* Rej. *Régie de l'enreg.* Jur. an 11, p. 17.

» indéfiniment , sans égard à l'époque du dé-
» cès de leurs pères. »

Ainsi, l'enfant naturel reconnu, dont le père
était décédé en 1750, a pû demander à entrer en partage de la susdite succession ; sans
qu'on ait pu lui opposer le défaut de qualité,
comme n'ayant jamais pû succéder à son père,
aux termes des anciennes lois.

En effet, « les susdits articles 9 et 16 ne
» s'occupent ni directement ni indirectement
» de l'époque du décès de leurs pères ; cela
» est si vrai, qu'il a fallu une loi expresse
» pour prononcer une restriction de ces droits,
» celle du 15 thermidor an IV ; mais d'après
» celle du 2 ventôse an VI , cette restriction
» ne peut s'appliquer aux successions ouver-
» tes dans l'intervalle de la loi du 12 bru-
» maire à celle de thermidor an IV. » (1)

Il ne peut re-
présenter ses
père et mère.

4.º *Il n'a pas pû représenter ses père et*
mère dans une succession ouverte avant le 14
juillet 1789.

Car, « le droit de représenter un individu
» suppose nécessairement l'habilité à lui suc-
» céder ; »

Or, « la loi du 12 brumaire an II n'a rendu
» les enfans naturels habiles à succéder à leurs
» père et mère qu'à l'égard des successions
» ouvertes depuis le 14 juillet 1789; ces enfans
» ne peuvent donc, par représentation de
» leurs père et mère décédés avant cette épo-
» que, réclamer tout ou partie des successions
» ouvertes depuis le 12 brumaire an II. »

____

(1) 27 *Messid. an VII.* Cass. Martin. Jur. notice,
p. 226. —— Bul. de la Cour, an 7. p. 438.

» D'où

« D'où il suit qu'en admettant *un enfant*
» *naturel* à représenter sa mère décédée le
» 19 juin 1789, dans la succession du père
» de celle-ci . il y aurait une fausse applica-
» tion de la loi du 12 brumaire an II. » (1)

5.º *ENFANT* (*l'*) naturel *non reconnu, dont* *Non reconnu,*
le père est mort en l'an VI, n'a pû lui succé- *est inhabile*
der , *malgré une foule de circonstances proba-* *à succéder.*
tives et même un commencement de preuve
écrite.

Car, « en rejettant la demande *de cet en-*
» *fant* à fin d'envoi en possession de la suc-
» cession de *son prétendu père .* les juges ne
» seraient point contrevenus à l'art. 8 de la loi
» du 12 brumaire an II ; cet article n'étant
» applicable qu'aux enfans naturels dont les
» pères étaient décédés lors de la publication
» de la loi. » (2)

6.º *ENFANS* (*les*) naturels *n'ont point été* *Effet de l'in-*
appellés aux successions de leurs père et mère, *terrègne de la*
pendant l'interrègne de la loi. *loi sur les*
successions.
En effet « des articles 1.ᵉʳ et 10 de la loi du
» 12 brumaire an II , il résulte que la législa-
» tion avait laissé dans une incertitude abso-
» lue les droits des enfans nés hors de ma-
» riage , dont les père et mère décéderaient
» dans l'intervalle de cette loi, à la publica-
» tion du code ; l'art. 8 ne lève pas cette in-
» certitude , puisqu'il n'a rapport qu'aux suc-
» cessions ouvertes antérieurement au 12 bru-

____

(1) 12 *Pluv. an VIII.* Rej. Cass. *Sœurs CHAMBON.* Bul,
de la Cour, an 8, p. 132.

(2) 4 *Germ. an X.* Rej. *DELEDECQUE.* Jur. an 11 , p.
246.

» maire an II ; et dès-lors aucun tribunal ne
» pouvait statuer sur les réclamations relati-
» ves à l'état de ces enfans et à leurs droits
» dans les successions ouvertes depuis la pu-
» blication de cette loi , sans prendre part à
» l'exercice du pouvoir législatif, qui a en effet
» réglé depuis leur état et leurs droits de
» successibilité. » (1)

« Les articles 11 et 12 ne font autre chose
» que procurer au père la faculté d'assurer à
» l'enfant sa filiation et son aptitude à lui
» succéder, indépendamment de la confirma-
» tion de la mère , qui se trouverait prédé-
» cédée ou autrement dans l'impossibilité de
» la donner , et ne statuent rien , quant à la
» mise en action du droit de succéder , et à
» sa quotité ; »

« Cette incertitude existait aussi bien à
» l'égard des mères décédées dans le même
» intervalle, qu'à l'égard des pères, puisque
» les art. 1.er et 10 de ladite loi de brumaire,
» disposent pour l'une comme pour l'autre
» espèce de succession ; »

« Lorsque le législateur a soumis, à l'égard
» des successions paternelles et maternelles
» qui devaient s'ouvrir postérieurement au 12
» brumaire, l'exercice du droit de successi-
» bilité qu'il créait , ainsi que sa quotité, aux
» dispositions du code civil , (« ce qui a lieu
» même à l'égard de l'enfant porteur d'une
» reconnaissance authentique devant l'officier
» public ») , il a dénié , par voie de consé-
» quence , du moins quant à présent , aux ac-
» tes de naissance ou a la possession d'état ,

______

(1) Voyez la note (1) 2 *Vent.* page 84.

» l'effet d'une admission actuellement efficace
» a une succession. » (1)

« D'où il suit que les juges, en admettant,
» le 12 frimaire an III, un enfant naturel
» dont le père, ou celui regardé comme tel,
» était décédé depuis la loi du 12 brumaire
» an II, auraient commis une entreprise sur
» le pouvoir législatif, ... et sous ce rapport
» excédé leur pouvoir, et violé l'art. 10 de
» la loi du 24 août 1790; » (2) puisque « c'est
» uniquement pour admettre lesdits enfans
» aux successions, comme s'ils étaient nés
» dans le mariage, que la loi de brumaire
» an II se contente, par son art. 8, d'une sim-
» ple possession d'état prouvée par une suite
» non· interrompue de soins donnés à titre de
» paternité, tant à leur entretien qu'à leur
» éducation, soit par la représentation d'écrits
» publics ou privés du père, lequel étant
» alors décédé n'a pû les reconnaître dans la
» forme qu'elle établissait ; (3) puisqu'enfin
» le sort desdits enfans n'a été définitive-
» ment réglé que par la loi du 14 floréal an
» XI. » (4)

7.º ENFANT (l') naturel, *reconnu en* 1793, *mais dont le père n'est décédé qu'en l'an V, ne peut prétendre à l'intégralité de la succes- sion de son père.*

Reconnu, mais dont le père est décédé après la loi de brum. an II.

---

(1) 15 *Messid. an* X. Rej. CLAUDE. Jur. an 10, p. 329.

(2) 4 *Pluv. an VIII.* Cass. *Sœurs* OLIVIER. Bul. de la Cour, an 8, p. 125. — Et beaucup d'autres arrêts ren- dus dans le même sens.

(3) 4 *Vent. an XI.* Cass. NEUVILLE. Bul. de la Cour, an 11, p. 169.

(4) 8 *Messid. an XII.* Cass. MIOCHE. Bul. de la Cour, an 12, p. 340.

Parce que « la loi du 12 brumaire an II,
» prise dans son sens naturel, n'a entendu
» rien statuer sur le sort des enfans naturels,
» dont les pères étaient encore existans à
» l'époque de sa promulgation ; elle les a ren-
» voyés au code civil pour régler leurs droits;
» cette manière d'entendre la loi a été fixée
» par la loi transitoire de floréal an XI, » insérée au code. (1)

« D'où il suit que les juges auraient com-
» mis un excès de pouvoir en adjugeant à
» un enfant naturel l'intégralité d'une succes-
» sion (ouverte le 19 pluviôse an II) qui ne lui
» aurait point été déférée par la loi; » (2)
» comme en admettant *l'enfant naturel* à re-
» cueillir seul, et à l'exclusion de tous autres,
» la totalité de la succession de son père na-
» turel mort en brumaire an IX, puisqu'ils
» auraient ajouté à ladite loi du 12 brumaire,
» une disposition qui ne s'y trouve pas; » (3)
» et qu'aucun tribunal ne pouvait statuer
» définitivement sur les réclamations relati-
» ves à l'état de ces enfans et à leurs droits
» dans les successions ouvertes depuis la pu-
» blication de cette loi. » (4)

Qui est obligé à restituer.

8.º *ENFANT* (*l'*) naturel *qui, avant la loi*

---

(1) 2 *Vent. an XII.* Cass. *Héritiers VAQUERIE.* Bul. de
la Cour, an 12, p. 184. — Jour. du Pal. an 12, 2. s. p.
3, et an 13, 2. s. p. 266. — Jour. des Aud. an 13, S.
p. 1.ʳᵉ

(2) 8 *Messid. an XII.* Cass. *MIOCHE.* Bul. de la Cour,
an 12, p. 340. — Jour. du Pal. an 13, 1. s. p. 314.

(3) 20 *Germ. an XIII.* Cass. *Héritiers légitimes SOLON.*
Bul. de la Cour, an 13, p. 292.

(4) 2 *Brum. an XIII.* Cass. *Frères TAINTENIER.* Bul. de
la Cour, an 13, p. 15.

de floréal an XI, jouissait de la totalité des biens d'une succession, obligé d'en rendre une portion en vertu de cette loi, peut être dispensé de la restitution des fruits.

En effet « les juges ayant décidé en fait qu'un
» enfant naturel a joui de bonne foi des biens
» qu'il a recueillis en cette qualité ; ne vio-
» lent aucune loi, en décidant, *en sa faveur*,
» que le possesseur de bonne foi n'est pas
» tenu à la restitution des fruits avant la de-
» mande, en revendication des biens. » (1)

9.º *ENFANT (l') naturel reconnu dans son acte de naissance, avant la loi de brumaire an II, a droit aux avantages indiqués par les dispositions du code civil, encore que le père, survivant la loi du 12 brumaire an II, n'ait jamais renouvellé sa reconnaissance.*

En effet « l'art. 334 du code civil est rendu
» applicable, par la loi du 14 floréal an XI,
» aux enfans naturels dont les pères et mères
» sont morts postérieurement à la loi du 12
» brumaire an II ; »

« La loi ne fait aucune distinction sur la
» forme des reconnaissances exigées. »

Or « les juges, en décidant que dans l'espèce
» il y aurait reconnaissance suffisante et en
» attribuant à cette reconnaissance les effets
» déterminés par le code, relativement aux
» enfans naturels, légalement reconnus, juge-
» raient dans le droit et dans le fait, confor-
» mément aux dispositions du code civil, de

DES EFFETS DE LEUR RECONNAIS-SANCE.

Antérieure-ment à la loi de brumaire an II.

Art. 334 du Code civil.

---

(1) 9 *Brum. an XIII.* Rej. *Héritiers* JOLIVET. Jour. des Aud. an 13, p. 66, — Jour. du Pal. an 13, 1. s. p. 388.

» la loi du 14 floréal an XI, et de la loi du 12
» brumaire an II. » (1)

Postérieure-
ment à la
même loi.

10.º *CELUI* reconnu, *postérieurement à ladite*
loi de brumaire an II, a été habile à recueil-
lir sa quote-part héréditaire dans une succes-
sion ouverte en l'an IX, conjointement avec ses
frères et sœurs, enfans légitimes.

C'est-à-dire qu'un enfant naturel né en
1780, dont le père a signé l'acte de baptême,
qui l'a reconnu sur les registres des enfans naturels en l'an III, ensuite dans l'acte de naissance d'un enfant légitime né la même année,
enfin, dans un acte notarié en l'an VI; a pû
prendre part à la succession de son père décédé le 26 vendémiaire an IX.

En principe « de tous ces faits bien légale-
» ment constatés, il résulte que ledit *enfant*
» *naturel* était successible à son père, confor-
» mément à la seconde partie de l'article 1.er
» de ladite loi de brumaire an II, celui dont
» il s'agit, n'étant point compris dans l'ex-
» ception portée par l'art. 10 de la même loi;
» laquelle n'est applicable qu'aux seuls enfans
» nés hors mariage, dont le père et la mère
» étaient existant lors de la promulgation du
» code civil. »

« D'où il suit que *cet enfant* n'étant pas
» dans l'exception dudit art. 10, se trouvait
» nécessairement compris dans la disposition
» générale de la seconde partie dudit art. 1.er,
» et qu'en jugeant le contraire, c'est-à-dire en
» l'excluant du droit de prendre part à la suc-

---

(1) 14 *Flor. an XIII.* Sections réunies. **Rej.** *Enfant*
légitime MéRICOURT. Jur. an 13, p. 321. — Jour. des
Aud. an 13, p. 425. — Jour. du Pal. an 13, 2, s. p. 193.

» cession de son père, les juges seraient for-
» mellement contrevenus audit article. » (1)

11.° *Enfant* (*l'*) naturel *reconnu par tran-saction sur procès, sous l'ancienne législation, ne peut réclamer des droits de successibilité, aux termes de l'art. 334 du code ;*

Celui *reconnu pendant le mariage, par un époux décécé sous l'empire de la loi de brumaire an II, ne peut réclamer les dispositions de l'article 337 du code civil.*

Esquissons les faits de la cause qui a produit les règles ci-dessus :

Concubinages, depuis une certaine époque jusqu'en 1778, duquel sont nés deux enfans; à cette époque mariage du concubin avec une autre personne; silence de la concubine jusqu'en 1791, époque à laquelle elle provoque pour elle-même des indemnités, et des alimens pour l'un de ses enfans; jugement qui lui accorde 1500 liv., et une pension de 600 liv. à l'enfant; transaction du *défendeur* (*) avec la concubine, en septembre 1792; enfin naissance d'un enfant légitime du défendeur.

En ventôse an II, plainte de la concubine en soustraction de ses enfans par le *défendeur;* interrogatoire, de la concubine et du défendeur lequel reconnaît les deux enfans de la concubine; jugement du juge de paix qui en donne acte.

En floréal an II, nouvelle reconnaissance des mêmes enfans, par testament mistique du

Par
transaction
sur procès.
Qui n'a pas été
libre et
spontanée.
Code civil.

---

(1) 11 *Fruct. an XII.* Cass. *Fille naturelle* Lair. Bul. de la Cour, an 12, p. 425.

(*) C'est ainsi que, dans cet article, nous désigne-rons dorénavant le concubin.

défendeur, lesquels il institue, avec son fils légitime, ses héritiers généraux et universels, suivant les lois nouvelles, avec constitution de son épouse légitime pour tutrice des trois enfans, et révocation de tous testamens antérieurs.

Décès du défendeur, et acceptation de la tutelle de la part de l'épouse légitime; conséquemment première exécution des dispositions ci-dessus.

En l'an V, l'un des enfans naturels forme, sous l'autorité d'un curateur, contre l'épouse légitime sa tutrice, une demande en partage des biens du défunt, et en paiement d'une provision; jugement qui adjuge la demande, avec réduction de sa provision.

En l'an 10 demande en restitution, de la part de l'enfant légitime, contre les reconnaissances de paternité devant le juge de paix, dans le jugement, dans le testament, dans les actes où la veuve avait, comme tutrice, laissé prendre aux enfans naturels la qualité d'héritiers du défunt; sous les motifs que tous ces actes étaient le fruit de la crainte et de la violence : également contre la transaction, comme étant l'effet non spontané de poursuites judiciaires

Pendant l'instruction, vient la loi transitoire du 14 floréal an XI et le code civil; cette nouvelle législation fait rejetter la demande des enfans naturels et restituer, l'enfant légitime contre tous les actes sus indiqués.

C'est cette disposition que la cour suprême a sanctionnée; par les principes suivans :

« Toutes les dispositions de la loi transitoire
» du 14 floréal an XI, doivent être entendues
» de manière que chacune d'elles soit en har-

» monie avec le principe général posé dans
» l'article 1.ᵉʳ ; » (*a*)

« L'article 2 en fournit la preuve, en même
» temps qu'il en donne un exemple ; » (*b*)

« L'art 3 n'y déroge que pour un cas par-
» ticulier (*c*) qui suppose des droits ouverts
» par le décès du prétendu père naturel, et
» ne peut s'entendre que de conventions et
» de jugemens postérieurs à ce décès, par
» lesquels ces droits auraient été rappelés en-
» tre les héritiers du père naturel et les pré-
» tendans au titre de ses enfans nés hors ma-
» riage ; »

« En renvoyant au code civil pour régler
» l'état et les droits des enfans naturels, le
» législateur ne peut être censé en avoir au
» même instant abrogé l'art. 337, (*d*) qui est
» un de ces articles fondamentaux le plus émi-
» nemment conforme à la morale publique, »

(*a*) Les droits des enfans nés hors mariage, depuis
la loi de brumaire an II, seront réglés par le code civil.

(*b*) Les dispositions entre vifs ou testamentaires, antérieures à la promulgation des tit. 7, liv. 1.ᵉʳ, et tit. 1.ᵉʳ
liv. 3, qui fixe les droits des enfans naturels, doivent
être exécutés, sauf la réduction aux termes du code, et
le supplément, dans le cas indiqué.

(*c*) Celui où les droits des enfans naturels ont été
réglés par des conventions et des jugemens passés en
force de chose jugée ; lesquels doivent être exécutés
suivant leur forme et teneur.

(*d*) Qui veut que les reconnaissances faites pendant le mariage par l'un des époux, au profit d'un
enfant naturel qu'il aurait eu avant son mariage, d'un
autre que son époux, ne puisse nuire à celui-ci ni aux
enfans nés de ce mariage ; déclarant au surplus que
lesdites reconnaissances produiront leurs effets après
la dissolution de ce mariage, s'il n'en reste pas d'enfant.

Or, « si l'art. 3 de la loi transitoire contient » une exception à l'art. 1.er de la même loi, » c'est parce que les conventions et les juge- » mens dont cet art. 3 ordonne l'exécution, » ayant eu lieu entre parties dont les droits » étaient ouverts, ces parties étaient deve- » nues alors maîtresses d'étendre ou de res- » treindre à leur gré ces mêmes droits; »

Donc « en souscrivant ces conventions, ou » en laissant acquérir force de choses jugées » à ces jugemens, elles se sont ainsi volontai- » rement créé une loi spéciale, qu'il est sage » de maintenir : mais, hors ce cas d'excep- » tion, l'art. 3 de la loi transitoire est sans » application, et laisse au principe général » toute sa force. »

Sur la pre-
mière règle.

En appliquant ces grands principes à l'es- pèce, et pour vérifier la première règle posée en tête de cet article; on doit dire,

« En ce qui touche particuliérement la tran- » saction de juillet 1792, les juges pouvaient » se dispenser d'ajouter au motif puisé dans » l'art. 337 du code civil, celui qu'ils ont tiré » de ce qu'elle avait été la suite de poursui- » tes judiciaires exercées par la concubine; » mais ce motif subsidiaire n'en est pas moins » valable en soi, en ce qu'une transaction de » cette nature ne peut point opérer cette re- » connaissance libre et spontanée, sans la- » quelle l'enfant naturel, que la loi prive » d'action en déclaration de paternité, est » inhabile à réclamer aucun des droits que » l'art. 756 du code civil n'accorde qu'aux en- » fans légalement reconnus. »

Sur la seconde
règle.

En appliquant les mêmes principes à la se- conde règle, on doit dire: « en fait, les *enfans*

» *naturels*, *dont il s'agit*, ne sont point dans
» le cas d'exception sus-indiqué. puisque tous
» les actes par eux invoqués sont anterieurs
» au décès de *celui dont ils veulent être héri-*
» *tiers*. et étrangers à son héritier légitime; »

« Ces actes ont eu lieu pendant son mariage
» duquel est issu *cet heritier légitime ;* et en
» les annullant sur le fondement dudit article
» 337 du code civil, les juges se sont confor-
» més au texte formel de cet article, ce qui
» suffit pour écarter la demande en cassa-
» tion. »

« *D'ailleurs, des actes de reconnaissance* Les actes de
» *d'enfans naturels, ou portant réglement de* reconnais-
» *leurs droits en. cette qualité, ne sont obliga-* sance doivent
» *toires qu'autant qu'ils sont libres et volon-* être libres et
» *taires.* » volontaires.

Car, « le code civil et la loi transitoire du 14
» floréal an XI, ne contiennent aucune déro-
» gation aux lois anciennes, qui exigent ce ca-
» ractère de liberté, et loin de-là, le code
» civil (art. 1109, 1111, et 1172,) maintient
» expressément la nécessité d'un consente-
» ment libre. »

On doit donc conclure: que, dans l'éspèce;
« Les juges ont pû décider en fait que
» les aveux et reconnaissances de paternité
» dont on excipait contre *l'héritier légitime,*
» ont manqué de liberté, comme ayant été
» arrachés par la violence ou par la crainte,
» et que ces juges en le décidant de la sorte,
» suivant leurs lumières et leur conscience,
» ne sont contrevenus à aucune loi; » (1)

---

(1) 18 *Flor. an XIII.* Rej.... Jour. du Pal. an 13, 2.
*. p. 433. — Jour. des Aud. an 13, p. 385. — Jur. an
13, p. 278.

12.° *ENFANT* (l') naturel , *dont le père est décédé après la loi du 12 brumaire an II, et dont l'état fût jugé et reconnu sous l'empire de cette loi ; doit avoir ses droits réglés par le code civil.*

Voyez *Succession.*

Nous avons rapporté ici tous les principes relatifs aux grands intérêts des enfans naturels ; mais relativement à leurs intérêts secondaires , et lorsque ces intérêts se trouvent compliqués avec d'autres personnes , ou avec d'autres circonstances , il faut consulter les mots qui leur sont particuliers ; principalement,

Adultérin ,	*Donation ,*
Alimens ,	*Dot ,*
Cumul ,	*Emprunt ,*
Déclaration de pater-nité ,	*État* civil ,
	Indignité ,
Démission de biens ,	*Paternité ,*
Dévolution ,	*Quotité ,*
Divorce ,	*Transaction.*

ENGAGISTE.

1.° *ENGAGISTE* (l') *de l'ancien Gouvernement a pû être exproprié par les communes des terres incultes ou marais qui lui avaient été concédés , en vertu de leur possesion immémoriale , comme en vertu de titre.*

« Lorsqu'il résulte des pièces produites au » procès que les communes sont de temps » immémorial, en possession des marais dont » est question ; »

« Les juges, en déclarant propres à ces com-

» munés les marais dont la concession a été
» faite primitivement à des particuliers, se
» conformeraient aux lois rendues par les as-
» semblées nationales sur cette matière. » (1)

2.º *ENGAGISTE (l') qui a payé la quotité dé-* A charge de
terminée par l'art. 14 de la loi du 14 ventôse rente.
*an VII, ne peut être poursuivi en paiement de
la rente qu'il aurait pû redevoir antérieurement.*

Voyez *Acquéreur*, nomb. 1. et particuliérement la note, pag. 34 du Dictionnaire 3.ᵉ part.
du 1.ᵉʳ volume : cette proposition ayant été
décidé en sens inverse par la Cour de cassation, et par le Conseil d'état.

ENLÈVEMENT.

1.º *ENLÈVEMENT (l') de marchandises fait*   De
sur une place, par un marchand qui les avait marchandises
*précédemment vendues à un autre marchand,
est de la compétence des tribunaux civils ordinaires,* lorsque la partie souffrante de ce fait
ne veut pas prendre la voie criminelle;

Mais il ne peut être de la compétence des
tribunaux de commerce.

Voyez *Traité de compétence*, pag. 90 nomb.
89.

2.º *ENLÈVEMENT (l') fait, par une femme,* D'effets par
d'effets appartenant à son mari, n'est point une femme, à
un vol ;   l'égard de son
                                                mari.

---

(1) 5 *Prair. an XI.* Rej. *WINTHER et RINDERHAGEN.*
Jour. du Pal. an 9, 2. s. n.º 26. p. 6.

Néanmoins ses complices peuvent être poursuivis à l'extraordinaire.

Voyez *Action* domestiques, nomb. 16 et 20, 2.e vol pag. 71 et 74.

Enlèvement d'objets entreposés : voyez *Entrepôt*, en matière de douanes.

ENQUÊTE. *Inquisitio judiciaria ;* recherches qui se font par ordre de justice, en matière civile, pour connaître une chose, ou s'assurer d'un fait, dans les cas que la loi autorise.

Le code de procédure règle maintenant la forme des enquêtes; celle admise par la jurisprudence d'après l'ordonnance de 1667 étant d'un faible intérêt, nous attendrons que la Cour de cassation ait eu occasion de résoudre les difficultés à naître du code de procédure.

Pour les matières criminelles V. *Information*.

ENREGISTREMENT. Les principes que nous avons eu soin de rapporter aux mots *Action* et *Prescription ;* ainsi que les notes marginales *Enregistrement*, placées à chaque article de ce recueil, nous dispensent (*) de rapporter ici les mêmes règles.

ENTRE - CENS.

« *ENTRE-CENS* (*l'*) *ou propriété d'une mine*
» *n'est autre chose que le droit de l'exploi-*
» *ter; et l'exercice de ce droit purement féo-*
» *dal a dû cesser avec les lois portant aboli-*
» *tion de la féodalité :* »

En Hainault.

(*) Suivant les avis raisonnables qui nous ont été donnés depuis l'impression des deux premiers vol. ; c'est pourquoi il ne faut point avoir égard aux renvois, à ces mots, qui s'y trouvaient : mais consulter le mot indicatif de l'objet soumis à l'enregistrement.

En effet, « suivant l'article 1.er du chapitre
» 130 des chartres du Hainault, la propriété
» des mines, acquise au seigneur, était un
» droit dérivant de la haute justice, qui en
» conséquence a dû cesser avec les lois sup-
» pressives de la féodalité, et n'a pû se per-
» pétuer sous le prétexte que le seigneur était
» concessionnaire par la coutume : »

Car, « il n'en est pas des mines comme
» des immeubles, qui ont un corps certain,
» et dont la propriété acquise aux seigneurs
» avant 1789, a été maintenue. »

D'où il suit, que les juges en ordonnant le
paiement de ce droit, « s'appuiraient mal-
» à-propos sur les lois d'avril et de juillet 1791 ;
» et violeraient celle d'août 1792 et de juin
» 1793, en matière de féodalité. » (1) Voy.
Cens, *Redevances* et *Rentes*.

ENTREPOT. *En matière de douanes.*

1.º *L'Entrepot des marchandises soumises* Dans les deux,
à *la surveillance des douanes est prohibé dans* lieues de
les communes situées dans les deux myria- la frontière.
mètres de la frontière.

Parce que « l'article 84 de la loi du 28 floréal
» an XI, en ordonnant l'exécution, dans les
» deux myriamètres frontières, des lois et ar-
» rêtés qui règlent le transport et la circula-
» tion des marchandises, embrasse nécessai-
» rement, par ces expressions, les dispositions
» de ces mêmes lois et arrêtés qui règlent la

---

(1) 16 *Vent. an XII.* Cass. Mozlet *et consorts.* Bul.
de la Cour, an 12, p. 194. —— Jour. du Pal. an 12, 2.
s. p. 8. —— Jour. des Aud. an 12, S. p. 52. —— Jur. an
12, p. 289.

» station et l'entrepôt de ces mêmes marchan-
» dises. » (1)

Des fait qui constituent celui d'entrepôt.

2.º *ENTREPOT et délit (il y a) dans le fait suivant :*

Lorsque « des fraudeurs surpris, la nuit,
» transportant vers la digue de la mer chacun
» un sac rempli, se précipitent en foule dans
» la maison et la grange d'un particulier,
» où par suite on a trouvé lesdits sacs rem-
» plis de grains, tant froment que seigle. »

« En se déclarant incompétens pour con-
» naître de ce fait, le tribunal correctionnel
» violerait l'article 6 de la loi du 26 ven-
» tôse an V, et ferait une fausse applica-
» tion des lois relatives aux entrepôts » (2)

A fin de réex-portation.

3.º *L'ENTREPOSEUR et ses associés sont éga-lement soumis aux obligations portées par la loi du 10 brumaire an V.*

C'est-à-dire, qu'en cas d'enlèvement de
marchandises entreposées, et du décès de
l'entreposeur, ses associés sont responsables
des peines encourues pour cet enlèvement.

« Des obligations portées par la loi de
» brumaire an V, il résulte que les mar-
» chandises acnetées doivent être invento-
» riées par les préposés des douanes, et dé-
» posées dans un magasin à plusieurs clefs,
» pour être rembarquées dans leur intégrité,
» après avoir été reconnues pour leur identité

---

(1) 8 *Therm. an XIII.* Cass. *Régie des douanes.* Bul.
de la Cour, an 13, part. crim. p. 341. —— Jour. des
Aud. an 13, S. p. 185.

(2) 6 *Frim. an X.* Cass. *Régie des douanes.* Bul. de la
Cour, an 10, part. crim. p. 89.

» et

» et la quantité. » Voy. *Anglaises* (marchandises). 2.e vol page 159.

« En déchargeant, les associés de l'entre-
» poseur, des obligations contractées par ce
» dernier, sous prétexte qu'elles auraient été
» souscrites seulement par cet entreposeur,
» quoiqu'il soit prouvé par des procès-verbaux,
» et convenu au procès que *les défendeurs à*
» *la demande de la régie des douanes* sont les
» associés de l'entreposeur pour le fait de cette
» marchandise, et par conséquent co-proprié-
» taires d'icelle ; il y aurait contravention
» à l'art. 20 du tit. 13 de la loi du 22 août
» 1791. » (1)

4.° *L'ENLÈVEMENT des marchandises mises* De l'enlève-
en entrepôt *n'est point à la charge des entre-* ment des mar-
poseurs ; chandises
entreposées.

Lorsque les marchandises ont été enlevées
à l'aide d'effraction : c'est-à-dire lorsqu'il est
constaté par les visiteurs des douanes que la
serrure de la porte du magasin a été fracturée;

« Les juges qui ordonneraient à l'entrepo-
» seur de représenter les marchandises dont
» il s'agit, sinon le condamneraient à en
» payer la valeur. et aux dépens, fourniraient
» motif à la cassation de leur jugement. »(2)

5.° *Lorsque cet enlèvement a été commis à*
l'aide d'effraction faite au mur du magasin;
Car, « d'après les circonstances reconnues
» et déclarées, que ces marchandises n'ont

---

(1) 23 *Vent. an XIII.* Cass. *Régie des douanes.* Bul. de
la Cour, an 13 et 14, part. crim. p. 191.
(2) 24 *Niv. an XI.* Cass. *BOUCHARD.* Bul. de la Cour,
an 11, part. crim. p. 111.

IVe Vol.   G

» été soustraites du magasin où elles avaient
» été entreposées, qu'au moyen d'effraction
» faite au mur du magasin, dont les auteurs
» ont restés inconnus; cette soustraction ne
» peut être considérée que comme l'effet d'un
» cas fortuit, dont le propriétaire desdites
» marchandises, à charge d'entrepôt et de ré-
» exportation, ne peut être responsable. » (1)

A charge de l'entreposeur.
Marchandises anglaises.

6.° *L'enlèvement des marchandises mises en entrepôt est, à la charge de l'entreposeur;*

Lorsque l'acquéreur de marchandises anglaises, comprises dans des *harrasses* ou ballots, à charge de réexportation, ayant mis lesdites marchandises en entrepôt, elles ont été enlevées desdits *harrasses* et remplacées par du sable, des pierres ou autres choses de nul valeur.

En effet, « l'acquéreur chargé de représen-
» ter et d'exporter les marchandises anglai-
» ses entreposées, dont il est devenu pro-
» priétaire, ne prouvant pas qu'aucune cir-
» constance indépendante de sa volonté l'ait
» mis dans l'impossibilité de remplir ce dou-
» ble devoir, est de droit présumé avoir dis-
» posé de ces marchandises, les avoir intro-
» duites dans le commerce, et par là, d'après
» l'article 15 de la loi du 10 brumaire an V,
» compris parmi les contrevenans, et enfin
» passible de l'amende et de la confiscation
» qui ne peuvent être séparées. » (2)

---

(1) 5 *Vent. an XI.* Cass. **DEBETTE.** Bul. de la Cour, an 11, part crim, p. 163.

(2) 14 *Pluv. an XI.* Cass. *Régie des douanes.* Bul. de la Cour, an 11, part. crim. p. 133.

7.° *L'ENTREPÔT* (ou Dépôt) *des marchandi-* Des marchandises saisies.
ses prohibées, saisies chez un marchand, doit
être fait au bureau le plus prochain.

« Lorsqu'il s'agit de marchandises saisies,
» d'après la distinction établie par l'art. 7 tit. 4
» de la loi du 9 floréal an VII, entre leur
» description et leur enlèvement et dépôt, la
» description de ces marchandises doit bien
» être faite dans le lieu même de la saisie;
» mais il ne peut en être de même de leur
» enlèvement et dépôt, qui ne peuvent être
» constatés qu'au plus prochain bureau. »
Voy. *Procès-verbal* et *Saisies* en matière de
douanes.

ENTREPRENEURS.

ENTREPRENEURS (*les*) *de voitures publiques* De voitures publiques.
doivent, aux termes des articles 68 et 69 de la
loi du 9 vendémiaire an VI, un dixième du prix
des places de leurs voitures, tant pour l'aller
que pour le retour.

« S'il est constant, qu'un entrepreneur
» charge d'un endroit à un autre, et de ce
» dernier au premier: il doit le dixième des
» places, non seulement pour l'aller, mais en-
» core pour le retour: » (1)

« Peu importe qu'il soit chargé en même
» temps du service de la poste aux lettres;
» il n'en doit pas moins à la république,
» d'après les articles cités, une quotité de ses
» profits; sa position et sa voiture étant ab-
» solument différentes de celle des couriers
» faisant pour le compte de l'administration

____

(1) 19 *Messid. an XIII.* Cass. *Régie de l'enregist.* Bul.
de la Cour, an 13 et 14, p. 365.

» le service de la poste aux lettres avec une
» brouette. » (1)

Car « le traité particulier qu'il aurait passé
» avec l'administration des postes, relative-
» ment au transport des malles des dépêches,
» ne l'autoriserait qu'à cette espèce de trans-
» port, et nullement à celui d'aucun voya-
» geur. » (2)

A l'égard des entrepreneurs des vivres des
» armées, &c., voyez *Fournisseurs*.

ENVOI.

Des Lois : voyez au mot *Lois*.

En Possession : voyez *Émigrés*, *Mutation*
et *Successions*.

ÉPOUX.

Pour ce qui concerne le personnel des époux,
voyez *Action* domestique, *Autorisation*, *Avantage*, *Communauté*, *Divorce*, *Don* mutuel,
Donation, *Enfans*, *État civil*, *Interdiction*,
Mariage, *Réduction*, *Vente*.

Pour les autres matières où ils peuvent être
intéressés, voyez les notes marginales.

ERREUR.

A l'égard des juges.

1.° « *Erreur* (l') *dans laquelle les juges*

---

(1) 15 *Prair. an XII.* Cass. *Régie de l'enregistr.* Jur.
an 12, p. 282. —— *Daté* 16 *id.* Bul. de la Cour, an 12, p.
289.

(2) 22 *Brum. an XIV.* Cass... Bul. de la Cour, an 13
et 14, p. 468.

» *tomberaient dans la rédaction de leurs con-*
» *sidérans , ne peut être un moyen de cassa-*
» *tion , quand il n'y a ni violation ni fausse*
» *application de la loi,* » *dans leurs décisions.* »
(1)

« L'erreur des juges sur la nature de l'as-
» signation d'un legs (s'il est limitatif ou de-
» monstratif) opérerait un simple mal jugé. »
(2)

« Encore bien que le jugement d'un tribu-
» nal contienne des motifs et des principes
» erronés, sur la validité d'un contrat (comme
» sur tout autre point de droit) cependant
» cette erreur ne peut point entraîner la cas-
» sation de ce jugement. » (3)

Voyez *Cassation,* nomb. 4 , 5 , 6 et 7 , pag.
355 du 2.ᵉ vol. et suivantes.

2.º *ERREUR (l')* commune , *sur le véritable
sens d'une loi obscure, ne peut fournir matière
à contester des droits acquis conformément à
cette erreur générale.*

*Sur le
véritable sens
de la loi.*

C'est ainsi , que la reconnaisance faite dans
un acte de famille , du droit d'un co-héritier
plus éloigné par un héritier plus proche, serait
irrévocable , malgré qu'elle procédât de l'erreur commune sur le véritable sens de la loi
du 17 nivôse.

« La reconnaissance par moi faite (lors du
» partage d'une succession) que *Paul,* quoi-
» que parent plus éloigné que moi , avait

____

(1) 18 *Vent.* an *XI.* Rej. *Tuteur* MAYNARD. Jour. du
Pal. an 11 , 2. s. p. 49.

(2) 4 *Vent.* an *XI.* Rej. DAUVERGNE. Jour. id. p. 145.

(3) 15 *Therm.* an *XI.* Rej. AMET. Jour. du Pal. an
11 , 2. s. p. 454.

Sur le véritable sens de la loi.

» droit au partage, dans un temps où l'opi-
» nion commune était que la loi du 17 nivôse
» an II appelait au partage dans chaque ligne,
» les parens des diverses branches de cette
» ligne, à quelque dégré qu'ils fussent ; cette
» reconnaissance, d'après la règle *ERROR COM-*
» *MUNIS FACIT JUS*, me rendrait non-receva-
» ble à demander ensuite l'exclusion de *Paul*,
» quoique plus éloigné que moi. »

« On ne saurait casser le jugement qui l'au-
» rait ainsi décidé, ni pour contravention
» à la loi de nivôse, puisque ce jugement re-
» connaîtrait en principe le droit exclusif du
» parent le plus proche, ni pour contraven-
» tion aux lois romaines, qui lors même que
» les parties auraient été en pays de droit
» écrit, sont inapplicables à des erreurs com-
» munes que les hommes les plus sages ont pû
» prendre pour règles de leurs conventions. »
(1)

C'est encore ainsi, que les opérations ter-
minées, en conséquence de la loi de floréal
an VI, à l'égard de l'action en lésion dans
les ventes consenties en papier monnaie, doivent être maintenues, nonobstant la loi de floréal an VII qui a déclarée que cette action
n'avait pas lieu à l'égard des ventes et re-
ventes de domaines nationaux.

Voyez *Action* en rescision, nomb. 36 , 2.e
vol. pag. 43.

Exception.   3.º *ERREUR (l')* commune, *sur l'époque de
la publication d'une loi, peut faire annuller*

---

(1) 13 *Germ. an XII.* Rej. *Héritiers* DUPLESSIS. Jour.
des Aud. an 12, p. 366. —— Jour. du Pal. an 12, 2. s.
p. 113.

les actes en résultans comme infectés, dans leur cause, d'une ignorance de fait.

Sur la publication d'une loi.

Par exemple : en frimaire an II décès de A.. qui a péri révolutionairement à Lyon, après avoir fait un testament en 1787, lequel instituait sa nièce son héritière universelle, et laissait à ses sœurs des legs particuliers.

La loi du 18 pluviôse ayant, par l'art. 14, déclaré valables, jusqu'à concurrence de la quotité disponible, les testamens faits antérieurement aux lois des 5 brumaire et 17 nivôse an II, par des personnes exécutées révolutionairement, la nièce du défunt se borne à demander en justice le sixième de la succession de son oncle ; elle transige sur ses prétentions avec ses tantes, comme héritières de droit ; la transaction énonce, comme point de fait constant, que la loi du 5 brumaire an II, était en pleine exécution à l'époque du décès de A...; en l'an IX, il est reconnu que la loi du 5 brumaire n'a été promulguée à Lyon que deux mois après ce décès.

Les choses en cet état : la nièce victime d'une ignorance de fait qui a servie de base au jugement de première instance et à la transaction a pû se rendre appellante de ce jugement et demander l'exécution pure et simple du testament de A.. ,

En vain, ses tantes lui auraient-elles opposées : que l'erreur, dont il s'agit, étant générale, aurait eu la force et l'effet de la vérité ; que l'appel devait être écarté par l'acquiescement donné au jugement de première instance ; et que la nullité de la transaction devait être l'objet d'une demande principale, non-recevable en appel et soumise à l'essai de la conciliation.

Car, « la transaction et les partages qui en

» auraient été la suite, n'ayant été proposés
» que comme fin de non-recevoir contre l'ap-
» pel, et les moyens employés, pour écarter
» la fin de non-recevoir n'étant que des ex-
» ceptions, les juges d'appel pouvaient en
» connaître. »

Au fond, « les juges d'appel auraient pû,
» sans violer aucune loi, décider en fait,
» que la loi du 5 brumaire an II n'était pas
» légalement publiée à Lyon au moment du
» decès de A..., et qu'elle n'avait été exécu-
» toire et obligatoire dans cette ville que deux
» mois après »

» Ils auraient pû, sans contrevenir à aucune
» loi positive, décider que l'erreur qui avait
» servi de base au jugement dont appel, à la
» transaction et à tout ce qui en aurait été
» l'effet ou la suite, était une erreur de fait,
» et par une juste conséquence annuller ce
» jugement, ces actes et réglement : avec
» d'autant plus de fondement, qu'il aurait
» été constaté que la *nièce* légataire, qui
» s'était d'abord cru privée de la totalité du
» legs à elle fait, par l'effet de la loi du 5
» brumaire an II, qui ensuite étant auto-
» risée, même dans cette position, par la loi
» du 18 pluviôse an V, à réclamer la sixième
» portion des biens du testateur, n'aurait ja-
» mais, par des actes subséquens à la récla-
» mation de ce sixième, renoncé formelle-
» ment à réclamer le surplus. » (1)

ESCROQUERIE.

1.º « *Escroquerie (l') est un délit ; mais pour*

***

(1) 25 *Fruct. an XIII.* Rej. *Veuve* Thomas. Jour.

» *constituer ce délit, d'après l'article* 35 *de la*
» *loi du* 19 *juillet* 1791 *, il faut nécessairement*
» *qu'il y ait eu abus de crédulité;* » voyez
Crédulité.

« D'après ce vœu bien prononcé de la
» loi, les tribunaux chargés d'appliquer la
» peine de l'escroquerie, doivent commen-
» cer par découvrir s'il y a eu réellement
» abus de crédulité; et déclarer les faits sur les-
» quels ils fondent leur opinion à cet égard; »
Car, « sans déclaration, de la part des
» juges, sur les faits décisifs de l'abus de
» crédulité, il y a fausse application de l'art.
» 35 précité. » (1)

2.º *Escroquerie* (*il y a*) *dans le fait sui-* *Des faits qui*
vant : *constituent*
ce délit.
De celui qui fabrique un écrit par lequel
les marguillers d'une église demandent des
secours aux fidèles pour subvenir aux frais de
la restauration de cette église, et qui fait usage
- de cet écrit pour se procurer des aumônes.

« Cet écrit, étant sous seing privé et ne
» contenant ni obligation, ni libération, soit
» à son profit, soit à celui de toute autre
» personne, ne présente pas les caractères
» de l'espèce de faux que les lois considè-
» rent et punissent comme crime; et l'usage
» que le prévenu aurait fait de cette pièce,
» n'éleverait contre lui que la prévention du
» délit d'escroquerie. » (2)

du Pal. 1806, 1. s. p. 17. —— Jour. des Aud. an 14 et
1806, p. 11.

(1) 13 *Fruct. an XIII.* Cass. *Rasse.* Jur. an 14 et
1806, p. 22.

(2) 14 *Germ. an XIII.* Cass. d'office. Bul. de la Cour,

3.° *ESCROQUERIE* (*il n'y a pas délit d'*) *dans le fait suivant :*

Par exemple, si en vertu d'une obligation souscrite en Piémont, par un fils de famille, demeurant avec ses père et mère fort âgés, gérant les affaires de leur maison, j'ai fait des formalités d'usage dans ce pays pour rendre l'obligation exécutoire contre le père, en faisant procéder à une saisie exécution, sans égard à une opposition que ce dernier aurait formée contre cette obligation; la circonstance que la mère, pour arrêter mes poursuites, aurait consentie un acte de vente pur et simple, en ma faveur, d'un domaine pour un prix modique, ne pourrait constituer contre moi un délit d'escroquerie;

En vain dirait-on, pour soutenir qu'il y aurait escroquerie de ma part, qu'au moyen de l'opposition formée par le père, le titre n'était pas exécutoire contre lui; qu'à l'aide d'une ordonnance d'exécution surprise et de craintes inspirées auxdits époux, au moyen de la saisie-exécution entreprise sur leur mobilier, j'aurais déterminé la femme à passer à mon profit un acte de dation en paiement d'une pièce de vigne, avec terme de réméré, qui aurait été changé en un acte de vente :

J'opposerais avec fruit à ces raisonnemens : « pour juger si j'ai agi illégalement ou non » envers ces époux, il serait nécessaire de » déterminer si *je suis* créancier *du père,* » pour le compte duquel *le fils* eût été auto- » risé à emprunter, ou si *je ne suis* créancier » que *du fils;* il faudrait déterminer si la

---

an 13, part. crim. p. 205. — Jour. des Aud. an 14 et 1806, p. 206.

» saisie-exécution exercée contre le père est
» régulière : » (1)

Beaucoup d'autres règles relatives à l'escroquerie sont répandues dans ce recueil,
particulièrement *au Traité de compétence*, aux
mots *Action*, *Banqueroutes*, nomb. 3 ; *Billets*,
nomb. 7 ; *Crédulité*, *Dol*, nomb. 2 Le lecteur
est invité à s'y reporter.

ESTIMATION.

1.º *ESTIMATION* (*la vente dont le prix est*
subordonné à l') *ultérieure de la chose ven-*
due n'en est pas moins parfaite.　　De la chose
vendue.

Par exemple : la vente, faite sous l'ancien
régime, « de ci-devant fiefs et seigneuries
» désignés et autres lieux, avec la haute,
» moyenne et basse justice, et tous les droits
» honorifiques, utiles et casuels, emportait
» l'idée de l'estimation de la totalité d'une
» grande propriété, ce qui excluait celle d'une
» vente conditionnelle et indépendante de la
» vérification de la quantité des rentes exis-
» tantes. »

« Le motif qui aurait servi de prétexte,
» pour déclarer qu'il n'y avait pas de vente;
» tiré de la stipulation, qu'il serait fait un
» relevé plus exacte des droits de cens et
» rentes &c. , à la vue des titres, afin d'aug-
» menter ou diminuer le prix en proportion,
» à raison de 300 fr., pour le septier de grains
» &c. , n'aurait point été fondé, parce que la

-----

(1) 24 *Messid. an XIII.* Cass. *MICHELOTTI.* Bul. de la
Cour, an 13, par. crim. p. 316.

» vente des fiefs et seigneuries dont il s'agis-
» sait, aurait été faite en bloc, et pour un
» prix certain, indépendamment de la quo-
» tité des rentes en grains et argent, pour
» lesquelles on aurait aussi determiné un
» prix: car cette stipulation n'empêchait nul-
» lement la convention de conserver les trois
» caractères qui rendent une vente parfaite,
» la chose, le prix et le consentement des
» parties, et autorisait seulement l'action
» *QUANTI MINORIS*, en cas qu'il se trouvât un
» déficit sur les rentes vendues; » (1)

Sur une demande en rescision.

2.° *ESTIMATION (l') d'un immeuble vendu, lorsqu'il s'agit d'une demande en rescision, peut aussi bien être faite d'après l'époque du contrat public, comme d'après celle d'une vente verbale, énoncée dans ce contrat. (*)*

C'est-à-dire que, si en 1793, j'ai vendu un domaine moyennant le prix de 170,000 fr., convenu verbalement; mais, que lors de la passation de l'acte de vente, il n'ait été porté dans l'acte que 100,000 fr. au moyen d'un bil-let de 70,000 fr., avec mention que l'acqué-reur connaît bien les objets, pour en jouir depuis la vente que je lui en ai faite ver-balement et antérieurement au contrat; si je forme contre l'acquéreur une demande en rescision, l'estimation des biens vendus peut être faite suivant la date de la vente ver-

---

(1) 14 *Fruct. an* X. Cass. *FÉRIÈRE-SAUVEBŒUF.* Jur. an 11, p. 37. —— Jour. du Pal. an 11, 1.s. p. 81. — *Daté* 20 *dito.* Bul. de la Cour, an 10, p. 507.

(*) *Nota.* Le point de difficulté a été décidé par l'aveu du vendeur : et les principes sont rapportés au mot *Aveu,* nomb. 1.°, extrait du même arrêt.

bale , comme suivant celle énoncée au contrat notarié.

En effet, « dans cette discussion et cette » interprétation (*), les juges ont pû se dé- » cider dans l'un ou l'autre sens, sans donner » ouverture à cassation; »

Et « les mêmes juges, en reportant à l'époque » de l'acte notarié, la vente dont il s'agit , » n'auraient violé ni contrevenu à aucune » loi. » (1)

Voyez *Expertise*, en matière d'enregistrement; *Contrefaçon*, nombre 8.

3.° *ESTIMATION* (*l'*) *de l'objet contentieux à l'audience et non contestée, est suffisante pour déterminer la compétence des juges, sous le rapport du premier ou dernier ressort.* *Sous le rapport de la compétence.*

C'es-à-dire , « que le demandeur ayant » fait à l'audience l'estimation du bien con- » tentieux , et que loin d'avoir été contredit, » le défendeur ait gardé le silence ; ce si- » lence est de sa part une reconnaissance » que l'objet contentieux n'est pas de plus » haute valeur ; ainsi , d'après cette estima- » tion, le tribunal de première instance peut » juger en dernier ressort. » (2)

ÉTABLISSEMENT *de charité*; V. *Hospice.*

ÉTAT CIVIL.

Dans l'impossibilité de rapporter ici autre

---

(1) 15 *Term. an XI.* voyez *Aveu* nomb. 1.°

(*) Voyez la note(*), page précédente.

(1) *Sans date,* Rej. GUIMANON. Jour. du Pal. an 10, 2. s. p. 458.

chose que ce qui est classé aux mots *Actes de naissance et de decès*, *Divorces*, *Enfans*, *Mariages*, *Naissances*, &c. nous renvoyons le lecteur à ces mots et autres, indicatifs des matières suivant leur division.

ÉTRANGERS.

Quand sont ils justiciables des tribunaux français? Américains.

1.º *ÉTRANGERS* (*les*) *d'un même pays, qui ont contracté entr'eux en France, ne sont justiciable des tribunaux français, que dans le cas où le traité conclu avec leur gouvernement l'a ainsi stipulé.*

C'est ainsi qu'en l'an IV, (ou 1796) un américain ne pouvait point valablement en traduire un autre devant les tribunaux français à cause du traité du 14 novembre 1788.

En vain le premier aurait-il soutenu que cette convention n'était applicable, dans l'espèce, qu'aux gens de mer, que cela résultait du mot notamment employé, dans l'article 12, en ce sens : *tous les procès entre les français, dans les Etats Unis, ou entre les citoyens des Etats-Unis en France*, et notamment *toutes les discussions relatives aux salaires et conditions des engagemens des équipages des bâtimens … seront terminés par les consuls respectifs*, &c. ;

On lui aurait opposé « que la disposition ci-
» dessus était conçue en termes généraux et
» relatifs aux américains et français pour tous
» les différens procès qui pouvaient s'élever
» en France, entre des nationaux américains,
» ou en Amérique, entre des nationaux fran-
» çais ; que toutes les contestations entre les
» nationaux étaient , sans distinction, ren-
» voyées aux consuls respectifs, sans qu'aucun

» officier territorial puisse y prendre part sous
» aucun prétexte , et que le mot *notamment*
» loin de restreindre la généralité de l'ar-
» ticle , lui donnait un nouveau dégré de
» force. »

« Qu'il était hors de doute qu'un pareil
» traité revêtu des formes antérieures exi-
» gées par les lois françaises , et fait entre
» deux puissances, n'ayant pas cessé d'être
» unies depuis sa conclusion , a force de loi,
» et est obligatoire pour les deux nations
» contractantes; que conséquemment les juges
» ne peuvent se dispenser de le prendre pour
» base de leur décision dans les affaires qui
» y sont relatives. » (1)

2.º *ÉTRANGERS* (*les*) *qui ont contracté en France avec des étrangers , qui ont exécuté les contrats en France , ne peuvent être traduits devant les tribunaux de France , sans avoir égard à la circonstance si les traités conclus avec leur gouvernement contiennent ou non des clauses à ce sujet.*

Par exemple : le consul général des États-Unis (américains) et son chancelier ayant conclu entr'eux, en 1794 , à Paris , un traité de société pour le recouvrement des indemnités et autres sommes dues par le gouvernement français à des américains; cet acte de société renouvellé à Paris en 1799, (an VII) sur papier libre , en anglais , et fait double eutre les parties ; les contestations relatives à ce traité , n'ont pû , en l'an XIII (1804), être soumise aux tribunaux français.

---

(1) 7 *Fruct. an IV*. Cass. *WILLIAMS*. Jur. notice. p. 92.

Américains.
Compétence.

En vain dirait-on, pour soutenir la compétence des tribunaux français: en lisant l'article 11 du code civil, on y trouve, l'étranger joui en France des mêmes droits civils que ceux qui sont accordés aux français par les traités de la nation à laquelle cet étranger appartient; et par conséquent il a droit d'invoquer la protection des tribunaux français dans tous les cas où il n'est pas défendu à un français, dans son pays, d'invoquer les juges de ce pays:

Si l'on cherche dans les traités existans entre la France et les États-Unis d'amérique, on n'y trouve pas de stipulation qui accorde aux citoyens de ces États, le dangereux privilège de n'être pas soumis aux lois françaises;

Voudrait-on le chercher dans la convention du 14 novembre 1788 ? (*) il faudrait remarquer, en premier lieu, que cette convention ne devait avoir d'effet que pendant douze ans, et que depuis long-temps ces douze années sont écoulées ; en second lieu, qu'un décret solemnel, un acte du congrés, ratifié par le président le 7 juillet 1798, (19 messidor an sept), a déclaré que les Etats-Unis étaient de droit déchargés et libérés du traité 1778, et de la convention de 1788 conclue avec la France, lesquels n'étaient plus obligatoires, ni pour le gouvernement, ni pour les citoyens des Etats-Unis; or, en appliquant ici le principe de la réciprocité, ces traités et cette convention ont cessé d'être obligatoires pour le gouvernement et les citoyens français.

(*) Celle rapportée à l'article précédent.

Ainsi

Ainsi, en supposant que la convention de 1788 eût contenu une dérogation au droit commun, en faveur des consuls, ce privilège se serait évanoui avec la convention qui les créait.

Mais, loin de consacrer une pareille immunité, l'article 2 de cette convention s'exprime ainsi : *les consuls, à tous égards, demeureront sujets aux lois du pays, comme nationaux ; ceux desdits consuls ou vices-consuls qui feront le commerce, seront respectivement assujettis à toutes les taxes, charges et impositions établies sur les autres négocians.*

Donc, la partie adverse ne pourrait obtenir le renvoi devant les tribunaux américains, qu'en invoquant un privilège qui ne lui appartiendrait point, une fiction de droit qui ne pourrait lui être applicable.

Enfin, son domicile est celui où il a contracté et où il est actionné, où il réside depuis plus de dix ans; on ne peut confondre les agens commerciaux avec les agens diplomatiques; aux fonctions consulaires ne sont pas attachés les privilèges du droit des gens.

Il est d'ailleurs certain que le lieu du contrat est attributif de juridiction : « l'étranger, même non résidant en France, pourra être cité devant les tribunaux français, pour l'exécution des obligations par lui contractées avec un français; » (Article 14 du code civil.) et ce n'est que par dérogation à ce principe général, en considération de la faculté accordée aux nationaux, que la fin de cet article et le suivant contiennent des dispositions contraires; mais le code civil ne fait point porter

Américains.
Compétence.

cette dérogation sur les procès entre étrangers, dont il ne parle pas ; aussi, comme le remarque le Sénateur *TRONCHET*, ne préjuge-t-il rien sur le principe qui, d'après la nature de l'obligation contractée, ôterait à l'étranger défendeur le droit de décliner la juridiction des tribunaux français.

Tous ces moyens auraient été victorieusement repoussés, « par le principe que la
» réciprocité invoquée, n'est point applicable
» à l'espèce, les traités entre les deux états
» n'ayant rien statué à cet égard ; d'où il suit
» que les juges n'auraient point commis de
» déni de justice, en renvoyant les parties
» devant leurs juges de droit, puisque, étant
» étrangères non domiciliées en France, et
» ne s'agissant que d'une action personnelle, et
» non de fait de commerce, ils auraient pro-
» noncé conformément à la maxime, *ACTOR-*
» *SEQUITUR FORUM REI*, et n'auraient contre-
» venu à aucune loi. » (1)

Doivent accepter les cessions de biens.

3.° *ETRANGERS (les) ne peuvent se refuser d'accepter la cession de biens qui leur est faite par leurs débiteurs.*

En vain un étranger, pour se défendre d'accepter une semblable cession, dirait-il : l'ordonnance n'accorde qu'aux français entr'eux le bénéfice de cession ; cette prérogative ne peut avoir lieu à l'égard des étrangers ; l'art. 2 du tit. 10 de l'ordonnance de 1673 prive

______

(1) 22 *Janvier* 1806. Rej. *MONTFLORENCE.* Jur. an 14 et 1806, p. 257. —— *Nota.* Il serait inutile de faire remarquer le soin que nous avons pris d'extraire principalement les moyens qui ont été puisés dans le code civil, et d'observer combien les deux espèces rapportées ici peuvent devenir utiles dans d'autres espèces.

ces derniers du droit de faire cession; par voie de réciprocité, on ne peut y être admis contre eux.

Il suffirait de lui répondre « il n'y a aucune » loi qui ait interdit aux naturels français le » bénéfice de cession vis-à-vis des étran- » gers. » (1)

Pour toutes les autres matières, tenantes aux diverses positions dans lesquelles les étrangers peuvent se trouver, voyez *Actes*. nomb. 24 ; *Agent*, nomb. 1 ; *Anglais*, nomb. 2 ; *Arbitres*, nomb 6 ; *Armistice* ; *Caution*. nomb 1 ; *Chose-jugée*, pag. 10, 3.e vol ; *Comptes courans*, nomb. 5 ; *Contrefaçons*, nomb. 4, *Divorce*. pag. 310 du 3e volume ; *Dommages-intérêts*. nomb. 4 ; *Domicile*, nomb. 2 ; *Écus-de mer* ; *Exécution* des jugemens ; *Faillis* ; *Successions* ; et autres suivant le besoin.

Voyez particulièrement le mot GENÈVE, qui contient des principes relatifs aux étrangers, et au droit d'aubaine.

ÉVALUATION.

ÉVALUATION (*l'*) *de la chose léguée par le testateur, détermine si c'est la chose ou la valeur qui doit être délivrée au légataire.* D'un legs.

Par exemple «, si le testateur déclare léguer » à son épouse la jouissance de la quarte de » ses biens, et vouloir qu'après le décès de » celle-ci, cette même quarte soit partagée » entre ses enfans cadets ; si immédiatement » après, il déclare pour prévenir toute sorte » de discussion entre ses enfans, après avoir

____

(1) 19 *Février* 1806. Rej. BOOSSEYNS. Jour. du Pal. 1806, 2. s. p. 289.

» vérifié l'état de sa fortune, et s'être aidé
» des lumières de son conseil, qu'elle se porte
» à la somme de 80,000 fr. : il résulte de tout
» ceci que ce n'est point de la quarte de ses
» biens, que *le testateur* a voulu disposer,
» mais seulement de cette dernière somme,
» à prendre sur cette quarte » (1)

Voyez *Legs* limitatif ou démonstratif.

ÉVASION.

Principes
généraux.

1.° « *ÉVASION* des détenus (*en matière d'*)
» *la nature du crime ou du délit dont les éva-*
» *dés sont prévenus, ou pour lequel ils sont*
» *condamnés, est une circonstance dont la*
» *connaissance est indispensable.* »

« Elle détermine le genre plus ou moins
» grave, et la durée plus ou moins longue de
« la peine encourue par celui qui a procuré
» cette évasion : »

« Ainsi, il est nécessaire que le jury soit
» interrogé sur la question sortant directe-
» ment de l'acte d'accusation, par exemple si
» l'évadé était prévenu d'empoisonnement ou
» d'assassinat &c. »

Mais « après la question si l'accusé a procuré
» l'évasion, *dont il s'agit*, par connivence avec
» *l'évadé* il ne doit pas être posé de question
» intentionnelle; car, le fait de connivence
» avec un détenu pour procurer son évasion,
» c'est-à-dire, pour le soustraire à l'action des
» lois, étant par lui-même un fait coupable,
» que la loi du 4 vendémiaire an VI punit de

---

(1) 2 *Vent. an XII.* Rej. *Veuve* CATON. Jour. du Pal. an
12, 2. s. p. 508, —— Jur. an 12, p. 334.

» la peine des fers, il ne saurait être excu-
» sable par l'intention. » (1)

2.º *Evasion* (*l'*) *du mari procuré par sa
femme, ou autre personne non préposée à sa
garde, ne donne lieu qu'à des poursuites cor-
rectionnelles.*

En effet, « la loi du 4 vendémiaire an VI,
» relative aux préposés à la garde des déte-
» nus, n'a point dérogée aux règles générales
» relativement aux personnes étrangères à la
» garde des détenus. »

« Les treize premiers articles de cette loi,
» qui prescrivent une forme de procédure
» plus sévère que celle qui est prescrite par
» le code des délits et des peines, ne parlent
» uniquement que des huissiers, geoliers,
» gendarmes, et toutes autres personnes pré-
» posées à la garde des détenus et responsa-
» bles de leur évasion. »

« Les articles subséquens ne parlent que
» des personnes étrangères à cette garde, ne
» prescrivent aucune forme particulière de
» procéder, et par conséquent laissent subsis-
» ter la forme ordinaire. »

« Ils ne prononcent que des peines correc-
» tionnelles, sauf le cas de bris de prison,
» force, violence et attroupemens, lesquels
» doivent être réprimés par les peines pro-
» noncées par le code pénal. »

Ainsi, « une femme qui n'est prévenue d'au-
» cun de ces cas extraordinaires; qui est étran-
» gère à la garde de son mari, et est seule-
» ment prévenue d'avoir facilité son évasion,

______

(1) 3 *Frim. an XIII.* Cass. d'office. Bul. de la Cour, 29
13, part. crim. p. 41.

» est seulement punissable des peines correc-
» tionnelles. » (1)

ÉVÊQUES (*droit des*) *sur leurs ouvrages littéraires, mandemens, instructions &c.* voyez **Contrefaçons**, nomb. 6, pag. 141 du 3.ᵉ vol.

ÉVICTION.

Garantie à laquelle elle donne lieu.

1.º *ÉVICTION* (*l'*) *donne lieu à l'action en garantie contre le vendeur, encore que la cause de cette éviction fût connue de l'acquéreur.*

C'est-à-dire que, si je vends ma maison, avec garantie de tous troubles, dettes, hypothèques et autres empêchemens, déclarant par le contrat que cette maison est grévée d'une rente qui restera à ma charge; si je néglige d'acquitter cette rente, et que le créancier attaque l'acquéreur en déclaration d'hypothèque, je suis tenu de garantir mon aquéreur de ce qu'il a été obligé de payer pour éviter l'éviction.

Parce que « l'acte de vente renfermant la
» clause d'une garantie générale, cette clause
» n'a pû être limitée par la garantie parti-
» culière qui y aurait été stipulée pour le cas
» de réméré ; »
« D'ailleurs de l'interprétation des clauses
» de ces actes, il ne peut résulter aucune ou-
» verture de cassation. » (2)

Par l'effet de la loi.

2.º *ÉVICTION* (*l'*) *qui est l'effet d'une loi pos-*

---

(1) 28 *Vend. an IX.* Cass. d'office. Bul. de la Cour, an 9, part. crim. p. 46. — Jur. notice, p. 352.

(2) 7 *Fruct. an XII.* Rej. ARNOUD. Jour. du Pal. an 13, 1. s. p. 215.

térieure à la vente ne donne point lieu à la garantie stipulée pour le cas d'éviction provenant du fait du vendeur.

C'est-à-dire que l'acquéreur d'un bois, en 1791, qui en a été évincé par une commune en vertu de la loi du 28 août 1792, n'a point d'action en garantie contre son vendeur ;

En effet, « l'éviction, dont il s'agit, pro-
» noncée par jugement arbitral, fondée sur
» la loi du 28 août 1792, procéderait d'une
» cause postérieure au contrat de vente et
» indépendante du fait du vendeur : »

D'où il suit « qu'en rejettant dans l'espèce
» la demande en garantie, formée contre le
» vendeur, les juges se seraient conformés
» aux principes de la matière, et n'auraient
» violé aucune loi. » (1)

Voyez *Traité de compétence*, en matière civ. ; *Acquéreurs* ; *Congé* d'habitation ; *Echange*, *Garantie*, *Licitation*.

EXCEPTION.

1.° *EXCEPTION (l') NON NUMERATÆ PECU-NIÆ ne peut être valablement faite par le co-obligé ou caution solidaire.*

« En tenant pour une vérité constante que
» le *co-obligé* n'ait rien touché de la somme
» mentionnée dans un billet, il n'en est pas
» moins incontestable qu'en rédigeant ce bil-
» let, et en le signant, il a entendu s'obliger
» pour le principal débiteur envers le créan-
» cier, comme si l'argent avait été compté à
» tous les deux : »

Non nume-
ratæ
pecuniæ.

---

(1) *27 Pluv. an XI.* Rej. GRENOT. Jur. an 12. p. 3.

« D'où il suit que l'exception *NON NUME-*
» *RATÆ PECUNIÆ* n'est pas plus applicable à
» *ce co-obligé*, qu'elle ne le serait à un fidé-
» jusseur qui voudrait se débarasser de son
» obligation, sous prétexte qu'il n'aurait rien
» touché de la somme perçue par le débiteur
» principal. » (1) Voyez *Créancier*, nomb. 1.

De deniers non comptés.

2.º *EXCEPTION* (*l'*) *de deniers non comptés
est une exception de droit à laquelle il ne peut
être valablement renoncé*

Si je reconnais avoir reçu de *Manlius* la
somme de 18000 fr.. qu'il m'a comptée la veille,
pour raison de laquelle somme je renonce à
l'exception de deniers non comptés : cette renonciation n'empêche point les juges d'admettre ladite exception et de me décharger
de la restitution de cette somme.

En vain, le créancier dirait-il : cette exception a lieu pour une somme qu'on paraît
recevoir au moment de l'acte, mais non pour
une somme qu'on reconnaît avoir précédemment recue ;... qu'il n'y a point de doute
qu'il ne soit permis aux parties de renoncer
au droit introduit par cette exception en leur
faveur.

Je lui répondrais, « la loi 11 C. *DE NON NUM.*
» *PECUN*.. ne contient que trois exceptions, le
» dépôt, la quittance du receveur du fisc et
» les quittances de dot ; vous ne vous trou-
» vez dans aucune des trois ; ainsi il n'y a
» pas fausse application de cette loi, » dans
le jugement qui m'a déchargé de la restitution des 18000 fr. en question ;

______

(1) 23 *Germ.* an X. Cass. *CUNÉO-D'ORNANO*. Bul. de la
Cour, an 10, p. 289. ___ Jour. du Pal. an 10, 2 s. p. 97.

« Il n'est pas plus difficile de faire renon-
» cer à l'exception, que d'exiger une recon-
» naissance de ce qu'on n'a pas réellement
» payé, pareille renonciation doit être consi-
» dérée comme non avenue. » (1)

3.° *EXCEPTION (l') résultante du défaut de
qualité du demandeur, survenue pendant le
cours de l'instance, est proposable en cause
d'appel.*

En fait de procédure.

Lorsque « cette circonstance est survenue
» avant le jugement définitif, les juges d'ap-
» pel y ayant égard, n'ont violé ni la loi du
» 3 brumaire an II, ni l'art. 3 du tit 5 de l'or-
» donnance de 1667, ni les principes sur la
» non-rétroactivité des actes (*), parce qu'au-
» cune loi ne défendait aux juges d'avoir
» égard en tout état de cause à des exceptions
» péremptoires, nées pendant le cours de l'ins-
» tance, et dont l'effet est d'anéantir le titre
» de l'action, ou de changer la qualité réci-
» proque des parties. » (2)

4.° « *EXCEPTION (l') de bonne foi, qui se
» trouve dans l'art. 33 de la première section
» du tit. 2 de la seconde partie du code pénal;* »
n'est point applicable à celui qui a contracté
un second mariage, sachant la non-dissolution
du premier.

MATIÈRE CRIMINELLE.
De bonne foi.
En fait de mariage.

« Présenter comme une excuse admissible
» des faits *supposés être* de nature à déter-

---

(1) 2 *Fruct. an XII.* Rej. BELLEVILLE. Jour. du Pal
an 13. 1. s. p. 273.

(*) Voyez l'espèce au mot *Action,* nomb. 49, page
54 du 2.ᵉ volume.

(2) 24 *Vend. an XII.* Rej. CORBIN. Jur. an 12, p. 65.

» miner un homme raisonnable à un second
» mariage sachant la non-dissolution du pre-
» mier; c'est faire résulter de l'exception de
» bonne foi, une excuse qui n'est point dans
» la loi; »

» La bonne foi dont parle la loi, consistant
» non dans les motifs, quelques forts qu'ils
» soient, qui peuvent déterminer à un second
» mariage pendant l'exisence du premier,
» mais dans l'opinion raisonnable, fondée sur
» de très-fortes probabilités, qui portent à
» croire la dissolution du premier mariage. »
(1)

Devant la Cour de cassation.

Avant le code de procédure

5.º *Exceptions (les) ou fins de non-recevoir, en fait de procédure, n'ont pû être proposées devant la Cour de cassation, si elles ne l'avaient pas été devant les juges dont la décision était attaquée.*

« La loi du 4 germinal an II, ne permettait
» pas à la Cour de cassation d'avoir égard à
» des exceptions, que les parties avaient pû
» alléguer en première instance, et qu'elles
» avaient négligées. » (2) Voyez le code de
procédure.

Les exceptions déclinatoires, d'incompéten-
ces et péremptoires ayant un grand rapport
avec la compétence des juges, il en a été rapporté un grand nombre au *Traité de compétence*, tant en matière civile qu'en matière
criminelle: Elles influent également sur les
actions; c'est pourquoi beaucoup d'autres ont

---

(1) 24 *Frim. an XII.* Cass. d'office. Bul. de la Cour,
an 13, part. crim. p. 66.

(2) 14 *Messid. an XIII.* Rej. *Dame Fargeot.* Jour du
Pal. an 14, 1. s. p. 257. — Jour. des Aud. an 13, S. p. 166.

été placées à ce mot, ainsi qu'aux mots *Bois*, *Délits* et autres indicatifs des diverses matiè-res succeptibles d'exceptions.

EXCÈS. *de pouvoir.*

1.º *Excès (les*) de pouvoir, *de la part des juges, ne peuvent être dénoncés directement par les parties à la Cour de cassation.* *De la part des juges.*

« C'est au Gouvernement que l'art. 80 de
» la loi du 27 ventôse an VIII, donne le droit
» de dénoncer directement à la Cour de cassa-
» tion, section des requêtes, les actes par les-
» quels les juges ont excédé leurs pouvoirs ; »

« Ce même article en réservant aux parties
» intéressées d'exercer, nonobstant cette dé-
» nonciation, les droits que leur donnent les
» lois précédentes, n'attribue à ces parties ni
» le droit de dénonciation directe, ni aucun
» droit nouveau. » (1)

Par exemple : « les tribunaux de police n'ont
» de juridiction que pour prononcer en der-
» nier ressort ; »

« S'ils commettent excès de pouvoir, leurs
» jugemens peuvent être attaqués par le re-
» cours en cassation ; et un tribunal d'ar-
» rondissement (ni aucune autre autorité ju-
» diciaire) ne peut en recevoir l'appel, sans
» commettre à son tour un excès de pouvoir. »
(2)
Voyez au *Traité de compétence ;* au mot

---

(1) 26 *Vend. an XII.* Rej. *Coppens et comp.* Jour. des
Aud. an 12. p. 93.

(2) 19 *Messid. an XIII.* Cass. *Foucault.* Bul. de la
Cour , an 13, p. 367.

Appel les distinctions qui y sont établies, tant en matière civile qu'en matière criminelle.

Entre époux.
Art. 231 du code.

2.º EXCÈS (les) *sévices graves et injures* (*) *exercés par l'un des époux envers l'autre peuvent être attenués, et leur gravité être même effacée par l'inconduite de l'autre époux.*

L'art. 231 du code civil n'admet le divorce que pour excès, sévices ou injures graves de l'un des époux envers l'autre ; mais, il ne distingue pas la nature desdits excès : or, les juges peuvent déclarer que les faits articulés et prouvés, par une femme, à l'appui de sa demande en divorce, ne sont pas de la nature de ceux caractérisés par la loi, pour autoriser la demande par elle formée, attendu les faits d'inconduite et de déréglement de mœurs qui lui sont personnels :

Car, « les juges en rejetant la demande » en divorce dirigée par *cette femme*, en dé-» clarant que les excès, sévices et injures dont » elle se plaint, n'ont pas la gravité requise » par ledit art. 231 du code civil, qu'elle in-» voque, et qu'elle peut les faire cesser par » un prompt retour à de bonnes mœurs, ne » violeraient point cet article. » (1) Voyez *Injures*, *Sévices* et *mauvais Traitemens.*

Desquels il

3.º EXCÈS (les) *desquels il est résulté mort*

(*) CONTUMELIÆ. Blessures, outrages, mauvais traitemens ; ils sont plus ou moins graves selon la qualité des personnes, leur éducation, leur caractère , le temps et les circonstances ; c'est aux juges qu'il appartient de déterminer leur plus ou moins de gravité. (*M. MERLIN,* dans la cause dont il s'agit.)

(1) 14 *Prair.* an XIII. Rej. *Femme CHEVÉ.* Jour. des Aud. an 13, p. 511.

d'homme, *doivent être jugés d'après les articles 7 et 8, section* 1.re *tit.* 2, *part.* 2.e *du code pénal.*

« De l'ensemble et de la combinaison de
» ces articles, il résulte : *Primo*, que pour
» être passible des peines portées par l'art. 8,
» il n'est pas nécessaire que les excès qui ont
» occasionné la mort de celui qui en a été
» l'objet, aient été commis dans le dessein de
» tuer ; il suffit que l'auteur de ces excès les
» les ait commis volontairement ; »

« *Secundo*, que pour que le complice de ces
» excès soit passible des mêmes peines, il
» n'est pas nécessaire qu'il ait assisté leur au-
» teur dans le dessein de tuer, et qu'il suffit
» qu'il l'ait assisté sciemment et dans le des-
» sein du crime ; c'est-à-dire, dans le dessein
» de favoriser ces excès. »

« D'où il suit, qu'en posant la question de
» savoir, si *l'accusé* a agi dans le dessein de
» tuer, et en ne posant pas, aux termes de la
» loi, la question de savoir s'il a agi sciem-
» ment et dans le dessein du crime ; les juges
» commettraient une double contravention
» aux lois précitées. » (1)

EXCUSE. *En mat. criminelle.*

1.° *EXCUSES* (*les*) des accusés *fondées sur l'ivresse, sur la provocation violente d'une tierce personne à commettre le crime, ou sur la croyance où aurait été l'accusé qu'il était ensorcelé par celui qu'il aurait assassiné ; sont improposables.*

est resulté mort d'homme.

RÈGLES GÉNÉRALES.

---

(1) 4 *Pluv. an XIII.* Cass. d'office. Bul. de la Cour,
an 13, part. crim. p. 111.

D'abord « la loi n'admet point l'état d'ivresse
» et la provocation comme excuse légitime ;
» et la question ne peut et ne doit point en
» être proposée aux jurés. » (1)

Enfin « pour donner une déclaration perti-
» nente sur une accusation intentée contre
» un assassin, les jurés ne peuvent avoir à dé-
» cider la question inepte : *est-il (l'accusé)*
» *excusable à raison de la persuasion intime*
» *où il était qu'il était ensorcelé.* » (2)

2.º EXCUSE (l') *de l'accusé ne peut être proposée aux jurés, ou à l'égard des juges eux-
mêmes, qu'après les questions relatives à la
matérialité du fait.*

C'est ainsi qu'une question embrassant à-la-
fois le cas de légitime défense et celui de
l'excuse suffisante, offrirait une complexité
proscrite par l'article 377 du code des délits
et des peines.

Car, « le cas de légitime défense, qui se-
» rait reconnu existant par le jury, ferait
» évanouir le crime, d'après l'art. 6 du tit. 2
» de la seconde partie du code pénal ; tandis
» que le cas de l'excuse suffisante, aux ter-
» mes de l'art. 9 du même titre, ne peut être
» prononcé que sur la déclaration affirmative
» de la provocation violente, qui laissant sub-
» sister le crime, en fait seulement atténuer
» la peine : ainsi la susdite question présente-
» rait une violation de l'art. 377 précité. » (3)

____

(1) 15 *Therm. an XII.* Cass. d'office. Bul. de la Cour,
an 12, part. crim. p. 296.

(2) 16 *Frim. an IX.* Cass. Bul. de la Cour, an 9, part.
crim. p. 130. —— Jur. notice, p. 376.

(3) 6 *Brum. an XI.* Cass. JACQUIN. Bul. de la Cour, an
11, part. crim. p. 29.

Voyez les mots indicatifs des divers crimes et délits : où ce qui peut les excuser est rapporté.

3.º *Excuses* (*les*) des jurés *sont soumises à diverses formalités.*

« L'excuse d'un juré fondée sur la surdité, » et déjà reconnue valable par un jugement » admis par le directeur du jury lui-même » pour une séance (où il y a eu deux affaires » à décider), ne peut être admise pour une » affaire et rejettée pour l'autre. »

Si « néanmoins le juré a été condamné » comme absent lors de la deuxième affaire, » à la peine de dix jours d'emprisonnement, » et de 25 francs d'amende, sans qu'il ap- » paraisse d'aucune notification à lui faite de » la révocation de son excuse, » il peut attaquer cette décision.

Car, « cette notification était d'autant plus » essentielle, dans l'espèce, que les deux af- » faires ayant été indiquées au même jour , » ce juré a dû croire que son excuse admise » pour l'une l'était également pour l'autre , » sur-tout si elle avait été de surdité , at- » testée par des officiers de santé. » (1) V. au mot *Jurés.*

EXÉCUTION *des jugemens.* (*)

1.º *Exécution* (*l'*) des jugemens *rendus en pays réunis, mais avant leur réunion, est de-*

____

(1) 16 *Flor. an XI.* Cass. Muschen. Bul. de la Cour, an 11, part. crim. p. 237.

(*) L'exécution des jugemens en tout cas ordinaires, est réglée par le code civil et par le code de procé-

Rendus en en pays réunis
Avant leur réunion.
Pays de Liège.

meurée soumise à toutes les règles établies pour l'exécution des jugemens rendus en pays étrangers.

CELLE des jugemens rendus en France contre les habitans des pays réunis, avant la réunion de ces pays, est demeurée soumise aux formalités usitées avant cette réunion.

Ecoutons, sur cette question importante, ce que disait M. le Proc. gén. MERLIN, « l'art. 21 de l'ordonnance de 1629 (*) a déclaré que les jugemens rendus en pays étrangers contre des français, n'auraient en France aucune exécution, et que les français condamnés par ces jugemens seraient admis à débattre leurs droits comme entiers devant les juges nationaux. »

« Comment, d'après cela, un jugement rendu en France contre *un Liégois* qui y avait plaidé, soit en demandant soit en défendant, aurait-il pû être exécutoire dans le pays *de Liège* ? Comment aurait-il pû avoir, dans le pays de Liège, l'autorité de la chose jugée ? Il était bien naturel que la nation liégeoise usât envers la nation française, d'un droit dont celle-ci lui donnait l'exemple ; *QUOD QUISQUE JURIS IN ALIUM STATUIT, UT IPSE EODEM JURE UTATUR.*

« Dans le fait, il est constant que les tribunaux supérieurs de l'empire d'Allemagne, dont le pays de Liège faisait partie avant la

---

dure ; c'est pourquoi nous ne nous occuperons de cette espèce que dans les volumes des années postérieures.

(*) Dont l'esprit existe encore dans nos codes. Voyez ci-devant *Choses-jugées*, page 11 du deuxième volume, deuxième a linea.

révolution

révolution, ne reconnaissent pas plus l'autorité des jugemens rendus en France, que les tribunaux français ne reconnaissent celle des jugemens rendus en Allemagne: ce qui est justifié par le témoignage de deux célèbres Jurisconsultes allemands, *LUDOLF* et *LAUTERBACH*, tous deux d'autant plus instruits des maximes reçues à cet égard dans l'empire germanique. qu'ils y avaient l'un et l'autre siégé long-temps à la chambre impériale de Wetzlar. »

« Il y a cependant une différence sur ce point, entre la jurisprudence française et la jurisprudence allemande. Mais elle ne git que dans la forme de procéder; » —

« *En France*, les jugemens rendus en pays étranger contre des français, ne peuvent être revêtus d'un *pareatis;* ils sont considérés comme non existans. Les parties qui les ont obtenues, ne peuvent en faire usage: il faut qu'elles viennent par nouvelle action, comme si rien n'eut été décidé dans les juridictions étrangères. »

« *En Allemagne*, le tribunal à qui l'on s'addresse, avec des lettres rogatoires (*), pour l'exécution d'un jugement rendu en pays étranger, peut permettre qu'il soit en effet exécuté dans son ressort; mais il ne peut le faire qu'après avoir pris connaissance de la justice et de la régularité de ce jugement. »

« Dans l'espèce, un arrêt du Parlement de Paris rendu à l'époque où le pays de Liège

Rendus en pays réunis.

Pays de Liège.

––––––––––––––––––––

(*) Ou commission rogatoire, adressée dans l'espece, par le juge français au juge allemand; et par laquelle il le prie de faire ce qu'il ferait lui-même en pareil cas.

n'était pas partie de l'empire français, où il
était partie de l'empire germanique, n'était
donc pas exécutoire de plein droit dans ce
pays; »

« La cour d'appel de Liège, à laquelle on
en demandait l'exécution (le 14 floréal an VIII)
a pû, sans contrevenir aux lois, ordonner que
les parties plaideraient au fond, afin de n'accorder l'exécution demandée, qu'en connaissance de cause. » (*)

« Il n'existait aucune convention entre la
» France et le pays de Liège, pour que les
» jugemens rendus dans un pays fussent exé-
» cutés dans l'autre. »

« Le traité souscrit à Maëstricht, en 1615,
» n'a établi réciprocité qu'entre le duché de
» Brabant et le pays de Liège; en sorte qu'il
» est absolument étranger à tout autre pays; »

« On ne cite même aucun exemple d'un ju-
» gement français dont l'exécution ait été
» permise contre un liégois, dans le pays de
» Liège, sans que les juges du lieu aient pris
» connaissance des moyens de nullité et des
» injustices alléguées contre ce jugement. »

« Un liégois obligé de plaider en France
» lorsqu'il était demandeur, et que son débi-
» teur demeurait en France, n'a pas pour cela
» contracté l'obligation de subir sur ses biens
» et sa personne, à Liège, l'exécution des
» jugemens rendus en France; » soit pour
condamnation par suite d'action réconventio-
nelle, soit tout autrement.

Enfin, « la réunion postérieure du pays de

(*) M.ᵣ le Procureur-général termine par le développement des principes adoptés par la Cour de cassation, dans les termes qui suivent.

» Liége à la France, n'a porté aucun change-
» ment aux droits acquis aux liègeois; ceux-ci
» ont été réunis avec tous leurs droits, leurs
» actions et leurs exceptions : »

« D'où il suit, qu'il n'y a aucune contra-
» vention aux lois » de la part des juges du
département de l'Ourthe en admettant les lié-
geois à proposer devant eux leurs exceptions
de nullités et d'injustice contre les jugemens
rendus en France, avant la réunion du pays
de Liège. (1)

2.º *EXÉCUTION (l') des jugemens rendus en
pays étrangers contre des étrangers peut être
exercée en France en vertu d'un simple PARÉA-
TIS, sans que les étrangers puissent demander
la révision de ces jugemens:* parce que,

« Les dispositions de l'ordonnance de 1629
» ne s'appliquent qu'aux jugemens rendus en
» pays étrangers, entre un étranger et un
» français. » d'où il suit qu'on doit refuser
à un émigré la révision des jugemens prononcés contre lui en pays étrangers pendant
son émigration.

V. *Emigration*, nomb. 3; *Emigrés*, nomb. 1.

3.º *EXÉCUTION (l') d'un jugement de contumace, portant condamnation à une peine capitale, et la mort civile en résultant, peuvent*

De
contumace.
*Comment peut
être constatée.*

---

(1) 18 *Therm. an XII.* Cass *Héritiers* COTTIN. Jour.
du Pal. an 13, 1. s. p. 321. — Jur. an 13, p 73. — Jour.
des Aud. an 13, p. 42. — *Nota.* On appliquera facile-
ment les principes ci-dessus à d'autres pays, en distin-
guant ceux en faveur desquels il y aurait des traités
portant des dispositions contraires.

*Comment
peut être
constatée.*

être prouvées par des énonciations dans des
actes, et des sentences ;

*Ces preuves peuvent être considérées comme
supplétives de la représentation de ce jugement
et du procès-verbal de son exécution ;*

*L'exécution d'un jugement étant prouvée,
elle prouve l'existence du jugement.*

Ces règles tire leur origine de l'espèce suivante; de laquelle il est indispensable de prendre connaissance, pour l'intelligence des principes qui suivent.

*Fait
de la cause.*

En 1735, condamnation à mort, par contumace pour homicide; exécution de ce jugement par effigie.

Dans l'intervalle de la condamnation à
l'exécution, le contumax, qui avait changé de
domicile, se marie à Lyon.

Dans la même année, naissance d'un enfant
de ce mariage, lequel est enregistré comme
légitime; décès de cet enfant.

Le contumax compose avec la famille de
l'homicidé, par l'intermédiaire d'un fondé de
pouvoir; il donne des dommages-intérêts, la
famille renonce à la poursuite extraordinaire
et au jugement qui en a été la suite. Cette
transaction est homologuée, sur les conclusions du ministère public, par le tribunal où
a commencé le procès criminel et où le jugement dont il s'agit a été rendu.

Tout ceci a eu lieu en 1736.

Le contumax a sollicité des lettres de grace
qu'il n'a pû obtenir.

Naissance d'un second et d'un troisième
enfant, aussi enregistrés comme légitimes; et
le contumax vit ignoré dans un petit endroit.

Quelques années après, la sœur du contumax réclame sa succession, comme étant une

suite de la mort civile dont l'a frappé le juge-
ment de condamnation ; son épouse, en 1746, revendique cette succession en qualité d'héritière de sa fille, née entre le jugement de condamnation et son exécution ; un arrêt du Parlement de Paris lui adjuge les fins de sa revendication.

En exécution de cet arrêt ladite dame demande, aux tuteurs de son mari, compte de ses biens : une sentence, rendue à Lyon, sur cette demande vise un certificat du greffier du présidial, qui avait rendu le jugement de contumace, attestant ce jugement et son éxécution, en 1735.

Sur appel de la sentence dont s'agit, au Parlement de Paris, ladite dame fait usage du jugement de contumace et du procès-verbal de son exécution en effigie.

En 1779, et après le décès du contumax, envoi de son épouse en possession *d'un domaine* provenant de la succession du père du condamné, avec acte de ce qu'elle avait employé en justice le compte de tutelle qui lui avait été précédemment rendu.

Le contumax était décédé en 1752 ; son épouse est morte en 1780, après avoir fait donation *du domaine* dont elle avait été envoyée en possession.

Les enfans de ce mariage, comme héritiers de leur père et de leur ayeul, duquel provenait *le domaine en question*, ont poursuivi le délaissement de ce domaine contre le donataire de leur mère ;

Ils furent déclarés non-recevables dans leur demande ; et c'est sur le pourvoi en cassation, contre cette décision, que la cour a eu occa-

sion de prononcer l'affirmative des règles ci-
dessus posée; dans les termes suivans:

« Le titre 15 du code du 3 brumaire an IV,
» ne parle que de la manière de procéder à
» l'égard d'un individu existant, contre le-
» quel il a existé une procédure criminelle,
» ou qu'on prétend condamné par un juge-
» ment antérieur et non exécuté, et dont
» les pièces ou le jugement même se trouvent
» enlevés ou détruits; car si l'individu con-
» damné par un jugement non-exécuté, ou
» seulement poursuivi pour un crime, était
» déja décédé, il n'y aurait plus lieu à pour-
» suite criminelle contre lui. »

« Mais, ici il s'agit d'un individu décédé
» depuis quarante cinq ans, et dont le juge-
» ment a si bien été exécuté, de la manière
» qu'il devait l'être, que deux arrêts contra-
» dictoires (*), ont jugé que sa mort civile
» avait daté du jour de son exécution en
» effigie et non du jour de sa condamnation.»

« Ni le code pénal, ni aucune autre loi,
» n'ont dit que le procès-verbal d'exécution
» ne pût être suppléé dans les actes anciens
» par des preuves équivalentes; l'art. 55 de
» l'ordonnance de Moulins ne parle que des
» témoins vivans, contre lesquels on objec-
» terait des jugemens, par conséquent rendus
» à une époque rapprochée, qui leur auraient
» fait perdre leur existence civile, et la Cour
» de cassation ne peut annuller un jugement
» que pour contravention à une loi formelle.»

« D'ailleurs, la règle donnée par l'art. 554

____

(*) Celui de reddition du compte de tutelle, et celui
d'envoi en possession.

» du code des délits et des peines ne fait que
» renouveller un principe déjà bien connu
» et suivi dans la jurisprudence, savoir : qu'une
» condamnation ne peut être prouvée que
» par la représentation du jugement ou d'une
» expédition en forme de ce jugement, si la
» minute est perdue ; mais cette règle géné-
» rale souffre une exception lorsqu'il s'agit
» d'un jugement rendu depuis long-temps et
» executé contre un individu décédé depuis
» longues années ; »

« Alors, à défaut de titre, la preuve qu'il
» a existé, peut se faire par énonciation, con-
» tenues dans des actes anciens, et par son
» exécution même ; et la force de ces preu-
» ves est nécessairement laissée à l'arbitrage
» des juges. »

« Dans le cas actuel, où il s'agissait d'un ju-
» gement rendu depuis soixante-neuf ans ,
» visé avec son exécution dans une multitude
» de pièces anciennes ; où la condamnation
» du contumax a donné lieu à un arrêt célè-
» bre (*) qui a fixé la jurisprudence sur le
» point de savoir de quelle époque datait la
» mort civile, les preuves se montraient dans
» le dégré le plus capable de convaincre ; »

« Il serait absurde de supposer que le Par-
» lement de Paris se fût occupé de cette mort
» civile du contumax , sans que la condam-
» nation et son exécution eussent été cons tan-
» tes ; lorsque ce contumax a vû sa succession
» contestée et adjugée devant lui sans y op-
» poser la moindre réclamation ; que, l'un de

(*) Celui de la revendication de succession , par l'é-
pouse du contumax, en 1746.

» ses enfans nés avant la mort du premier,
» et par conséquent habile à lui succéder
» conjointement avec sa mère, n'a cependant
» point réclamé sa portion, parce qu'il était
» né après la mort civile encourue par son
» père; que ces derniers nés après l'exécution
» en effigie de leur père, et déja majeurs à
» l'époque de l'arrêt de 1779 qui adjugea *le
» domaine* (provenant de la succession de leur
» ayeul) à la tante, ne se sont point opposés
» dans le temps à l'exécution de cet arrêt; lors-
» qu'enfin, c'est après vingt-trois années d'une
» jouissance paisible *du donataire* de leur mè-
» re, et à l'âge de plus de soixante ans, que
» ces enfans viennent pour la première fois
» élever des doutes sur l'existence du juge-
» ment de 1735 et de son exécution. »

« Ce faisceau de preuve n'est point détruit
» par les moyens employés par *lesdits en-
» fans;* (*) »

« L'art. 20 du titre 25 de l'ordonnance de
» 1670, veut bien que les jugemens soient
» exécutés le jour même qu'ils auront été
» rendus; mais il ne prononce pas et ne pou-
» vait prononcer la peine de nullité de l'exé-
» cution si elle était faite après; ni que l'exis-
» tence de ce procès-verbal, dans une ancienne
» procedure, ne puisse être prouvée par d'au-
» tres actes. »

(*) Nous regrettons que la place et le but de ce
recueil ne nous permettent pas de rapporter ses moyens
qui ont été accueillis par M.¹ le Proc. gén., qui a plaidé
dans leur sens. Mais notre objet n'étant pas de recueillir
des opinions isolées, de quelque poids elles puissent être,
nous n'avons point placé ici ces moyens. Ils sont rapportés au Journal du Palais, à celui des Audiences, à
l'endroit cité ci-après, et aux Questions de droit....

En dernier analise, des faits de la cause,
« rien n'est moins constant que la jouissance
» des droits civils de la part *du contumax*,
» après sa condamnation et son exécution en
» effigie. »

« Les certificats délivrés par les greffiers
» (du lieu où l'exécution a été faite) ne prou-
» vent rien, parce qu'ils prouvent trop, en ce
» qu'ils attestent qu'il n'existe dans les regis-
» tres de l'année 1735 aucune procédure cri-
» minelle contre *le contumax*, tandis qu'il
» est bien certain que du moins il a été ins-
» truit contre lui à cette époque une procé-
» dure; et dès que cette procédure a été dé-
» truite ou soustraite, rien n'empêche de
» croire que le jugement et l'exécution ont
» pû être détruits ou soustraits de même. »
(1)

4.° *EXÉCUTION* (*l'*) *d'un jugement et d'un arrêt est interdite par la transaction des parties sur l'objet en litige, ensuite de la décision rendue sur l'instance.*

Interdite, lorsque les parties ont transigé.

Par exemple, lorsqu'un propriétaire a fait condamner son fermier à lui payer les loyers échus, et fait saisir ses meubles en suite de la signification du jugement : si les parties souscrivent une transaction, portant la résiliation du bail, la promesse du fermier de payer une certaine somme, au moyen de quoi toutes instances demeurent assoupies, et les parties quittes de toutes répétitions; le proprié-

____

(1) 26 *Therm. an XII. MULTIS CONTRADICENTIBUS.* Rej. *Enfans DEVERNYES.* Jour. du Pal. an, 13, Coll. p. 178. — Jur. an 13, p. 140. — Jour. des Aud. an 13, p. 201.

taire ne peut plus poursuivre l'exécution du jugement par lui obtenu, s'il ne prouve la fraude qui aurait eu lieu pour lui arracher cette transaction.

En vain, dirait-il: la transaction dont il s'agit, est nulle comme étant intervenue sur un procès jugé en dernier ressort, et comme telle, frauduleuse et sans cause;

On lui répondrait: .. le jugement en ques-
» tion ayant eté signifié de votre part à votre
» fermier, chacune des parties connaissait au
» vrai l'état de la contestation; »

« Dans l'état où elles se trouvaient, elles
» pouvaient transiger sur la résiliation du
» bail et sur l'exécution du jugement; »

Les juges, en déclarant la transaction nulle, et ordonnant que les exécutions par vous commencées seraient continuées, « sans préciser
» les circonstances de fraude, ni affirmer po-
» sitivement que la transaction dont il s'agit,
» en serait la suite, fourniraient motif à la
» cassation de leur jugement. » (1)

En fait *d'Exécution des jugemens*, en matière civile, voyez *Gendarmerie;* en matière criminelle, voyez *Appel, Grace* et le *Traité de compétence.*

EXÉCUTOIRE *de dépens.*

Enregistrement.

1.º *Exécutoire* (un) *de dépens est assujetti au droit d'enregistrement.*

Parce que « l'art. 48 de la loi de frimaire
» an VII, défend de signifier aucun acte, sans

------

(1) 16 *Prair. an XII.* Cass. *Bourgeois.* Bul. de la Cour, an 12, p. 325.

» qu'au préalable il n'ait été soumis à la for-
» malité de l'enregistrement; et que l'art. 69
» veut que les exécutoires de dépens soient
» enregistrés. »

Ainsi « les juges, en annullant la contrainte
» décernée par la régie *contre un huissier qui*
» *aurait signifié un exécutoire de dépens non*
» *enregistré.* pour le droit et l'amende en ré-
» sultant, violeruient ces deux textes de lois. »

2.º « *EXÉCUTOIRE* (*l'*) *pour un huissier, des*
» *sommes à lui dues pour diligences, donné*
» *par le Président d'un tribunal. doit être as-*
» *similé à un jugement de liquidation de dé-*
» *pens ;* »

Car, « quoique taxé par un seul juge, il est
» censé l'avoir été par un tribunal entier. »
(1)

Voyez, *Actes* et *Compensation.*

EXHALAISONS *nuisibles*, voyez la table
générale et raisonnée qui termine le dernier volume.

EXPÉDITION *d'un acte notarié.*

1.º *EXPÉDITION* (*l'*) *d'un acte notarié fait*
foi comme un acte authentique jusqu'à ins-
cription de faux, sans qu'il soit nécessaire d'en
représenter la minute.

Fait foi, jus-
pu'à inscrip-
tion de faux.
Enregistrem.

Par exemple; j'ai emprunté une somme
pour être employée au remboursement de
certains, héritiers, présens à cet emprunt; au

---

(1) 1.ᵉʳ *Messid. an XII.* Cass. *Régie de l'enregistr.* Bul,
de la Cour, an 12, p. 314.

moyen de quoi ces derniers ont subrogé le prêteur à leurs droits, priviléges et hypothèques.

Quelques années après lesdits héritiers ont reclamé contre moi le remboursement de la somme qu'ils avaient cependant reçue du susdit emprunt;

Je leurs opposais, comme fin de non-recevoir, le paiement provenant de l'emprunt dont est question, et je le justifiais par une expédition de l'acte notarié qui avait été dressé de cet emprunt et du remboursement fait auxdits héritiers présens; cette expédition signée et collationnée par le notaire qui avait rédigé la minute.

Lesdits héritiers prétendaient ne pas reconnaître cet acte; le notaire avait disparu; ils ont fait des recherches infructueuses, tant chez le successeur du notaire qui avait redigé cet acte qu'au bureau de l'enregistrement, et ont soutenu mon expédition non suffisante pour justifier ma libération :

Ils disaient qu'une expédition (grosse, en terme de palais, extrait en provence) tirant toute sa force et consistance de la minute dont elle est supposée l'image, cette image s'évanouissait avec la substance et le corps même de l'objet qu'elle était destinée à représenter, lorsque l'original ou minute ne pouvait être produite.

Les juges ont débouté lesdits héritiers de leur demande contre moi, leur réservant, si bon leur semblait, la voie de l'inscription de faux.

Ces héritiers peuvent-ils faire réformer cette décision ? non :

Car, « il est de principe et de jurisprudence

» générale, que l'expédition d'un acte authen-
» tique fait foi jusqu'à inscription de faux et
» jusqu'à la preuve qui en est faite sur la re-
» présentation de la minute. » (1)

Voyez le développement de ce principe au mot *Authenticité*, extrait du même arrêt.

2.º *EXPÉDITION* (une) *arguée de faux, n'est point censée de droit avoir été fabriquée dans le lieu où la minute est déposée.*

En effet, « s'il s'agissait d'une expédition
» avouée et signée par le dépositaire de la mi-
» nute, la présomption légale serait, qu'elle
» aurait été faite dans le lieu ou la minute
» aurait été déposée ; mais cette présomption
» doit cesser lorsqu'il s'agit d'une pièce ar-
» guée de faux, qui n'est point représentée,
» et dont la forme et la signature ne sont pas
» connues. » (2)

Voyez le fait et les principes de la Cour de cassation, qui servent de développement à la règle ci-dessus, extraits d'un autre arrêt rendu entre les mêmes parties le 12 prairial an XIII et rapporté au *Traité de compétence*, des cours spéciales mixtes, partie criminelle, nombre 4 .pag. 262.

EXPERT. EXPERTISE.

1.º *Le TIERS EXPERT* qui ouvre un avis différent de celui des deux premiers experts,

Arguée de faux.

Des tiers Experts,

---

(1) 17 *Messid. an X.* Rej. *Frères COLOMB.* Jour. du Pal. an 10, 2. s. p. 383. —— Jur. an 10, p. 345.

(2) 28 *Fruct. an XII.* Cass. *Dame VAUBAN.* Bul. de la Cour, an 12, part. crim. p. 328. —— Jour. des Aud. an 12, p. 49.

ne donne point nécessairement lieu à une nouvelle expertise.

L'avis du TIERS EXPERT n'est point une règle dont les juges ne puissent point s'écarter ; ils peuvent même y apporter des modifications qui en changeraient le résultat.

En principe, « le droit d'homologuer ou en-
» tériner l'expertise que les experts ont fait
» (*) entraine celui d'adopter ou non adopter
» les bases ou principes sur lesquels les experts,
» chargés de régler ce qui fait partie de leur
» art , ont fondé leur décision ; »

« La question du choix de ces bases ou
» principes , ne pouvant être décidée que par
» l'application ou l'interprétation d'une loi,
» ou la solution d'un point de droit , ne peut
» être qu'une question légale ou de droit, qui
» est toujours de la compétence des juges,
» chargés d'appliquer la loi ; »

« C'est une question de cette nature que
» celle de savoir si la simple estimation d'un
» fond peut dépendre des .spéculations d'art
» et d'industrie , qu'une personne pourrait
» tenter , pour améliorer les produits de ce
» fond. »

« Ainsi , décider qu'une partie du terrain
» d'un parc doit être estimée plus cher que
» les autres terrains , parce qu'elle pourrait
» être employée en jardins ou convertie en
» tourbières , c'est s'écarter de la base d'esti-
» mation. »

En fait d'enre- D'où il suit , qu'en matière d'enregistre-
gistrement.

(*) La forme des expertises est déterminée par les articles 302 et 323 du code de procédure, cause pour laquelle nous ne rapporterons aucunes dispositions relatives à l'ancienne forme.

ment (*), « en rejettant les faux motifs de la
» plus-value donnée à ces terres par le tiers
» arbitre, les juges, loin de se constituer
» experts et par là d'excéder leurs pouvoirs,
» respectent également et l'attribution donnée
» par les articles 17 et 18 de la loi du 22 fri-
» maire an VII, aux experts, et la mission
» qui leur est confiée; lorsqu'en réduisant
» l'excès du prix donné à ces fonds sur des
» bases illégales, ils ont soin d'appliquer la
» fixation donnée par les experts de la valeur
» de l'arpent ordinaire. » (1)

2.° *EXPERTS (les) ne sont point tenus de
détailler dans leurs rapports chaque partie de
leur opération ; une déclaration générale, de
laquelle on puisse induire qu'ils ont rempli le
vœu de la loi, est suffisante ;*

*Mais, leurs rapports sont nuls s'ils ne font
aucune déclaration qui puisse mettre les juges
à même de connaître si aucune des formalités exigées par la loi n'ont été négligées.*

En d'autres termes : le rapport des experts
qui énonce expressément qu'ils se sont exactement conformés à ce que leur prescrivait la
loi de la matière, *est valide et suffisant :* tandis que celui qui n'atteste nulle part que les
experts se sont conformés à la loi ; où il est
seulement dit qu'ils estiment le tout (les choses qu'ils étaient chargés d'estimer) comme
les choses pouvaient valoir à l'époque de la

*Des Experti-
ses, aux ter-
mes de la loi
du 19 floréal
an VI.*

Rescision.

(*) C'est-à-dire, lorsque la régie de l'enregistrement
prétend à un supplément de droit pour des immeubles
vendus.

(1) 9 *Brum. an XIV.* Rej. *MAYER et consorts.* Jour. du
Pal. an 14, Coll. p. 263.

Aux termes de la loi du 19 floréal an 6.

Rescision.

vente, qui a en été faite, à la somme de.. et plus que le double du prix de la vente, *serait nul.*

Suffisant au premier cas : « parce que la loi » du 19 floréal an VI, ni aucune autre, n'ob- » lige les experts à détailler, dans leurs rap- » ports, ni les actes d'après lesquels ils ont » procédé, ni l'état et la consistance des im- » meubles qu'ils ont pris pour point de com- » paraison, ni les faits, ni les raisonnemens » qui ont motivé leur opinion ; » (*) (1)

D'où il suit qu'en « s'appuyant sur l'art. 1.er » de cette loi, pour annuller un rapport d'ex- » perts, faute par eux d'avoir indiqué le pro- » duit net de la maison (qu'ils étaient char- » gés d'estimer) à l'époque de la vente, d'avoir » cité aucun des exemples qui auraient dû » servir de base à leur avis, et d'avoir men- » tionné les objets de comparaison, leur » situation et les époques des ventes, sous » le prétexte que leur opération serait pure- » ment arbitraire, et ne remplirait pas le vœu » de la loi, puisque par le défaut de détails, » nulle preuve existerait des faits énoncés en » ce rapport ; les juges ajouteraient à la loi, » commettraient par suite un excès de pou- » voir, et violeraient même la disposition de » l'art. 1.er précité. » (2)

Nul au second cas : « parce que dans son

___

(*) Pour le présent, voyez l'article 318 du code de procédure.

(1) 24 *Niv. an XIII.* Rej. *Héritiers* CHEYRON. Jour. du Pal. an 14, Coll. p. 6 —— 21 *Therm. an XI.* Cass. HURÉ. Bul. de la Cour, an 11, p. —— 377. Jour. du Pal. an 14, Coll. p. 9.

(2) 13 *Pluv. an XI.* Cass. PINJET. Jur. an 11, p. 172. ——Bul. de la Cour, an 11, p. 142.

» procès-verbal,

» procès-verbal, le tiers expert, non seule-
» ment n'enonce pas expressement qu'il ait
» eu égard au produit des biens, mais qu'il
» ne contient rien d'où l'on puisse inférer
» qu'il ait eu égard audit produit; qu'ainsi,
» en déclarant ce procès-verbal nul, comme
» insuffisant, les juges se conformeraient
» strictement et littéralement au texte de la
» loi. » (1)

3.º *Le TIERS EXPERT qui remplit une mis-* Récusation.
sion légale, quoique passagère, imprime aux
actes qu'il fait, la certitude de date.

C'est-à-dire, que la récusation faite de sa
personne postérieurement à la date de la clôture de son procès-verbal, doit être déclarée
tardive et consequemment rejettée; sans égard
à la date de l'enregistrement de ce même
procès verbal.

En vain considérerait-on ce procès-verbal
comme un écrit privé, dont la date, contre
les tiers, ne pourrait être assurée que par l'enregistrement, et déclarerait-on la récusation
de l'expert possible et licite jusqu'à la prétendue clôture du procès-verbal par son enregistrement.

A ces raisonnemens erronés on opposerait,
avec raison : « que les experts ayant été nom-
» més en conformité de l'art 17 de la loi du
» 22 frimaire an VII : »

« Que le tiers expert ayant été nommé par
» le juge de paix, d'après l'art. 18 suivant : »

« Que cet expert ayant dressé et signé son
» procès-verbal conjointement avec les deux

___

(1) 11 *Flor. an XIII.* Rej. JAILLAC. Jur. an 13, p. 239.
— Jour. du Pal. an 14, Coll. p. 9.

» premiers experts avant la récusation par la
» régie dudit tiers expert ; »

« Qu'alors le procès-verbal ne peut être assi-
» milé aux actes dont parle l'art. 22 de la loi
» du 22 frimaire, qui n'ont de date certaine
» que du jour de leur enregistrement; par la
» raison que ce tiers-expert ayant une mis-
» sion légale, par là, son procès-verbal fait
» foi par lui-même : »

« D'où il suit, qu'une récusation de la régie
» (fournie le 27, lorsque le procès-verbal aurait
» été clos le 25 par la signature des experts)
» serait tardive, et que les juges en pronon-
» çant dans le sens contraire, feraient une
» fausse application de cet article. » (1)

Demande de la régie. Prescription. 4.° *La demande en EXPERTISE pour cause d'insuffisance dans le prix de la chose vendue doit être non seulement faite dans l'année, mais encore être signifiée dans le même délai à la partie intéressée.*

En effet, « l'art. 17 du tit. 2 de la loi du 22
» frimaire an VII, autorise la régie de l'enre-
» gistrement à demander une expertise, lors-
» que le prix énoncé dans un acte translatif
» de propriété paraît inférieur à la valeur vé-
» nale (*); »

« Cet article en accordant cette faculté à
» la régie, l'a néanmoins assujettie à l'exercer
» dans l'année, à compter du jour de l'enre-
» gistrement du contrat. »

---

(1) 6 *Frim. an XIV.* Cass. *Régie de l'enregist.* Bul.
de la Cour ,an 14, p. 489. — Jour. du Pal. an 14, Coll.
p. 289.

(*) *Valeur VÉNALE :* tout ce que l'objet peut être vendu en le portant à toute sa valeur.

Or, « si le contrat de vente dont il s'agit,
» a été enregistré le 6 janvier 1807, il ne suf-
» firait pas à la régie de présenter dans l'an-
» née à partir de cette dernière époque, une
» requête tendante à provoquer l'expertise;
» il est encore à la charge de la régie de no-
» tifier dans l'année cette requête à *l'acqué-*
» *reur ;* »

« Il est de principe que la prescription ne
» peut être suspendue que par la notification
» de la demande, et non par une simple re-
» quête dont la partie qu'on doit mettre en
» demeure n'a aucune connaissance; s'il suffi-
» sait à la régie de présenter une requête dans
» l'année, sans qu'elle fût tenue de la notifier
» dans le même délai, il dépendrait de la
» régie d'étendre à son gré le délai que la loi
» a voulu circonscrire : »

« Enfin, des principes du droit commun
» établis en matière de suspension de pres-
» cription, et également consacrés par la loi
» du 22 frimaire an VII, (article 61 de cette
» loi,) il résulte en effet que, les prescrip-
» tions pour la demande des droits ne sont
» suspendues que par des demandes signifiées
» et enregistrées : d'où il suit que les juges,
» en rejettant l'exception de prescription an-
» nale opposée, dans l'espèce, par l'acquéreur,
» contreviendraient à l'article 17 du tit. 2 de
» ladite loi de frimaire an VII. » (1)

5.° **Expert** (*l'*) *nommé par les parties, pour estimer un immeuble vendu, n'est point ré-*

Nommé par les parties.

------

(1) 18 *Germ. an XIII.* Cass. *Guyet.* Bul. de la Cour,
an 13, p. 285. — Jour. des Aud. an 13, S. p. 118.

K 2

puté arbitre ni astreint aux règles prescrites pour les juges.

En effet, « dans l'espèce, ne s'agissant pas » d'une expertise judiciaire, et les parties » s'étant fait la loi elles-mêmes par des conven- » tions expresses (portant nomination d'ex- » perts pour l'estimation et la mise à prix de » l'immeuble vendu) il ne pourrait y avoir » lieu à aucune récusation. »

Si la décision des arbitres était attaquée par le motif qu'il paraîtrait, qu'un tiers-arbitre aurait agi seul et sans l'intervention des au- tres, on opposerait : « que ce moyen se résout » comme le premier, puisqu'il ne s'agit pas » d'une expertise judiciaire. »

« D'ailleurs si le rapport est signé des ex- » perts, ils paroissent y avoir contribué. » (1)

EXPERTS et des *EXPESTISES* (à l'égard des) en matière criminelle : voyez, *Témoins* et *Vérifications.*

EXPLOITATION. Voyez, *Bois, Coupes, Délits, Forêts, Procès-verbaux,* et autres mots relatifs à cette matière.

EXPLOITS *et* EXPROPRATIONS *forcées.*

Le code civil et le code de procédure ayant établi de nouvelle règles et des nouvelles formes sur ces matières, nous né rapporte- rons point ce qui est relatif aux anciennes : pour les anciens principes qui leurs sont ap- plicables, voyez les notes marginales placées aux mots qui sont en rapport avec ces matières,

---

(1) 13 *Brum. an* X. Rej. *CHOUSSY.* Jur an 10, p. 133.

Nous recueillerons la nouvelle jurisprudence de la cour sur ces mêmes matières, dans les volumes des années postérieures.

EXPORTATION. Voyez, *Marchandises* et les notes marginales placées aux mots *Douanes* et autres qui ont du rapport avec l'exportation défendue par la loi.

EXTRAIT.

EXTRAIT (un) signifié, BREVITATIS CAUSA, et de bonne foi, ne peut être regardé comme une mutilation de l'acte, ni être l'instrument d'une action de dol.

« Il est régulier et conforme à l'usage, de signifier un acte par extrait, sans qu'il en ré-
» sulte que cet acte ait été mutilé ; »

« Un extrait signifié comme extrait, *BRE-*
» *VITATIS CAUSA* . . . peut être suffisant; » (*)

« La fidélité de l'extrait dont il s'agit, étant
» justifié par sa concordance avec les *pièces*
» *propres à cet effet*, il en résulte que la signi-
» fication dudit extrait a été faite de bonne-
» foi ; » d'où il suit qu'il ne peut motiver une action de dol. (1)

Délivré BREVITATIS CAUSA.

(*) Voyez l'espèce au mot *Requête civile*.

(1) 20 *Frim. an XIII.* Cass. DEMBOUR. Bul. de la Cour, an 13, p. 62.— Jour. des Aud. an 13, p. 249.

F.

FABRICATION.

De fausses pièces.
Compétence.

FABRICATION (la) d'une pièce fausse dans un département n'empêche point que les juges d'un autre département ne puisse connaîtrent de ce délit.

« Car la connaissance de tout délit, et par
» suite des délits connexes, appartient aux
» tribunaux dans le ressort desquels le délit
» a été commis ou consommé ; »

Or « le délit de faux est consommé, par
» l'usage de la pièce fausse dans un départe-
» ment ; d'où il suit que la cour de justice
» criminelle et spéciale de ce département est
» compétente pour en connaître, ainsi que
» du délit connexe de sa fabrication. » (1)

FABRIQUES. Voyez, *Dotation* des églises.

FACULTÉ.

En jurisprudence; c'est la puissance morale de faire une chose : *Jus.*

On dit au palais : faculté *d'instituer* un héritier, de se *libérer*, de *transférer* une créance, de *racheter* un bien aliéné, de faire *réduire* une créance, de *réméré*. de *rembourser*, etc. Voy. les mots, *Institution, Libération, Rachat,*

____

(1) 14 *Germ. an XIII.* Cass. d'office. Bul. de la Cour, an 13, part. crim. p. 206. — Jour. des Aud. an 13, S. p. 123.

Réduction, Réméré, Remboursement, Transfer,
et autres indicatifs des droits dont on peut
user.

FAILLI. FAILLITE. (*)

1.º *Il y a FAILLITE du moment qu'il résulte*
de la véritable situation des affaires d'un mar-
chand que son passif (ses dettes) excède son
actif (sa fortune), bien que son bilan n'ait
pas été déposé.

Ce qui constitue un marchand en état de faillite.

La FAILLITE d'un marchand forain est ou-
verte du moment qu'il a abandonné ses effets
et marchandises, à un créancier ; ou que les
scellés ont été apposés sur ses malles, balles
et coffres trouvés dans une auberge.

« D'après l'article 1.ᵉʳ du tit. 11 de l'ordon-
» nance de 1673, la faillite est réputée ouverte
» du jour que le débiteur s'est retiré, ou que
» le scellé a été apposé sur ses biens. »

« S'il est reconnu que dans l'intervalle du
» mois de *janvier* au mois de *mars* de l'année
» suivante, il y ait eu divers protets, divers
» jugemens rendus par le tribunal de com-
» merce de la ville de Rouen, qui constatent
» la disparition *d'un marchand ;*

« S'il est reconnu qu'au mois *d'août* suivant,
» d'autres marchands ont fait apposer les scel-
» lés, dans la commune d'Arras, sur une par-
» tie d'effets appartenans à *ce marchand ;* »

« S'il est également reconnu que ce scellé n'a
» été suivi d'aucune opération commerciale ;
» autres que, quelques achats ou ventes mo-

(*) Voyez la note grammaticale du mot *Banque-*
route, au deuxième volume.

» mentanées, auxquels *ce marchand* aurait pu
» se livrer loin des lieux, où son insolvabilité
» était notoire, à l'insçu et en fraude de ses
» créanciers, dans un temps où il ne pouvait
» plus légalement disposer d'un actif devenu
» le gage commun des créanciers; opérations
» qu'on ne pourrait pas considérer comme des
» opérations commerciales; »

« D'après tous ces faits vérifiés et reconnus
» par les juges. ils feraient une juste applica-
» tion de l'art. 1.er précité, en fixant au mois
» *d'août*, l'ouverture de la faillite de *ce mar-*
» *chand.* » (1)

Comme l'état de failli cesse.

Attermoi-ment.

Saisie réelle.

2.° *L'état de F AILLITE cesse par le contrat d'attermoiement passé en bonne forme entre le failli et ses créanciers.*

En effet, « le concordat passé entre les
» créanciers et le failli. rétablit celui-ci dans
» la plénitude de tous ses droits civils, et fait
» cesser l'état de faillite dans lequel il était
» tombé auparavant. »

En vain, prétendrait-on : que la remise de
son bilan avant le concordat, ou la saisie
réelle apposée sur ses biens après le concordat le maintiendrait dans l'état de faillite;

« Car. d'une part. la faillite serait couverte
» par le traité postérieur d'attermoiement, et,
» d'autre part. le failli n'étant plus dans le
» commerce à l'époque à laquelle la saisie
» réelle aurait été apposée sur ces biens. cette
» saisie ne serait pas capable de le constituer
» en état de faillite, et par - là de rendre

---

(1) 3 *Pluv. an* X. Rej. *Frères DUPONT.* Jur. an 10,
p. 211. — Jour. du Pal. an 10, 1. s. p. 445.

» sans effets les inscriptions hypothécaires
» prises sur ses biens postérieurement à la
» date du jugement qui aurait annullé ladite
» saisie » (1) Voyez *Inscription* hypothécaire.

Voyez, principalement les mots, *Absent*, nomb. 2, *Attermoiement*, *Créanciers*, *Déclarations* des jurys, nomb. 1., *Endosseurs*, *Protêt*, *Tutelle.*

FAIT.

1.° *FAIT* (le) jugé, *ne peut en thèse générale être soumis à la Cour de cassation, lorsqu'en prononçant sur ce fait, les juges ont fait une juste application de la loi;*

En vain articulerait-on, la fausse application de la loi provenant de l'erreur des juges sur le fait.

Voyez, *Cassation*, nomb. 4 à 7 inclut, pag. 355 du 2.ᵉ vol. et suivantes.

Des faits jugés.

2.° *FAIT* (le) *jugé dans un affaire civile, ne fait point règle pour les juges criminels saisis de l'action publique résultante du même fait, et VICE VERSA.*

Voyez, *Action* en mat. criminelle, nomb. 7 et 8, 2.ᵉ vol. pag. 60.

3.° *FAITS* (les) *purement révolutionnaires faussement imputés à un individu, postérieurement à la loi du 4 brumaire an IV, abolitive des procédures révolutionnaires, peuvent donner lieu à l'action en réparation d'injures.*

Des faits révolutionnaires,

____

(1) 11 *Flor. an XI.* Cass, *Femme* BROUVE, Bul. de la Cour, an 11, p. 234.

Voyez, *Amnistie*, nomb. 11. pag. 141 du 2.ᵉ volume.

Compétence.

4.º *Les* voies de *FAIT sont de la compétence des tribunaux correctionnels.*

« Le fait d'avoir, sans motifs, maltraité à
» coup de pieds et de poings, est rangé, par
» l'art. 605 du code des délits et des peines,
» dans la classe des délits dont la connais-
» sance est attribuée aux tribunaux correc-
» tionnels. » (1)

Contre des gardes forestiers.

5.º *Les* voies de *FAIT exercées par deux personnes, ou par un plus grand nombre, contre une force armée, contre des gardes forestiers, sont exclusivement du ressort des cours de justice criminelles spéciales, créées par la loi de floréal an X.*

Tel est le fait d'opposer de la résistance à des gardes forestiers, de les assaillir à l'impro-vise, de les terrasser, maltraiter, désarmer, etc. « les gardes forestiers étant en état de
» réquisition permanente, pour faire exécu-
» ter les lois relatives à la conservation des
» forêts. »

En principe : « au lieu de chercher dans
» l'art. 7 de la 4.ᵉ section, tit. 1.ᵉʳ 2.ᵉ partie du
» code pénal, l'analogie des faits ci-dessus
» indiqués, avec les dispositions de la loi du
» 18 pluviôse an XIII ; on doit trouver cette
» analogie, sinon dans l'art. 1.ᵉʳ de la section
» citée du code pénal, au moins dans l'art.
» 1.ᵉʳ de la loi du 18 pluviôse an XIII ; et ne
» point le rappeler dans un jugement, c'est

______

(1) 25 *Pluv.* an XIII. Cass. **LAURENT.** Bul. de la Cour,
an 13, part. crim. p. 160.

» éluder la disposition tendante à en étendre
» et éclaircir le dispositf. »

Enfin « d'après cet art. 1.er de la loi de plu-
» viôse, les violences et voies de faits exercées
» avec armes, ou par plusieurs personnes,
» même sans armes, contre la gendarmerie
» ou contre toute autre force armée, agissant
» sur la réquisition d'une autorité compé-
» tente, doivent être jugées par les tribunaux
» spéciaux créés par la loi du 23 flor. an X. »(1)

FAITS et articles; *en fait de procédure ci-*
vile : cette procédure étant réglée par le code
de 1806, il n'en sera question, par les motifs
déjà déduits, que dans les volumes des années suivantes.

Faits
et articles.

FAUTE GRAVE. Voyez *Prise à partie.*

FAUX (*) *incident.* (**)

FAUX (*le*) incident, *en matière civile devait,*
avant la publication du code de procédure , être

Avant le code
de procédure
civile.

---

(2) 6 *Fruct. an XIII.* Cass. d'office. Bul. de la Cour,
an 13, part. crim. p. 352.

(*) Crime qui se commet par la supposition frauduleuse d'une chose pour détruire ou altérer la vérité au
préjudice d'autrui; *par parole,* de la part des témoins;
par écriture, quand on altère ou qu'on fabrique des
actes; *par fait* quand on altère de la monnaie ou qu'on
en fabrique de fausse.

Beaucoup de principes sur cette matière sont rapportés au traité qui précède, comme basse de la com-
pétences des juridiction; voyez part. crim. nomb. 23 à
26, 139 à 156 inclut. — Voyez aussi les mots *Actes, Cer-*
tificat, Dénonciateur, nomb. 2 ; *Expédition, Monnaie,*
Passeports et autres, où les principes qui leur sont particuliers en matière de faux sont rapportés. Il ne sera
ici question que des principes généraux.

(**) Le *FAUX incident,* en matière civile, étant réglé

jugé d'après le mode établi pour les affaires civiles.

« En ordonnant, par l'art. 535 du code du
» 3 brumaire an IV, que l'instruction du faux
» incident fût suivie civilement, le législateur
» a évidemment et nécessairement entendu,
» que cette instruction se fît et que le faux
» incident se jugeât dans les formes et selon
» le mode qui avaient été précédemment
» réglés pour toutes affaires civiles; (en co-
» ordonnant l'exécution de cet article avec
» l'ordonnance de 1737, sur le faux incident,
» qui n'était point abrogée, et était même la
» seule loi qu'il fallait suivre. »)

Or « une ordonnance portant permission de
» s'inscrire en faux, rendue sur requête non
» communiquée; un jugement, qui admettait
» les moyens de faux, sans que la partie ad-
» verse ait été entendue, ni citée pour se
» défendre; cette ordonnance et ce jugement
» étaient radicalement nuls et fournissaient
» motif à leur cassation pour contravention
» formelle aux dispositions de la loi du 24 août
» et celle du 3 brum. an II, et au renvoi des
» parties, sur le fond, devant d'autres juges. »
(1)

FAUX *principal.*

En quoi con-siste le crime de faux.

1.° Un **FAUX** nom *pris dans une obligation constitue le crime de faux.*

---

par le code de procédure, nous ne recueillons point
maintenant toutes les maximes de la cour sur cette procédure; nous renvoyons le lecteur aux volumes des années postérieures, et à l'époque à laquelle la cour de
cassation aura eu l'occasion d'interpréter les nouvelles
règles de la procédure sur cette matière.

(1) 8 *Vend. an XIV.* Cass. *LABAT.* Bul. de la Cour▸

Voyez le *Traité de compétence*, en matière criminelle, nomb. 149.

2.º *Le FAUX* nom, *pris frauduleusement dans un acte notarié*. par celui qui ne sait pas écrire, *et qui oblige sous ce nom une personne tierce et non comparante à l'acte, constitue le crime de faux·*

Par un *faux nom pris dans un acte notarié*

En vain soutiendrait-on : que ce fait ne constitue point le crime de faux; et dirait-on que ce crime ne peut être commis que de deux manières;

Primo, par les notaires eux-mêmes, dans les actes qu'ils reçoivent.

Secundo, par la contrefaçon ou l'imitation parfaite, des signatures apposées au bas de ces actes, par l'altération des clauses qui y sont écrites, par la substitution d'autres clauses, au moyen de procédés chimiques : celui qui ne sait pas écrire, ne peut employer aucun de ces moyens; il ne peut être condamné aux peines prononcées contre ceux qui sont convaincus du crime de faux commis en écriture publique.

On répondrait, *avec M. MERLIN*, « si ce raisonnement était fondé, nous aurions de grands reproches à faire au code pénal; car, il aurait oublié un des crimes les plus dangereux et les plus faciles à commettre dans les grands villes. »

« Un particulier se présente chez un notaire ou dans un greffe; il y passe un acte sous un nom qui n'est pas le sien, il déclare qu'il ne

---

an 13 et 14, p. 445. — Pour le passage qui est entre la paranthèse, 27 *Frim. an XIII.* Cass. *DELON et CORAN-SON.* Bul. de la Cour, an 13 et 14, p. 105.

Par faux nom pris dans un acte notarié. sait pas signer, et dans le fait il ne signe pas; par cet acte, il oblige. il spolie un individu qui ignore l'usage que ce scéléra fait de son nom; et cependant, à entendre le raisonnement ci-dessus, il n'y aurait point de faussaire, il ne pourrait pas y avoir de poursuite. »

« C'est assurément le comble de la déraison : comment l'individu dont la personne est obligée, dont les biens sont aliénés ou hypothéqués par cet acte fait à son insçu, parviendra-t-il, soit à se dégager des obligations qu'il lui impose, soit à faire cesser les hypothèques dont il le grève, soit à conserver les biens dont il le dépouille? à coup-sûr, il n'y pourra parvenir, qu'en faisant déclarer cet acte faux; et il ne pourra le faire déclarer tel, que par une procédure en faux principal ou par une inscription de faux incident. Mais peut-il exister un faux, sans qu'il y ait au moins un faussaire? et la justice peut-elle acquérir la preuve du faux, sans en poursuivre, sans en punir l'auteur? »

« Notre législation, au surplus, n'est pas, à cet égard, aussi muette que le raisonnement ci-dessus le suppose. Il existe un décret de la convention nationale, du 19 brumaire an II, qui, *attendu que le code pénal prononce des peines contre le vol, le crime de* FAUX *en écritures authentiques et publiques,* déclare qu'il n'y a pas lieu à délibérer sur une lettre du Ministre de la justice, qui demandait, au nom d'un tribunal criminel, de qu'elle peine était passible celui, qui était convaincu d'avoir vendu six billes de faux or, pour de l'or, et d'avoir souscrit à l'acquéreur un billet de garantie, sous un autre nom que le sien. »

Enfin, on opposerait l'opinion conforme de la cour, laquelle déclare ;

« Que c'est commettre un faux en écriture
» publique, que de se présenter chez un no-
» taire, et d'y faire rédiger un acte obliga-
» toire, sous un nom étranger. » (1)

En principe, « d'après les lois pénales, un
» faux quelconque ne devient réellement un
» crime que quand il a été commis mécham-
» ment ; il en est de même de la complicité
» qui ne devient criminelle que quand celui
» qui a fait usage de la pièce fausse, l'a fait
» dans l'intention du crime ; .. c'est pourquoi
» dans le cas de prévention de faux, il est
» préalable, de la part des juges, de recon-
» naître et de déclarer que l'auteur ou le
» complice du faux a agi méchamment et
» dans l'intention du crime. (2)

« Cette circonstance de moralité est néces-
» saire et exigée par l'art. 41 du tit. 2, part. 2,
» livre 2 du code pénal, pour constituer le
» crime de faux. » (3)

Il ne peut s'établir que parce qu'il y a de personnel à l'accusé dans ce qui constitue le faux, ou l'emploi d'une pièce fausse (*)

« La seule imputation ou accusation d'un
» délit de la nature de ceux dont la connais-

Regles
générales.

---

(1) 8 *Messid. an IX.* Rej. *Vandenboct.* Jour. des Aud. an 14 et 1806, p. 204.

(2) 14 *Therm. an XII.* Cass... Jour. id. an 13, S. p. 7. — Jur an 14 et 1806, p. 215. — Bul. de la Cour, an 12, part. crim. p. 292.

(3) 3 *Messid. an XII.* Cass. d'office. Bul. de la Cour, an 12, part. crim. p. 243.

(*) Voyez au *Traité de compétence,* p. 162, n.° 4, premier alinéa.

» sance est attribuée aux tribunaux spéciaux
» (le crime de faux), n'est pas un motif suf-
» fisant pour autoriser leur compétence, s'il
» n'existe pas dans la procedure, des char-
» ges capables d'établir une prévention contre
» l'accusé. » (1)

Les juges sont tenus d'instruire sur toutes
les ramifications de cette espèce de délit : c'est-
à-dire que « si le Gouvernement destitue un
» administrateur, comme prévenu d'avoir
» vendu de faux certificats de remplacement
» à des conscrits, et ordonne qu'il soit informé
» contre les auteurs, fauteurs et complices du
» délit dont est prévenu cet administrateur; »
Cela « emporte l'obligation pour les tribu-
» naux d'instruire sur toutes les ramifications
» et accessoires de ce delit, sur les moyens
» pratiqués pour le commettre avec plus de
» facilité, et notamment sur les faux commis
» à cet effet dans les registres de l'adminis-
» tration. »

Ainsi « les juges en séparant arbitrairement
» les branches du délit dénoncé par le Gou-
» vernement, et notamment ce qui est rela-
» tif aux faux commis dans les registres de
» l'administration; en déclarant qu'ils ne s'oc-
» cuperont pas, quant à présent, des délits
» autres que ceux, qui sont compris dans
» l'arrêté du Gouvernement, lorsque l'instruc-
» tion a procuré la connaissance de plusieurs
» delits. autres que ceux relatifs à des cons-
» crits, parce que ces délits, quoique de sem-
» blable nature, n'auraient pas entr'eux de

____

(1) 20 *Février* 1806 Rej. d'office. Jour. des Aud. an
14 et 1806, p. 227.

» connexité,

» connexité, pour ne s'occuper, quant à pré-
» sent, que de la vente de faux certificats de
» remplacement, violeraient la loi et com-
» mettraient un excès de pouvoir. » (1)

D'ailleurs, « si le prévenu soutient avoir agi
» sans mauvais dessein, le silence gardé par
» la cour criminelle et spéciale sur ce point
» décisif, qui peut seul constituer le crime de
» faux, dans le sens du code pénal, laisse né-
» cessairement un doute dans l'esprit, qui ne
» permet point aux juges de se déclarer com-
» pétens pour juger de la prévention portée
» contre ce prévenu. » (*)

Enfin, *le crime de* FAUX *doit être poursuivi
encore que la pièce arguée de faux ait disparu.*

Car, « le principe que, la prévention du
» crime de faux cesse là où l'objet qui aurait pû
» le constituer s'est évanoui, est un principe
» évidemment contraire à la disposition de
» l'art. 7 du tit. 1.ᵉʳ de l'ordonnance du mois
» de juillet 1737 qui laisse à la prudence des
» juges de statuer, ainsi qu'il appartiendra,
» suivant l'exigence des cas, lorsque les piè-
» ces prétendues fausses se trouveront avoir
» été soustraites ou être perdues, ou lors-
» qu'elles seront entre les mains de celui qui
» sera prévenu du crime de faux. » (2)

3.º *En fait de* FAUX *, dont la question de com-*

---

(1) 6 *Flor. an XIII.* Cass. d'office. Bul. de la Cour, an
13 , part. crim. p. 220.

(*) Voyez au mot *Date*, en mat. crim., nomb. 1.º,
p. 184 , du 3.ᵉ vol.

(2) 28 *Therm. an XII.* Rej. d'office. Jour. du Pal. an
13 , 1. s. p. 565.

Où il y a crime de faux. pétence *est toujours soumise à la Cour de cassation, cette cour examine, en certains cas, les faits, les pièces arguées de faux, et les circonstances qui ont accompagné leur fabrication et l'usage qui en a été fait.*

En effet, « lorsque l'arrêt de compétence
» rendu par une cour de justice criminelle
» spéciale, n'a pas suffisamment précisé les pré-
» tendus faux reprochés au *prévenu*, et n'a pas
» même déclaré qu'en faisant lesdits faux, ce
» *prévenu* a agi méchamment et à dessein de
» nuire ; il devient d'une indispensable né-
» cessité pour la cour, avant de statuer sur
» cet arrêt de se livrer à l'examen des piè-
» ces arguées de faux, et au résultat de l'ins-
» truction. » (1)

4.º *Il y a également* FAUX *en écriture, lorsqu'il est commis en caractères* imprimés, peints ou gravés. (2)

Voyez au *Traité de compétence*, nomb. 144.

5.º De même, *dans la fabrication d'une fausse expédition en matière de douanes, pour faciliter une importation de marchandises prohibées.*

On a peine à concevoir, « comment des ju-
» ges spéciaux, après avoir reconnu constant
» que des expéditions ont été faussement fa-
» briquées à Brest, pour favoriser un char-
» gement de marchandises coloniales à Jersey,

---

(1) 18 *Fruct. an XIII.* Cass. d'office. Bul. de la Cour, an 13 et 14, part. crim. p. 369. —— Jour. des Aud. an 14 et 1806, p. 221. —— Cet arrêt contient des principes sur les surcharges et les renvois dans les actes.

(2) 6 *Pluv. an* XII. Cass. d'office. Jour. des Aud. an 12, p. 209.

» et leur versement dans l'intérieur de la
» France, et que des préposés aux douanes,
» un capitaine de vaisseau et des négocians
» sont auteurs, fauteurs et complices de cette
» fabrication ; les uns, pour avoir signé et
» delivré les expéditions. les autres, pour en
» avoir sciemment fait usage, ne pourraient
» pas leur appliquer les peines portées par le
» code pénal ; »

Puisque « ce ne serait, dans cette espèce, *disait M. MERLIN*, que parce que l'objet principal du procès serait un crime de faux, prévu par le code pénal :... dans ce cas ils peuvent, ils doivent même statuer à la fois, et sur le crime de faux et sur le fait d'importation frauduleuse , ... parce que sans le faux. les contrebandiers auraient manqué de moyens pour consommer l'importation , et que sans importation. le faux aurait manqué pour eux d'intérêt et d'objet. » (1)

6.º De même, « *dans l'émission par endos-*
» *sement d'effets de société, posterieurement à*
» *la dissolution de la société, ce qui présente*
» *le caractère de faux ; »*

C'est-à dire, » par le fait d'endossemens signés du nom social; depuis la dissolution de la société, et placés, au moyen d'antidates, à une époque antérieure à cette dissolution : car. l'abus fait de la signature sociale pendant la société ne constiturait pas un faux dans le sens du code pénal. » *M. MERLIN.* (2)

----

(1) 16 *Pluv. an XIII.* Cass. d'off.ce. Bul. de la Cour, an 13 et 14, part. crim p. 129.

(2) 28 *Germ. an XII.* Cass. *IMBERT et CHATAUT.* Bul. de la Cour, an 13, par. crim. p. 217. — Jour, des Aud.

7.º De même, *dans le fait d'un courtier de
change, qui antidate sur son registre une vente,
faite ou supposée faite par son intermédiaire,
pour la reporter à une époque qui la rend valable, à l'égard d'autres personnes.*

« Dans l'espèce, il y aurait véritablement
» crime de faux, sous ce point de vue, puis-
» que l'antidate serait le fait d'un officier pu-
» blic, dans l'exercice de ses fonctions, et
» qu'elle aurait pour objet de nuire, » en
donnant des droits au produit de la vente à
des personnes qui n'y en auraient point eu
sans cette antidate. (1)

8.º De même, *dans le fait d'un huissier qui
fait remetre les copies de ses exploits par son
clerc, par son fils ou autres personnes.*

Dans l'espèce « cet huissier serait prévenu de
» faux en écriture publique » lorsque les copies dont il s'agit, auraient été remises par le
fils de l'huissier, et revêtues de la matricule du
père, de la signature de ce dernier, et du
parlant aux assignés. (2)

9.º De même, « *dans le fait d'un préposé des
» douanes ou des droits d'octroi &c. dans le cas
» où les fausses énonciations reprochées au ré-
» dacteur du procès-verbal, seraient criminel-
» les et auraient eu pour objet d'établir une
» contravention qui n'aurait pas existé;* »

---

an 14 et 1808, p. 216. — Jur. an 13, p. 314. — 12 *Flor.
an XIII*, Jour des Aud. même endroit.

(1) 11 *Fruct. an XIII.* Rej. MASENEAL. Jour. des Aud.
13, p. 217.

(2) 16 *Janvier* 1806. Rej. d'office. Jour. des Aud. an
14 et 1806, p. 226. — Jur. an 14 et 1806, p. 224.

« Lorsque les faits allégués par le plaignant *Où il y a crime de faux.*
» tendraient à détruire la contravention cons-
» tatée par le procès-verbal. » (1)

Car « le Procureur impérial près le tribu-
» nal saisi de l'affaire ne peut, aux termes de
» l'art. 9, faire les diligences convenables pour
» faire statuer sur une inscription de faux
» faite contre un procès-verbal, constatant
» une fraude, que dans le cas où les moyens
» de faux, s'ils étaient prouvés, détruiraient
» l'existence de la fraude, à l'égard de l'ins-
» crivant. » (2)

10.° De même, *dans le fait de ceux qui si-
gnent de faux certificats, pour soustraire des
conscrits à l'effet de la loi :* mais ils ne sont
pas justiciables des cours spéciales.

En effet, « le délit d'avoir fait un certifi-
» cat, contenant des faits faux, donné à un
» conscrit réfractaire, dans le dessein de le
» soustraire à la conscription, est prévu par
» l'art. 56 de la loi du 19 fructidor an VI, et
» n'est pas du nombre de ceux dont la con-
» naissance est attribuée aux tribunaux spé-
» ciaux. » (3)

11.° De même, *de celui qui a fait usage d'un
faux passeport sachant qu'il était faux.*

C'est-à-dire, qu'un passeport, quoique muni
du timbre de la vignette et de la signature
reconnue du maire, (mais qui aurait été

---

(1) 20 *Février* 1806. — Voyez ci-devant page 162.

(2) 26 *Flor. an XIII.* Rej. Balegno. Jour. des Aud.
an 13, p. 132.

(3) 20 *Février* 1806. Rej. d'office. Jour. des Aud. an
14 et 1806. p. 228.

rempli et appliqué à l'individu dont il s'agit)
est faux, s'il est reconnu qu'il n'a été délivré
à celui-ci aucun passeport par ce maire ;

En effet, « cet individu serait prévenu d'être
» auteur ou complice de la fabrication d'un
» faux passeport, délit dont la connaissance
» est attribuée aux tribunaux spéciaux. par
» l'art. 2 de la loi du 23 floréal an XII. » (1)

Ou il n'y a pas crime de faux.

12.º *Il n'existe point de* FAUX. *dans le sens de la loi, dans les faits qui suivent :*

De la part de celui qui emploie un faux nom dans toute autre occasion que par écrit ;

Car « l'emploi d'un faux nom ne constitue
» le faux, que l'orsqu'il est fait par écrit,
» ainsi qu'il resulte de la loi du 7 frimaire
» an II ; »

Mais non à l'égard de celui qui est seulement prévenu d'avoir fait usage d'un acte de
naissance, qu'il savait n'être pas le sien, et
avoir emprunté le nom porté dans cet acte, en
qualité de remplaçant d'un conscrit :

Puisque cet individu ne serait « point pré-
» venu d'avoir fait emploi des faux noms par
» lui pris, et de l'acte de naissance produit
» à l'appui de son mensonge, dans un acte
» quelconque civil ou militaire. » (2)

13.º De même. *de celui qui prend un nom supposé à l'aide d'un passeport et d'un acte de naissance dont la vérité est reconnue par*

---

(1) 4 *Fruct. an XIII.* Rej. d'office. Jour. des Aud.
an 14 et 1806, p. 213.

(2) 29 *Messid. an XIII.* Cass. d'office. Bul. de la Cour,
an 13, part. crim. p. 323. — Jour. des Aud. an 14 et 1806,
p. 206.

le maire qui reconnaît avoir véritablement délivré et signé ces pièces.

En effet, « ces faits ne caractérisent pas un
» faux, ni l'emploi fait sciemment de pièces
» fausses : d'où il suit que les juges spéciaux
» seraient fondés à se déclarer incompétens ; »
et à renvoyer le prévenu devant la police
correctionnelle. (1)

14.º De même, *de celui qui fabrique un
cerificat de bonne conduite, contenant des énonciations mensongères :*

« Quand cet individu aurait réellement fa-
» briqué un certificat de bonne conduite, en
» faveur d'une autre personne, et que ce
» certificat contiendrait un mensonge évi-
» dent. ce ne pourrait être qu'une simple im-
» moralité, et non un véritable faux, sur-tout
» si rien n'annonçait que le certificat dont il
» s'agit, ait été fabriqué sous d'autres noms
» que celui de cet individu lui-même. » (2)

15.º De même, *ceux qui supposent des titres de créance pour cacher tout ou partie de
la fortune d'un débiteur.*

C'est-à-dire, que dans le cas où, pour frau-
der mes créanciers, je suppose avoir reçu de
mon beau-père, la somme de 20000 fr., constituée en dot par celui-ci à sa fille, et qu'en
outre je lui dois une somme de 10000 fr. ; si

---

(1) 26 *Vend. an XIV.* Rej. d'office. Jour. des Aud. an
14 et 1806, p. 212. — 16 *Germ. an XII.* Bul. de la Cour,
an 12, part. crim. p. 158.

(2) 9 *Messid. an XII.* Cass. d'office. Jour. des Aud. an
14 et 1806, p. 215. — Bul. de la Cour, an 12, part.
crim. p. 246.

*Où il n'y a pas
crime de faux.*

je compromets avec mon beau-père. sur un notaire en qualité d'arbitre, qui supposant la contestation réelle entre nous. pour les 10000 fr. en question . me condamne à les payer ; la quittance notariée, reçue par le même notaire pour les 20000 fr., et le jugement qu'il aurait rendu comme arbitre. ne constitueraient point contre moi , contre mon beau-père. ni contre le notaire, la matière d'une poursuite en faux ; lorsque d'ailleurs rien ne constaterait que ces actes aient été suivis d'un commencement d'exécution , dans l'intention de frustrer mes créanciers :

En « effet. d'après les circonstances parti-
» culières de la cause, la cour de justice cri-
» minelle spéciale pourrait déclarer qu'il n'y
» aurait pas crime de faux , sans contrevenir
» à aucune loi. » (1)

16.º De même, *de celui « qui serait prévenu*
» *d'avoir ajouté. en l an VI, après coup, sur*
» *un exploit (après la signification) la men-*
» *tion de la patente de l'huissier : »*
Car « d'après les lois civiles en vigueur à
» cette époque, le défaut de mention de la
» patente n'entraînait pas la nullité de l'ex-
» ploit ; par conséquent l'addition après coup
» de cette mention, ne présentait pas un faux
» de la nature de celui prévu par le code pé-
» nal. » (2) Cette régle est applicable à d'autres cas suivant l'analogie des faits.

17.º De même, *dans les énonciations men-*

---

(1) 12 *Flor. an XIII.* Rej. d'office. Jour. des Aud. an 14
et 1806. p. 224.

(2) 9 *Janvier* 1806. Jour. des Aud. an 14 et 1806 , p. 225.

*songéres qui peuvent se rencontrer dans les pro-
cès-verbaux des gardes forestiers, des préposés aux douanes aux droits d'octrois, etc.*

Voyez ci-dessus le nombre 19 , pag. 164.

18. De même , *de celui qui a fabriqué un
» écrit sous seing-privé ne contenant ni obli-
» gation , soit à son profit soit au profit d'une
» autre personne : mais dont l'objet est de fa-
» ciliter une escroquerie.*

Voyez au mot *Escroquerie*, nomb. 2, pag.
105 précédente.

19.º De même, *de celui qui, en vertu d'une
fausse procuration, touche des sommes au nom
du prétendu mandataire, mais pour le compte
de ce dernier.*

Car, « si cet individu a commis un faux,
» s'il en résulte en même temps , qu'il ne l'a
» commis que pour toucher un-à-compte sur
» ce que lui devait la personne dont il a imité
» et contrefait la signature ; alors il ne pou-
» vait en résulter aucun préjudice pour elle ,
» d'où il suit que la cour de justice criminelle
» spéciale peut se déclarer incompétente. » (1)

20.º De même. *de celui qui dans l'acte de
naissance de son enfant , suppose son mariage
entre lui et la mère de l'enfant.*

Voyez au *Traité de compétence*, part. criminelle , nomb. 25.

21.º De même, *de celui qui se fait délivrer
et signer sous un faux nom un passeport.*

____

(1) 13 *Therm. an XII.* Rej. d'office, Jour. des Aud.
an 14 et 1806, p. 207.

Voyez même *Traité*, partie id. nomb. 24, et le mot *Passeport.*

FAUX *témoignage.*

De sa définitition.

1.º « *Faux* témoignage. ne peut s'entendre
» que des dépositions *faites en la cause d'au-*
» *trui ; il ne peut s'appliquer au délit commis*
» *par celui qui altère la vérité dans sa propre*
» *cause.* »

Il n'y a point crime de faux de la part de celui qui, appellé à répondre devant le juge civil, sur faits et articles ou sur autres inter-pellations, y a fait des réponses contraires à la vérité.

C'est ce « qui résulte des anciennes lois; de
» la loi 16 au digeste, DE TESTIBUS, portant,
» *QUI FALSA VEL VARIA TESTIMONIA DIXE-*
» *RUNT, VEL UTRIQUE PARTI PRODIDERUNT..*
» *PUNIUNTUR ;* la loi 10 au code DE TESTIBUS,
» n'admettant pas le témoignage d'une per-
» sonne en sa propre cause, *OMNIBUS IN RE PRO-*
» *PRIA DICENDI TESTIMONII FACULTATEM JURA*
» *SUBMOVERUNT ;* le parjure, qui comprenait
» les affirmations mensongères faites en jus-
» tice, a toujours été distingué du crime de
» faux témoignage; les ordonnances des em-
» pereurs, celles des rois de France, particu-
» lièrement les capitulaires, et les ordonnan-
» ces de 1452 et 1531 ont maintenu cette dis-
» tinction; cette dernière ordonnance pronon-
» çait la peine capitale contre les faux té-
» moins, tandis que la peine du parjure,
» d'abord afflictive, puis modifiée, et res-
» treinte à des amendes et restitutions, était
» devenue arbitraire; les arrêts recueillis par

» Boniface, Papon et le journal des audiences,
» ainsi que les opinions des criminalistes, at-
» testent également la distinction de ces deux
» genres de delits. »

« Dans cet état de la jurisprudence, le
» code pénal ayant placé seulement le faux
» témoignage au nombre des crimes, ce délit
» est maintenant susceptible de la poursuite
» criminelle, qui n'est plus applicable au
» parjure; »

Or, » s'il s'agit d'une prévention de fausseté
» dans les réponses d'une partie, appellée
» comme défenderesse devant la justice de
» paix; le serment qui lui serait déféré (en
» vertu de la loi) ne constituerait pas même
» le serment *LITIS DECISORIUM*, s'il était ac-
» cordé par le juge un délai pour chercher la
» preuve ultérieure, et ne pourrait porter les
» caractères du faux témoignage prévu par
» l'article 47 du code pénal : ainsi, il y aurait
» dans la poursuite criminelle, qui aurait eu
» lieu pour ce fait, fausse application des dispo-
» sitions dudit code et de celles de la loi du 3
» bru. an IV, qui en sont la conséquence. » (1)

2.º *FAUX* témoignage (*le*) *est du nombre
des crimes dont les cours criminelles spéciales
ne peuvent connaître.*

*De la
compétence.*

En effet « tous délits de faux témoignage
» dans un débat criminel (ou civil) est oral :
» ainsi il ne peut pas être rangé dans la ca-
» thégorie des délits de faux, attribués aux

---

(1) 22 *Pluv. an XI.* Cass. *FERINGS et GENER.* Bul. de
la Cour, an 11, part. crim. p. 152.

» cours criminelles spéciales par l'art. 2 de la
» loi du 23 floréal an X. » (1)

Quand il y a lieu a des poursuites, pour ce fait.

3.° « *Pour Faux témoignage (pour qu'il y*
» *ait lieu à poursuite), en matière criminelle,*
» *il faut qu'il soit intervenu une accusation,*
» *et que le faux témoignage ait été donné pos-*
» *térieurement à l'admission de l'acte d'accu-*
» *sation ; »*

« L'article 48 du code pénal ne s'applique
» qu'à l'auteur du faux témoignage donné
» dans le cours d'une procédure criminelle; ..
» ne s'appliquant qu'aux faux témoins enten-
» dus dans les procès criminels, on doit infé-
» rer de sa disposition que tant qu'une affaire
» est sous la poursuite de l'officier de police,
» tant que le directeur du jury n'en est pas
» saisi en sa propre qualité, que tant que le
» directeur du jury n'a pas traduit le prévenu
» devant le jury d'accusation, il n'y a pas
» matière à faux témoignage en procès crimi-
» nel. » (2) Voyez *Témoignage.*

« La circonstance que la déclaration du té-
» moin aurait été faite et reçue sous le sceau
» du serment, ne changerait rien à la nature
» du fait, puisque la loi n'autorise pas le di-
» recteur du jury à faire observer cette for-
» malité. » (3)

« Les précautions que prend la loi pour as-
» surer la vérité des déclarations devant les

---

(1) 21 *Brum. an XI.* Cass. *Lacabanne.* Bul. de la Cour,
an 11, part. crim. p. 63. — Jour. du Pal. an 11, 1. s. p. 342.

(2) 19 *Messid. an VIII.* Cass. *Petermann.* Bul. de la
Cour, an 8, part. crim. p. 226. —— sur notice, p. 302.

(3) 3 *Therm. an XI.* Cass. *Frères Baussard.* Bul. de
la Cour, an 11, part crim, p. 315.

» tribunaux criminels, en exigeant la presta-
» tion de serment devant ces tribunaux, ne
» sont point exigées pour les déclarations fai-
» tes dans l'instruction préparatoire. » (1)
Enfin « il ne peut, sous peine de nullité,
» être dressé d'acte d'accusation que pour dé-
» lit emportant peine afflictive ou infamante,
» et aucune disposition de loi ne prononce au-
» cune peine de cette nature en cas de fausse
» déclaration devant un directeur du jury. »
(2)

FAUX *poids*.

FAUX poids *(est vendeur à) celui qui expose
en vente des marchandises, qui n'ont pas le
poids annoncé, et que l'on est dans l'usage de
prendre sur l'étiquet ou sur la déclaration du
marchand.*

Par exemple: « s'il s'agit d'exposition en
» vente de paquets de chandelles annoncés,
» pour peser chacun cinq livres, et qu'il est
» d'usage de prendre de confiance pour le
» poids annoncé; ce cas est aussi bien celui
» prévu par l'art. 22 de la loi du 19 juillet 1791,
» que celui de la vente avec de faux poids. »
(3)

FEMME.

1.º *FEMME (la) qui, en vertu de la procu-*

---

(1) 19 *Brum. an XII.* Cass. *VIGNIER.* Bul. de la Cour,
an 12, part. crim. p. 22. V. *Déclaration* de témoins.

(2) 22 *Messid. an XIII.* Cass. *BAUCHAT.* Bul. de la Cour,
an 13, part. crim. p. 308.

(3) 27 *Germ. an X.* Cass. *RORÉ.* Bul. de la Cour, an 10,
part. crim. p. 298.

De ses
obligations.

ration de son mari , a vendu audit nom et en son nom personnel un heritage de son mari, n'a point contracté valablement.

C'est-à-dire, qu'une pareille vente , faite en pays de droit écrit , doit ètre considérée comme intercession réprouvée par le sénatus-consulte vélleïen.

Parce, que « dans l'espèce, l'obligation de
» la femme n'est qu'accessoire et d'interces-
» sion, pour consolider celle de son mari, dans
» une affaire qui était celle de son dit mari
» et non la sienne propre ; cette obligation
» était de la nature de celles contre lesquelles
» le sénatus-consulte vélleïen avait voulu se-
» courir les femmes de façon que , selon les
» expressions de la loi 1.re ff. *AD SENTUS. C.*
» *VÉLLEYAN.* , elles ne pussent s'obliger pour
» qui que ce soit . *NE PRO ULLO INTERCEDE-*
» *RENT ;* s'il y avait des cas où les obligations
» des femmes étaient maintenues par les lois,
» bien qu'elles dussent tourner à l'avantage
» d'autrui, c'était par des motifs particuliers
» à ces cas , et sur-tout parce que les obligations
» des femmes y étaient directes et principales;
» il n'importait pas que l'obligation principale,
» à laquelle l'intercession d'une femme avait
» accédé , fût , comme dans l'espèce présente ,
» déclarée nulle; l'intercession ne prenait pas
» pour cela le caractère d'une obligation prin-
» cipale, mais demeurait ce qu'elle avait été
» dans son principe, inutile selon la loi 8, même
» lorsque le principal obligé n'aurait pû con-
» tracter : *SI MULIER PRO EO INTERVENIT . QUI,*
» *SI CUM IPSO CONTRACTUM ESSET , NON OBLI-*
» *GARETUR.* » (1)

____

(1) 2 *Mess. an IV.* Cas. *Veuve LAGARDE.* Jur. notice , p. 82.

2.º *Femme* (*la*) veuve *qui s'est remariée,* intra luctûs annum, *dans les parties de la France anciennement régies par le droit écrit, sous l'interrègne de la loi du* 17 *nivôse an II. a perdu les avantages qu'elle tenait de la libéralité de son époux.*

En vain dirait-on : la loi du 17 nivôse an II a modifié la loi 2 cod. *DE SECUNDIS NUPTIIS,* ainsi que celles relatives au divorce.

En effet, « loin de violer ladite loi 2, cod. » *DE SECUND. NUPT.* les juges en applique- » raient littéralement la disposition, en annul- » lant une institution universelle faite en fa- » veur d'une femme par son premier mari, » pour s'être remariée avant l'année du deuil; » les lois de nivôse et de floréal an II sur le » divorce ne sont pas applicables hors de leur » cas : »

« Ainsi, en annullant cette institution uni- » verselle d'héritier, les juges n'auraient pas » violé l'art. 12 de la loi de nivôse, relatif » seulement aux dispositions de l'homme et » non à celles de la loi dont il s'agit unique- » ment dans l'espèce, et ils n'auraient pas » violé formellement l'art. 61 de la même » loi. » (1)

3.º *Femme* (*la*) veuve *tutrice de ses enfans décédés en pupilarité, sous l'empire des lois romaines, depuis la loi du* 17 *nivôse an II, n'a pû leur succéder, lorsqu'elle s'était remariée sans leur avoir fait nommer un tuteur.*

C'est-à-dire, que la loi du 17 nivôse n'a

Perte de ses avantages.
Droit romain.

Indignité, en fait de succession.
Droit romain.

---

(1) 3 *Brum. an IX.* Rej. *Dame LAFON.* Jour. du Pal. 1806, 1. s. p. 37. —— Jur. notice. p. 353.

Indignité en fait de succession.

Droit romain.

point fait cesser l'indignité prononcée, dans ce cas, par les lois romaines.

Vainement cette femme dirait-elle : l'art. 69 de la loi du 17 nivôse appellait le survivant des père et mère à recueillir la succession du dernier de ses enfans décédés sans postérité : cette loi réduit au silence l'authentique *EIS-DEM PŒNIS*, et autres lois romaines, qui attachaient la peine d'indignité au cas dont il s'agit ; le code civil lui-même n'a point adopté le système pénal dont les législateurs précédens avaient affranchi les mères remariées en pays de droit écrit.

On lui répondrait : « les articles 61 et 69 de
» la loi du 17 nivôse an II. qui règlent les dif-
» férens ordres de transmission de biens à ti-
» tre héréditaire, n'ont aboli, ni d'une ma-
» nière expresse, ni tacitement, les lois parti-
» culières relatives aux exclusions de person-
» nes pour causes d'indignité prévues par les
» lois romaines, parce que les règles généra-
» les ayant pour objet les transmissions héré-
» ditaires. ne peuvent ni abroger ni détruire
» d'autres lois portant des exceptions particu-
» lières, au préjudice de certaines personnes
» que la loi punit, en certains cas, par la pri-
» vation de leurs droits ; »

« Conformément à ce principe, tout ainsi
» que la novelle 118, en appellant les ascen-
» dans à la succession de leurs descendans
» morts sans postérité, cet ordre de succé-
» der n'empêchait pas que les mères fussent
» privées de la succession de leurs enfans morts
» en âge de pupilarité. lorsqu'étant leurs tu-
» trices, elles se remariaient, sans leur avoir
» rendu compte préalable de leur adminis-
» tration, et sans les avoir fait pourvoir d'un
» nouveau

» nouveau tuteur ; de même aussi lesdits
» articles 61 et 69, en ne statuant, ainsi
» que la novelle 118, que sur les droits de
» transmission héréditaire, n'avaient pas eu
» la force d'abroger et d'abolir la loi 6, *cod.*
» *AD SENATUS CONSULT. TERTULL.*, le chapitre
» 40 de la novelle 22, et l'authentique *EISDEM*
» *PŒNIS, COD DE SECUNDIS NUPTIIS*, qui pro-
» noncent l'exclusion desdites mères de la
» succession de leurs dits enfans, décédés en
» âge de pupilarité, dans les cas prévus par
» lesdites lois.

D'où il suit que, dans l'espèce, en déclarant ladite femme déchue de l'hérédité de
ses enfans morts en âge de pupilarité, « les
» juges auraient fait une juste application
» desdites lois, et ne seraient point contre-
» venu aux lois nouvelles. » (1) Voyez *Indignité.*

Voyez à l'égard des diveses questions où
les femmes peuvent avoir quelqu'intérêt, les
notes marginales, qui subdivisent ce Dictionnaire, et principalement le *Traité de compétence*, les mots *Action, Avantages* entre époux,
*Autorisation des femmes, Communaute, Con-
quèts, Divorce, Dommages-intérêts, Don
mutuel, Dot, Emigration, Excès, Indignité,
Témoins ; et la Table générale qui termine le
le dernier volume de ce recueil.*

FÉODALITÉ.

Les matières féodales étant maintenant d'un
très-foible intérêt, ou au moins d'un usage

---

(1) 24 *Fruct. an XIII.* Sect. réunies Rej. *COMBRE.* Jour,
du Pal. 1806, 1. s. p. 81. — Jur. an 14 et 1806, p. 85.

rare, nous n'avons pas pensé devoir réunir ici les principes sur la féodalité : cependant on trouvera les principales maximes sur cette matière aux mots *Abolition*, *Cens*, *Champarts*, *Dépens*, *Remboursement*, *Rentes* et autres; il faut faire attention aux notes marginales indicatives des matières féodales.

FERMAGES. FERMIERS. Voy. *Bail*, *Cheptel*, *Jouissance*, *Redevances*, *Remboursement*, *Résiliation*.

FIEFS. Voyez *Communes*, *Redevances*, *Suppressions*.

FILS. Voyez *Action* domestique, *Enfans*.

FINS *de non-recevoir.*

Exception, par laquelle on soutient que la partie adverse ne doit point être reçue dans sa demande ou à intenter une action.

La manière dont elles doivent être proposées, est réglée par le code de procédure.

Voyez *Action*, *Exception* et les mots indicatif des matières qui peuvent être proposées comme fins de non-recevoir.

FLÉTRISSURE.

Pour fait de récidive.   1.° *La peine de la* FLÉTRISSURE *ne doit être appliqué, pour fait de récidive, que dans le cas où le crime, à raison duquel l'accusé a été repris de justice la première fois, est encore qualifié tel par les lois actuelles.*

Par exemple: « s'il s'agit d'un vol de mou» choir dans une salle de spectacle, ce délit

» est prévu par l'art. 4 de la loi du 25 frimaire
» an VIII; »

« L'article 15 de cette loi en ordonnant,
» que les délits qu'elle énonce seront, en cas
» de récidive, punis des peines portées par le
» code pénal, ne parle que des peines précé-
» demment portées par ce code contre ces dé-
» lits; il ne comprend point dans le nombre
» de ces peines celle de la flétrissure, puis-
» qu'il ne l'exprime point, cette peine n'ayant
» été établie que par la loi du 23 floréal an X
» pour cause de récidive. qu'au cas où le dé-
» lit pour lequel l'individu aurait été repris
» de justice avant de récidiver, se trouverait
» qualifié crime par les lois existantes actuel-
» lement. » (1)

« D'où il suit qu'une cour de justice cri-
» minelle ferait une fausse application de la-
» dite loi pénale, en ordonnant qu'un indi-
» vidu. précédemment repris de justice pour
» fait que les lois actuelles ne qualifient pas
» crime. soit flétri sur l'épaule gauche de la
» lettre R. » (2)

C'est ainsi « qu'il n'y a pas lieu à la flétris-
» sure ordonnée par la susdite loi du 23 flo-
» réal an X, contre celui qui. en l'an IV, a
» été condamné à huit ans de fers, pour vol
» par lui commis dans une auberge où il était
» logé, (et remis en jugement pour autre vol,
» en germinal an XIII,) ce vol étant devenu
» un délit correctionnel, par l'art. 3 de cette

---

(1) 26 *Pluv an XIII* Cass. d'office. Bul. de la Cour, an
13 et 14, part. crim. p. 161.

(2) 9 *Vent. an XIII*. Cass. d'office. Bul. de la Cour,
idem, p. 175.

» loi, il n'est donc plus qualifié crime par les
» lois actuellement existantes. » (1)

2.º *La peine de la* FLÉTRISSURE *doit être
prononcée par le même arrêt qui prononce la
condamnation principale.*

C'est-à-dire, que celui qui a été condamné,
en messidor an XIII, aux fers pour vol par lui
commis de nuit sur plusieurs personnes, n'a
pas dû être condamné en thermidor suivant
à la flétrissure; encore que les renseignemens
sur la première condamnation de cet individu à la même peine pour semblable crime,
ne seraient parvenus au Procureur général
que postérieurement à l'arrêt de messidor.

En effet, « l'art. 1.ᵉʳ de la susdite loi de flo-
» réal an X, s'applique au cas où le second
» crime est à juger en même temps que la
» récidive, et non à celui où la cour crimi-
» nelle, dans l'ignorance de cette récidive,
» a consommé son droit par l'application de
» la peine au crime énoncé dans l'accusation,
» quand tout est jugé relativement à l'accu-
» sation intentée contre cet individu. » (2)

FONCTIONNAIRES *publics.*

1.º « *FONCTIONNAIRE* public (*l'abus d'un*)
» *français, dans l'exercice de ses devoirs, en
» pays étranger, ne peut être poursuivi que
» pardevant un des tribunaux de l'empire
» français, les plus voisins du lieu du délit.* »

____

(1) 19 *Flor. an XIII.* Cass. MAST. Bul. de la Cour, an
13 et 14, part. crim. p. 235.

(2) 18 *Fruct. an XIII.* Cass. ARNAUD. Bul. de la Cour,
idem, p. 375.

Voyez *Agent* du gouvernement, nomb. 1.

2.º *FONCTIONNAIRE* public (*un*) *ne peut être incriminé par suite d'une procédure qui ne lui est pas personnelle.*
Voyez au *Traité de compétence*, part. crim. nomb. 133, *Acte* d'accusation, nomb. 4, et le mot *Action* en matière criminelle.

3.º *FONCTIONNAIRES* publics (*les*) *qui donnent avis aux officiers de police des délits dont ils acquièrent la connaissance, ne peuvent être exposés à des dommages intérêts à l'égard des prévenus.*
Voyez *Dénonciateur*, nomb. 2, p. 254 du 2.ᵉ volume.

4.º *FONCTIONNAIRES* publics (*les*) *ne peuvent être poursuivis pour raison des délits qu'ils commettent dans l'exercice de leurs fonctions, sans une autorisation préalable.*
Voyez *Autorisation*, en matière criminelle, au 2.ᵉ volume.

FORESTIERS. FORÈTS.

Voyez les mots *Action* forestières, *Affirmation*, *Bois*, *Communes*, *Délits* forestiers, *Gardes* forestiers, *Nullité*, *Prescription*, *Procès-verbaux*, *Rapport*, et autres relatifs soit aux forêts soit aux agens forestiers.

FORFAIT. Voyez *Communauté* à forfait.

FORFAITURE. Voyez *Prise-à-part ie.*

FORMALITÉS.

1.º *FORMALITÉS* (*les*) *voulues, par les anciennes lois, au moment de la confection d'un*

Lois anciennes.

Testament.
Code civil.

testament, sont les seules qui puissent prouver la volonté du testateur ; même dans le cas où la succession serait ouverte sous l'empire du code civil ;

C'est ainsi « qu'un testament et un codicile » faits à Bruxelles (en nivôse an IX et ven- » tôse an X), conformément aux formalités » prescrites par l'édit perpétuel de 1611 , qui » régissait la Belgique au moment de leur » confection, » a dû être déclaré valable, quant à la forme en prairial an XI; « cet édit » n'ayant cessé d'être la loi du pays sur cette » matière, que par la promulgation de la loi » du 13 floréal an XI, qui fait partie du nou- » veau code civil. »

Car , « quant à la forme des actes , ils sont » et restent réguliers , lorsqu'ils sont revêtus » de toutes les formalités prescrites par les » lois en vigueur dans le moment de leur con- » fection , encore que ces formalités fussent » par la suite changées ou modifiées par des » nouvelles lois; ces lois ne disposant que pour » l'avenir. et ne pouvant avoir d'effet rétroac- » tif, ainsi qu'il est dit dans l'art. 2 du titre » préliminaire du code civil. » (1)

Hypothèques.
Pays de nantissement.

2.º *FORMALITÉS (les) usitées en matière d'hypothèque avant la loi du 11 brumaire an VII, ont assuré à l'acquéreur d'un immeuble , qui les avait observées , la propriété de l'immeuble par lui acquis.*

L'acquéreur par acte de frimaire an VII, qui a fait enregistrer son contrat au greffe du

------

(1) 1.ᵉʳ *Brum. an XIII.* Rej. *Dame* DEVILLERS. Jour. du Pal. an 13. 2. s. p. 353. —— Jur. an 13. p. 55. —— Jour. des Aud. an 13, p. 81.

tribunal civil de la situation des biens, conformement à la loi de sept. 1790, doit obtenir la préférence sur l'acquéreur du même objet qui n'a fait transcrire son contrat d'acquisition qu'en ventôse an VIII.

Parce que, d une part, « l'article 55 de la loi
» du 11 brumaire an VII, autorisait provisoi
» rement à transcrire dans les bureaux précé
» demment établis jusqu'à l'organisation des
» bureaux déterminés par cette loi:

Et que « d'autre part, il est entendu que
» cet acquéreur a prouvé qu'à l'époque de
» sa transcription, les bureaux de la conser
» vation n'étaient point encore établis;

» D'ailleurs, d'après la loi de 1790, la trans
» cription aux greffes des tribunaux civils
» consolidait la propriété dans les pays de
» natissement. » (1)

Les principes ci-dessus rapportés nous paraissant suffisant pour établir le maintien des formalités, exigées par les anciennes lois à l'égard des actes, nous invitons le lecteur à consulter les mots indicatifs de la matière à laquelle il prend intérêt.

FOURNISSEURS *du Gouvernement.*

FOURNISSEURS (les) du Gouvernement, qui ne sont ni ses régisseurs ni ses agens, sont justiciables de l'autorité judiciaire, pour raison des sous-traités qu'ils ont souscrits.

Voyez au *Traité de compétence,* en matière civile, nomb. 46; *Agent* du Gouvernement,

---

(1) 15 *Messid. an XII.* Rej. *Créanciers L...* Jour. du Pal. an 12, Coll. p. 501.

nomb. 2, pag. 119 du deuxième vol., et les notes marginales de ce recueil.

FRAIS.

FRAIS (les) d'une procédure, *ou dépens, qui doivent être adjuges à la partie qui gagne son procès*, sont règles par le code de procédure :

Ceux de voyage, *ou de déplacement*, sont aussi réglés par le même code : c'est pourquoi nous ne nous occuperons de cette matière que dans les volumes des années postérieures.

En matière criminelle, voyez *Dépens.*

FRANÇAIS.

A l'égard des français qui contractent avec des étrangers, voyez *Etrangers.*

A l'égard de ceux passés à l'étranger, voyez *Absens*, *Emigrés*, *État civil.*

FRAUDE.

FRAUDE (la) soupçonnée ou *vaguement alléguée contre un titre authentique n'en peut suspendre l'exécution.*

En effet « si l'exécution provisoire est due au
» titre authentique, nonobstant l'inscription
» de faux, à plus forte raison cette exécution
» leur est due. lorsque ces actes ne sont atta-
» qués que sur des simples soupçons de fraude
» vaguement allégués, et lorsque le porteur
» du titre offre de donner bonne et valable
» caution. » (1)

---

(1) 23 *Brum. an XIII.* Cass. *PELLISSIER.* Bul. de la Cour, an 13 et 14, p. 49.

Voyez, *Banqueroute*, *Dol*, *Escroquerie*, *Lésion*, *Rescision*.

FRUITS.

Fruits (les) pendans par racines *sont im-* *meubles par leur nature jusqu'à ce qu'ils soient séparés du sol ;*

Mais ils deviennent meubles par la vente qui en est faite sans fraude, encore qu'ils n'aient pas été séparés du sol avant la vente.

De sorte que j'ai pû vendre la récolte de mon champ, lorsqu'elle était encore sur pied ; et mon créancier saisissant la totalité de mes biens, n'a pû se refuser à la délivrance de cette récolte, sans s'exposer à en payer la valeur à l'acquéreur.

En vain pour le soutien de la thèse contraire, s'appuirait-on du principe consacré par la loi du 11 brumaire an VII, art. 6, et de la règle : *TRADITIONIBUS, NON NUDIS CONVENTIONIBUS, DOMINIA RERUM TRANSFERUNTUR.* *L.* 20 *C. de pact.*

Il est de principe « que les fruits d'un fonds » ne sont censés en faire partie, que lorsqu'ils » sont compris dans le transport de la pro- » priété ou de l'usufruit de ce fonds, ou dans » la saisie du corps immobilier dont ils font » partie ; mais, rien ne s'oppose à ce qu'ils » soient vendus sans fraude, ou saisis à part, » et indépendamment du fonds même. »

« C'est dans ce sens qu'il faut entendre l'ar- » ticle 6 de la loi de brum. précitée, qui est » en parfaite concordance avec l'art. 520 du » code civil, et dont le texte ni l'esprit n'au- » torisent à prétendre que la vente seule des

» fruits pendans soit sujette à la transcription,
» pour pouvoir être opposée à des tiers. »

Enfin « de la garance (objet par moi vendu)
» est un fruit comme toute autre récolte, et
» la vente sur pied n'en est prohibée par
» aucune loi. (1)

Voyez le *Traité de compétence*, en matière civ., nomb. 24; *Enfans* naturels, et *Jouissance*, à l'égard des domaines nationaux vendus à des particuliers.

---

(1) 19 *Vend. an XIV*. Cass. *Michel Schott*. Jour. du Pal. 1806, 1. s. p. 65. —— Jur. an 14 et 1806, p. 65.

G

GARANT.

1.º *LE GARANT n'est point tenu des faits du prince ou de la puissance publique.*

C'est ainsi que, le survivancier d'une rente viagère qui a garanti à la première tête que sa rente n'éprouverait ni réduction, ni diminution, même par le fait du prince, ne peut être tenu de lui continuer le paiement des arrérages des deux tiers remboursés.

« En principe, le remboursement effectif
» d'une créance quelconque est un moyen
» légal d'éteindre l'obligation du débiteur
» envers les créanciers, et cette extinction
» entraîne de toute nécessité celle de l'obli-
» gation subsidiaire de garantie stipulée par
» le survivancier, au profit du créancier ori-
» ginel de la rente remboursée. parce que
» la garantie ne peut produire d'effet que
» dans le seul cas du non-paiement de la
» rente, ce qui ne peut exister dans l'hy-
» pothèse d'un remboursement effectif. »

« De l'article 98 de la loi du 9 vendémiaire
» an VI, et de l'article 6 de celle du 8 nivôse
» suivant, il résulte que le préjudice pou-
» vant résulter du remboursement des deux
» tiers en assignats, est à charge des pre-
» miers jouissant seuls, qui doivent en sup-
» porter l'événement, puisque c'est entre leurs
» mains que se fait le remboursement. » (1)

D'une rente viagère.

Assignats.

---

(1) 25 *Prair. an XI.* Cass. *GAUDOT.* Bul. de la Cour, an 11, p. 294. — Jour. du Pal. an 11, 2. s. p. 433.

D'un billet à ordre.

2.º *GARANT* (le) d'un effet de commerce, *envers le porteur*, pour le paiement de cet effet, *ne peut se refuser à cette garantie, encore qu'elle soit exercée par un autre porteur du même effet.*

Si je m'oblige envers A..., porteur d'une traite protestée sur mon frère, à garantir le paiement de cette traite, et de toujours faire satisfaire, en cas qu'il arrive quelque défaut à la suite, et que j'hypothèque pour sûreté de ce paiement ma maison, je ne peux refuser la garantie promise au cessionnaire de A... qui a reçu cette traite par la voie de l'ordre.

En vain dirais-je : que l'hypothèque consentie par moi au profit de A..., ne l'a été que pour sa sûreté personnelle, et nullement pour la sûreté de la créance.

« Il résulte des articles 3 et 33 de l'or-
» donnance de 1673, que les lettres de change
» appartiennent à ceux au profit desquels l'or-
» dre est passé ; » Voyez *Ordre.*

« Celui qui a consenti une hypothèque pour
» le paiement d'une lettre de change, doit
» être considéré comme ayant donné un
» aval ; » Voyez *Aval.*

« D'après la nature même des lettres de
» change, l'effet des sûretés données pour
» le paiement s'applique, en quelque mains
» qu'elles passent, à celui qui en est le porteur,
» à moins qu'il n'y ait stipulation contraire. »

Or, en me déchargeant de la garantie que j'aurais donnée à A..., à l'égard de son cessionnaire, « les juges violeraient les articles
» précités. » (1)

____

(1) 15 *Niv. an XIII.* Cass. *SAINT-ÉTIENNE et compag.*
Bul. de la Cour, an 13 et 14, p. 120. —— Jour. des Aud.
an 13, p. 175.

3.º *GARANT* (*le*) *en qualité de cédant d'une créance sur une personne qui a émigré depuis la cession, ne doit point être déchargé de la garantie par lui promise, à cause de l'émigration du débiteur.*

Créancier d'émigré
Cession
ou transport.

C'est-à-dire, que si j'ai fait à B... transport d'une créance sur A..., exigible en 1797, avec garantie quant à mes faits et promesses, et à la solvabilité du débiteur, avec promesse de fournir et faire valoir, et de l'acquitter à son échéance en cas de retard de paiement, après dénonciation d'un commandement fait au débiteur; l'émigration de A... en l'an VI, n'a pû me décharger de la garantie dont il s'agit.

La législation sur les émigrés a apporté des retards au remboursement « des créances » de la nature de celle dont il s'agit; et je suis » resté garant de ce retard, si je n'ai pas » été affranchi de mon obligation par la loi. »

Enfin, « le 26 germinal an VI .le conseil des » anciens a refusé de convertir en loi une ré- » solution du conseil des cinq-cents, portant que » les créanciers des émigrés solvables ne pour- » raient poursuivre les co-partageant, co- » débiteurs solidaires et cautions simples et soli- » daires des émigrés; donc, ne pouvant exciper » d'aucune loi qui ait changé ma condition, je » suis resté garant du retard de paiement. » (1)

GARANTIE.

1.º *GARANTIE* (*la*) *de toute éviction de la part d'un vendeur, envers son acquéreur, ne*

Principes généraux.

______

(1) 5 *Term. an XIII.* Cass. *BATTER.* Bul. de la Cour, an 14, p. 385.

porte que sur les évictions dont la cause, ou au moins le germe était existant avant la vente, ou de celles dont la cause, quoique postérieure, procède de son fait.

Celui qui a garanti la propriété qu'il possédait légitimement, n'est pas garant de l'éviction qui résulte des nouvelles lois, qui ont changé ou modifié les principes de la législation sur les moyens d'acquérir ou de conserver le droit de propriété.

Par exemple, si j'ai vendu en 1791, les bois qu'une commune m'avait cédés par transaction en 1765, je ne suis point responsable de l'éviction prononcée contre mon acquéreur par suite de la loi du 28 août 1792 ni de la nullité de la transaction de 1765 prononcée contre lui.

En vain cet acquéreur dirait-il : que son éviction ne porte pas uniquement sur la loi du 28 août, qu'elle a été principalement fondée sur la nullité de ladite transaction de 1765; que conséquemment elle ne serait point l'effet de la volonté impérieuse du souverain, de cette force majeure destructive de toute action en garantie.

Il suffirait de lui opposer « que les juges de » première instance et d'appel ayant décidé » en fait (sur sa demande en garantie contre » moi) que l'éviction prononcée par le juge- » ment arbitral n'a été fondée que sur la dis- » position de la loi du 28 août 1792 ; consé- » quemment qu'elle procède d'une cause pos- » térieure au contrat de vente et indépen- » dante du fait du vendeur; il suit qu'en re- » jettant, dans l'espèce, sa demande en ga- » rantie, leur jugement serait conforme aux

» principes de la matière, et ne violerait au-
» cune loi. » (1)

2.º *GARANTIE* (*la*) solidaire et absolue *de tous troubles, évictions et autres empêchemens généralement quelconques, stipulée dans un acte de vente, et promise par les vendeurs, s'étend aux évictions résultant des vices du contrat :*

Comme si l'un des vendeurs co-licitans étant interdit, on avait omis les formalités requises par la loi.

En effet « les co-licitans s'étant obligés soli-
» dairement à garantir *l'adjudicataire* non
» seulement de tous dons, douaires et hypo-
» thèques, mais encore de tous troubles, évic-
» tions et autres empêchemens ; cette clause
» générale et qui n'excepte rien, a l'effet de
» prévoir tous les genres d'éviction possibles,
» même ceux procédant des vices du contrat; »
S'il est arrivé que l'interdit, ou ses ayant cause, ait fait prononcer la nullité de ladite adjudication, pour défaut des publications usitées en pareil cas, et ait évincé l'adjudica-taire ; « cette éviction particulière doit d'au-
» tant moins être exceptée, que la stipula-
» tion d'une pareille garantie n'est défendue
» par aucune loi, ni contraire aux mœurs;
» et qu'aucun tribunal ne peut dispenser les
» majeurs de l'exécution de la loi qu'ils se
» sont eux-mêmes imposée par un contrat. »
(2)

Vente sur licitation. Éviction.

---

(1) 27 *Pluv. an XI.* Rej. GYFNOT. Jur. an 12, p. 3.
(2) 19 *Flor. an XII.* Rej. QUENTIN. Bul. de la Cour, an 12, p. 264. — Jour des Aud. an 12, p. 442. — Jour. du Pal. an 12, 2. s. p. 276. — Jur. an 12, p. 376.

3.º *GARANTIE (la) des droits, sur un immeuble cédé, stipulée au cas d'éviction de quelque manière que ce fût, n'a point lieu; lorsque le cessionnaire n'a point pris les précautions convenables et indiquées par la loi, pour la conservation de ces droits*

En effet « la loi 11 ff *DE EVICTIONIBUS*, porte:
» *NON TENETUR VENDITOR DE FUTURO CASU;*
» et la loi 27 au même titre, s'exprime ainsi:
» *NON TENETUR VENDITOR SI EX PERSONA EMP-*
» *TORIS VEL FACTO, RES EVICTA SIT;* or, il
» résulte de ces lois, que celui qui céde
» un droit, une créance, n'est tenu de ga-
» rantir que l'existence et la réalité de cette
» créance ou de ce droit à l'époque de la ces-
» sion ; et qu'il ne doit au cessionnaire aucune
» garantie, à raison de l'éviction qui provient
» d'une cause postérieure à ladite cession; »

« L'obligation de garantir cesse également,
» lorsque c'est par la faute du cessionnaire
» que l'éviction a eu lieu. »

Par exemple s'il s'agit « de la cession d'un
» privilège sur un immeuble, maintenu et
» consolidé, en tant que de besoin, par l'op-
» position formée sur le debiteur au bureau
» des hypothèques; il s'en suit que le cession-
» naire a été mis par le cédant en mesure
» de faire valoir ce privilège dans toute sa
» plénitude et de jouir de ces effets : si telle
» était la position du cessionnaire, lors de la
» publication de la loi du 11 brumaire an VII
» sur le régime hypothécaire, et qu'il n'ait
» pas été attentif à remplir pour la conserva-
» tion du privilège les nouvelles formalités
» que cette loi a prescrites, pour le maintien
» des droits résultant des mutations antérieu-
» res, c'est à lui seul qu'il doit imputer la perte

» de

» de ce privilège, et il n'a aucune garantie
» légale à exercer contre son cédant qui n'a
» jamais pû avoir l'intention de se rendre
» responsable envers son cessionnaire de sa
» négligence à se conformer aux dispositions
» de la loi : ainsi en prononçant contre le cé-
» dant une semblable garantie, les juges vio-
» leraient les lois romaines précitées, et con-
» treviendraient aux principes de la jurispru-
» dence sur cette matière. » (1)

4.º *GARANTIE* (la) *de tout trouble quelcon-* *Par hypothè-*
que, d'éviction et d'hypothèques, donnée à l'ac- *que spéciale.*
quéreur d'un immeuble, autorise cet acqué-
reur, même après que cet immeuble a été purgé
des hypothèques, à prendre inscription sur les
biens affectés à cette garantie.

C'est à dire, que la garantie de la part du
vendeur de fournir et faire valoir en exemption et franchise de toutes dettes, hypothèques, ... avec promesse de faire emploi des
sommes provenant de l'immeuble vendu, sur
l'acquisition d'un autre *domaine* au moyen
de quoi, et pour sûreté par privilège spécial
de la garantie promise audit acquéreur, ce
domaine demeurera hypothéqué, autorise
l'acquéreur à prendre hypothèque sur ce *do-*
maine aquit même après que celles assises sur
l'immeuble par lui acheté ont été purgées.

En effet, il se voit de ces différentes clauses. « que l'acquéreur a voulu prévenir non
» seulement l'effet des hypothèques des créan-
» ciers du vendeur, mais encore la possibi-
» lité de l'éviction, ou d'un trouble quelcon-

____

(1) 26 *Février,* 1806. Cass. *Dame Bourbonne.* Jour
des Aud. an 14 et 1806, p. 259. — Jour. du Pal. 1806
2.ˢ p. 49.

» que dans la propriété; or , le premier objet
» peut être rempli par (la mise du contrat aux
» hypothèques) sans oppositions, mais le se-
» cond ne peut l'être que par inscription hy-
» pothécaire , sur les biens du vendeur; »

« L'acquéreur n'ayant fixé son hypothèque
» que sur le *domaine* dont s'agit , quoique la
» valeur n'en fût pas égale à celle de l'im-
» meuble acquis par lui , et quoiqu'il eût pû
» affecter la totalité des biens du vendeur , en
» vertu de la soumission générale portee dans
» la clause ci-dessus , suffisante pour former
» l'inscription , » cela doit être exécuté;

« Une pareille soumission , de la part du
» vendeur , n'étant contraire ni aux lois ni
» aux bonnes mœurs , les juges doivent la
» faire respecter. » (1)

De droits féodaux vendus en 1772.

5.º *GARANTIE (la) au cas d'éviction de droits féodaux vendus avant leur suppression , et dont l'éviction a eu lieu aussi avant cette suppression , a pû être demandé depuis le nouvel ordre de choses.*

Il n'était question , dans l'espèce jugée , que d'indemniser l'acquéreur des droits vendus et non transmis par le vendeur.

En première instance , comme en appel il avait été jugé que toute discussion sur cette indemnité était interdite aux parties , par les lois des 25 août 1792 et 17 juillet 1793 , qui déclarent éteints et amortis tous procès relatifs aux droits féodaux abolis sans indemnité.

Mais la cour de cassation , « attendu qu'il

---

(1) 15 *Avril* 1806. Rej. *Dame* LAMOTTE. Jour. des Aud. au 14 et 1806, p. 360.

» s'agissait, dans l'espèce, d'une action en ga-
» rantie d'un contrat de vente du 15 mars 1772,
» anterieur de plus de vingt ans à la suppres-
» sion sans indemnité des droits ci-devant féo-
» daux ; action motivée sur ce que le vendeur
» n'avait point livre à son acquereur tous les
» droits qu'il lui avait vendus avec sa terre; »

Que, « cette action était fondée sur les lois,
» et notamment sur l'action *EXEMPTO*, qui
» obligent le vendeur à défendre son acqué-
» reur de tout trouble et éviction, sur-tout
» quand, comme dans le fait, ils provien-
» nent de son fait; »

» Qu'une semblable action n'est pas du nom-
« bre de celles dont les lois du 25 août 1792,
» et 17 juillet 1793 prononçaient l'extinc-
» tion, encore bien qu'elle soit relative à des
» droits féodaux »

« A décidé que les jugemens prémenntio-
» nés avaient fait une fausse application de
» ces lois. » (1)

6.º *GARANTIE* (la) des endosseurs, *pour des* En fait de
billets à ordre payables à domicile élu, ne peut Billets à ordre,
être assimilée à la garantie des lettres de Endosseurs.
change.

« On ne doit point consacrer, pour la ma-
» tière des billets à ordre, les principes qui
» ne sont reçus que pour la matière des lettres
» de change, sur-tout vis-à-vis l'un des endos-
» seurs d'un billet à ordre ; »

« Car ce dernier ne peut, dans tous les cas,
» être assujetti à prouver qu'à l'époque de

---

(1) 8 *Vent. an XII.* Cass. *PELISSE.* Jur an 12, p. 171.
— Jour. des Aud. an 12, p. 256. — Jour. du Pal. an 13,
1. s. p. 153. — Bul. de la Cour, an 12, p. 187.

» l'échéance dudit billet à ordre, il y avait
» provision au domicile de celui chez qui
» ledit billet devait être présenté pour être
» payé, ce qui ne peut concerner que les ti-
» reurs de lettres de change, aux termes de
» l'article 16 du titre 5 de l'ordonnance du
» commerce. » (1)

Contre le débiteur d'une lettre de change.

7.º *GARANTIE* (*la*) *que le tireur doit au por-teur d'une lettre de change n'est point assu-jettie aux délais ordinaires, lorsque le tiré, ou payeur de ladite lettre de change, répond au moment du protêt n'avoir point de fonds pour payer.*

« La réponse faite par le *tiré*, lors de la pré-
» sentation à lui faite de la lettre de change
» tirée sur lui, qu'il n'a pas de fonds apparte-
» nant au tireur, est suffisante pour placer le
» porteur dans la disposition portée par l'arti-
» cle 16 du titre 5 de l'ordonnance de 1673,
» et proroge en conséquence le délai de la ga-
» rantie qu'il a à exercer contre le tireur. »

« D'où il suit qu'en le déclarant non rece-
» vable dans l'action en garantie dirigée contre
» le tireur de ladite lettre, en l'an XII, (après
» protêt fait en l'an V,) les juges seraient
» contrevenus tout-à la-fois à la disposition du-
» dit article 16, et auraient fait, en même
» temps, une fausse application de l'article 15
» du même titre, et de l'article 21, dans l'ex-
» ception duquel le porteur se trouvait. (2)

---

(1) 24 *Pluv. an III.* Cass. *LEVASSEUR.* Jur notice, p. 75.

(2) 29 *Vend. an XIV.* Cass. *DUFOUR.* Bul. de la Cour, an 13 et 14, p. 460.

Voyez *Agent* de change, *Contrefaçons*, *Douanes* nombre 8, *Endosseur*, *Éviction*, *Transport*, et autres mots suivans les diverses espèces, auxquelles vous aurez interêt.

GARANTIE (*droit de*). Voyez *Maison* de prêt, *saisie* en matière de droits réunis.

GARDE *champêtre.*

1.° *GARDE* champêtre *(la faculté d'instituer un) appartient aux fermiers et aux propriétaires du fond.* — A la nomination des fermiers.

En vain dirait-on que l'art. 40 du code des délits et des peines, n'accorde qu'aux seuls propriétaires le droit de nommer des gardes particuliers :

Car « il est évident que le susdit art. 40 » s'applique aux fermiers comme aux pro- » priétaires. » (1)

2.° *GARDES* (*les*) forestiers *qui prévariquent à l'occasion d'un délit commis dans une forêt communale, doivent être punis comme s'il s'agissait d'une forêt impériale ;* — Forestier. Prévaricateur

Sans égard à la distinction, si ces gardes sont seulement autorisés à dresser des procès-verbaux dans les forêts communales, ou s'ils y sont obligés ; « dès que les juges ont recon- » nu qu'un garde a caractère pour faire des » reprises dans une forêt ; ils doivent décider » que dès qu'il use de ce droit, il doit se

______

(1) 27 *Brum. an XI.* Cass. d'office. Bul. de la Cour, an 13 et 14, part. crim. p. 68.—— Jour. du Pal. an 12, Coll. p. 79.

» conformer aux lois, nommément à l'art. 41
» du code des délits et des peines. (1)

Contra-
ventions.
Enregistre-
ment.

3.° GARDES (les) *qui omettent de faire en-*
registrer leurs procès-verbaux. ne sont point
justiciables, pour ce fait, des tribunaux cor-
rectionnels.

« Les tribunaux correctionnels sont incom-
» pétens pour connaître de la contravention,
» dont les gardes peuvent être coupables, en
» omettant l'enregistrement des procès ver-
» baux par eux dressés en leur qualité de gar-
» des; ces tribunaux doivent se borner à sta-
» tuer sur la validité ou invalidité des procès
» verbaux; sauf à l'administration de l'enre-
» gistrement à agir contre le garde dans la
» forme de droit. » (2)

Peuvent faire
des exploits.

4.° GARDES (les) *forestiers ont le droit de*
faire des exploits relatifs à la poursuite des
délits forestiers.

« Les articles 4 et 15 du tit. 10 de l'ordon-
» nance de 1669 confèrent aux gardes fores-
» tiers le droit de faire tous actes et exploits
» relatifs aux délits des eaux et forêts; »

« L'art. 8 du tit. 3 de la loi du 15 septem-
» bre 1791 maintient implicitement ce droit;
» il est également maintenu par l'article 14
» du tit. 25 de cette loi. qui ne renferme d'ail-
» leurs aucune disposition qui en soit exclu-
» sive; »

« Les mesures qu'elle prescrit dans l'art.

---

(1) 6 *Vend. an X.* Cass. d'office. Bul. de la Cour, an
10, part. crim. p. 7.

(2) 4 *Vent. an XII.* Cass. BONNAURE. Bul. de la Cour,
an 12, part. crim. p. 113.

» 11 du tit. 4 et dans l'art. 25 du tit. 9, **sont**
» purement administratives et ont pour objet
» d'empêcher que les gardes forestiers ne
» fassent des poursuites inconsidérées sur des
» procès-verbaux qui n'auraient point été
» communiqués à l'inspecteur et approuvés
» par lui ; »

« Aucune loi postérieure à celle du 15 sep-
» tembre 1791, n'a dérogé non plus en ce
» point à l'ordonnance de 1669 ; »

« On ne peut rien induire pour cette abro-
» gation de l'art. 21 du code du 3 brumaire
» an IV, lorsqu'on le rapproche sur-tout des
» articles qui le suivent dans le même titre ; »

« L'art. 155 de ce code est particulier aux
» tribunaux de police, auxquels sont essen-
» tiellement étrangers les délits forestiers ; »

« L'article 183 ne présente sur les citations
» qu'une disposition énonciative, qui ne peut
» être abrogatoire d'un droit positif ; »

« L'article 42 reconnaît et consacre ce droit
» par sa disposition générale ; »

« L'abrogation prononcée par l'art. 594 ne
» porte que sur la forme de procéder et d'ins-
» truire, et la qualité de celui qui fait une
» citation ; »

« L'arrêté du 22 thermidor an VIII et l'art.
» 1.er de la loi du 5 pluviôse an XIII, sont,
» dans leur objet et dans leur disposition, ab-
» solument inapplicables à la question relative
» au droit des gardes forestiers, pour exploi-
» ter sur les délits qu'ils sont chargés de pré-
» venir et de constater. »

Enfin « les lois doivent être exécutées, et
» les attributions qu'elles confèrent mainte-
» nues, jusqu'à ce qu'elles aient été rappor-

» tées par une abrogation littérale ou par une
» abrogation tacite, mais nécessaire »

De ces principes il résulte, « qu'une cour
» de justice criminelle en confirmant un ju-
» gement correctionnel qui aurait annullé
» une citation donnée par un garde forestier,
» d'après un procès-verbal de délit, sur le
» fondement que les articles 4 et 15 du tit. 10
» de l'ordonnance de 1669, seraient abrogés
» par les lois postérieures à la révolution,
» ferait donc une fausse application de ces
» lois, et violerait lesdits articles de l'ordon-
» nance de 1669; » (1)

Sont consi-
dérés comme
militaires.
Compétence.

5.° « GARDES (les) de côtes, *canonniers, doi-*
» *vent être constamment soumis, pendant la*
» *guerre maritime à la même discipline et po-*
» *lice, et aux mêmes peines que le reste des*
» *troupes françaises.* »

Donc « étant considéré comme militaire,
» d'après la décision du conseil d'état du 11
» thermidor an XI, ils doivent être renvoyés
» par les directeurs du jury devant leurs juges
» naturels et non devant les cours criminelles,
» pour l'instruction des crimes dont ils sont
» prévenus; »

« La qualité de canonnier garde côte étant
» connue du directeur du jury, lorsque le
» prévenu a pris cette qualité dans son premier
» interrogatoire, il viole les règles de la com-
» pétence en renvoyant le prévenu à la cour
» de justice criminelle pour la connaissance
» d'un crime qui ne lui est pas dévolue. » (2)

____

(1) 6 *Niv. an XIV.* Cass... Bul. de la Cour, an 13 et
14, part crim. p. 503.

(2) 3 *Brum. an XIII.* Cass. *STABLE.* Bul. id, an 13, p. 18.

6.° GARDES (les) de ville *faisant patrouille et étant en visite dans un lieu public sont assimilés aux gendarmes et aux troupes de lignes sous les armes ou dans un poste de service.*

Injures, violences et voies de faits commises envers eux.

C'est-à-dire, « que les injures verbales, » violences et voies de faits commises envers » des gardes de ville faisant patrouille, se trou» vant actuellement en visite dans un caba» ret, sont susceptibles des peines correction» nelles, déterminées par les articles 19 et 20 » du tit. 2 de la loi du 22 juillet 1791 , dont la » connaissance appartient aux tribunaux cor» rectionnels exclusivement. » (1)

Compétence.

7.° GARDE (le) des bestiaux *des communes est responsable des dommages intérêts résultans des dégats commis par les bestiaux confiés à sa garde*, et non le propriétaire. Voyez *Dommages intérêts*, nomb. 5 , pag. 353 du 3.e vol.

Ou pâtre communal.

GENDARMERIE.

« GENDARMERIE (la) est dans l'exercice de » ses fonctions lorsqu'elle est légalement réunie, » soit de jour, soit de nuit, pour les exercer. Par exemple : « s'il résulte des pièces , que » la gendarmerie était réunie pour prêter » main-forte à un huissier, porteur d'un ju» gement exécutoire par corps : » » Qu'attendant le lever du soleil pour mettre » ce jugement à exécution, elle a avec l'huis» sier et ses deux assistans, investi la maison » du condamné par ledit jugement ; »

Dans l'exercice de ses fonctions.

Compétence.

---

(1) 9 *Frim. an XIII.* Cass. d'office. Bul. de la Cour, an 13 et 14, part. crim. p. 51.

« Que le condamné, avec un de ses fils,
» armés de pieux, ont assailli les gendarmes;
» que le père avec le pieu dont il était armé a
» frappé l'un d'eux ; c'est le cas prévu par l'ar-
» ticle 1.er de la loi du 19 pluviôse an XIII: »
« Or, une cour de justice criminelle spé-
» ciale, en se déclarant incompétente, sous le
» prétexte que le soleil n'étant pas encore
» levé, l'huissier ne pouvait mettre à exécu-
» tion la contrainte par corps, et que par
» suite, les gendarmes chargés de lui donner
» main forte n'étaient point dans l'exercice de
» leurs fonctions. ferait une fausse application
» de l'article 1.er de la susdite loi de pluviôse
» an XIII. » (1) Voyez *Conscrits*, *Injures*,
Rébellion, *Violence*.

GENÈVE (*pays de*).

Testament
faits avant sa
réunion.
Traité de
réunion.
Actes publics
et privés.

1.º *GENÈVE* (*le testament fait à*), *ayant*
date certaine, antérieure à la réunion, est vala-
ble, quoique le genévois soit décédé postérieure-
ment à la réunion et à la publication des lois
françaises, en ce pays.

D'abord, « l'article 7 du traité de réunion
» du pays de Genève à la France, du 28 ◠
» réal an VI, portant que les actes publics
» écrits privés ayant date certaine, antérieu-
» rement à la ratification dudit traité, auront
» leur force et sortiront leur effet suivant les
» lois de Genève, comprend dans sa disposi-
» tion les testamens ayant une date certaine
» antérieure à ladite ratification ; car, indé-

---

(1) 27 *Vend. an XIV.* Cass. d'office. Bul. de la Cour,
an 13 et 14, part. crim. p. 405.

» dépendamment de ce que cela résulte de la
» généralité des termes dudit article , c'est
» ainsi qu'il a été entendu dans l'exécution ; »

Donc , « un testament olographe , fait le 14
» juillet 1795 , qui se trouvait relaté sous sa
» qualité de testament olographe et sous sa
» date , en même temps que pour partie de
» ses dispositions, dans un codicille du 18
» janvier 1797, antérieur à la ratification du-
» dit traité , avait par cela même une date
» certaine antérieure à cette ratification , et
» se trouvait dès-lors compris dans l'art. 7. (1)

2.° GENÉVOIS (les) n'étaient point habiles à
succéder en France , lorsque la succession s'était
ouverte en 1790.

Succession
avant la
réunion.

Droit
d'aubaine.

« S'il s'agissait de la succession d'un fran-
» çais, mort en France , on devait dire : le
» droit d'aubaine est le droit par lequel les
» biens que possédait un étranger dans le pays
» où il était décédé , appartenaient au souve-
» rain de ce pays ; l'abandon d'un droit , fait
» en faveur de ceux contre lesquels il était
» établi , ne pouvant leur rendre ce que ce
» droit leur ôtait , il s'ensuit nécessairement
» que la remise du droit d'aubaine n'a pû
» donner aux étrangers que la faculté de re-
» cueillir les biens qu'avaient en France leurs
» parens étrangers au moment où ils y sont
» décédés. »

Or , » les lettres patentes de 1608 n'accor-
» dent aux genévois que l'exemption du droit
» d'aubaine ; la loi du 18 juillet 1790 ne pro-

____

(1) 11 *Frim. an IX.* Rej. *Dame BOURDONNEIX.* Jur.
notice, p. 369.

» nonce que l'abolition du droit d'aubaine et
» de detraction ; cette abolition n'avait d'au-
» tre effet que d'affranchir les étrangers du
» paiement du droit auquel ils étaient assu-
» jettis, lorsqu'ils voulaient transporter hors de
» France le produit des successions qu'ils y
» avaient recueillis ; »

« La preuve que de l'abolition de ces droits
» ne résultait pas pour les étrangers celui de
» recueillir, après la mort de leurs parens
» français, les biens laissés par ceux-ci en
» France, est dans la loi du 3 avril 1791,
» dont les articles 3 et 4 leur accordent cette
» faculté, mais decident textuellement qu'ils
» ne l'exerceront que dans les successions qui
» s'ouvriront après sa publication ; »

Ainsi, « la succession dont il s'agit, s'étant
» ouverte en 1790, ne pouvait être régie par
» une loi de 1791. » (1)

3.° GENÈVE (*les jugemens rendus en dernier
ressort par les tribunaux de*) *n'étaient point
passible du pourvoi en cassation.*

Voyez *Cassation*, nombre 8, page 358, du
deuxième volume.

GRACE.

« GRACE (le droit de faire) *réside tout entier
» et exclusivement dans la personne du chef de
» l'Empire ; »

» Il n'appartient à aucune autorité de pren-
» dre à cet égard une initiative publique et
» officielle sur la détermination de l'Empereur.

---

(1) 2 *Prair. an IX.* Rej. BASTARD. Jur. notice, p.
442.

« Le droit de surseoir à l'exécution d'un
» jugement de condamnation, fait essentiel-
» lement partie du droit de faire grace ;
» ainsi l'un ne peut pas plus que l'autre être
» exercé par les tribunaux. » (1)

Voyez au *Traité de compétence*, en matière
criminelle, nomb. 131, page 238.

GRAND-JUGE.

GRAND-JUGE (les référés au) *doivent être
considérés comme des dénis de justice.*

C'est de la part des tribunaux « un véri-
» table déni de justice, une usurpation de
» pouvoir, qui doivent être réprimés confor-
» mément à la loi. » (2) Voyez l'espèce au
mot *Référé.*

GREFFIERS.

*GREFFIERS (les) qui grossoyent des expédi-
ditions de manière à se procurer des droits
plus forts que ceux qu'ils auraient à perce-
voir, s'ils se conformaient à la loi, commettent un délit de la compétence des tribunaux
correctionnels.*

Contravention dans les expéditions. Concussion.

C'est ainsi qu'un tribunal correctionnel,
auquel un greffier d'un tribunal de commerce a été dénoncé, pour le fait ci-dessus,

---

(1) 16 *Pluv. an XIII.* Cass. d'office. Bul. de la Cour,
an 13 et 14, part. crim. p. 125. — Jour. du Pal. an 13, 2.
s. p. 20. — Jur. an 13, p. 187. — Jour. des Aud. an
13, S. p. 75.

(2) 10 *Niv. an XI.* Cass. d'office. Bul. de la Cour, an
11, part. crim. p. 113.— Jour. du Pal. an 11, 2. s. p. 439.

« ayant, par suite de la vérification des ex-
» péditions produites, jugé que ce greffier
» a encouru les peines prononcées par la loi
» du 27 ventôse an VII; l'appel soumis à la
» cour de justice criminelle offre à juger
» uniquement la question de savoir si cette
» loi a été bien ou mal appliquée au fait
» dont ce greffier a été déclaré coupable. »

« Cette cour ne peut pas dénaturer l'appel,
» en supposant qu'elle apperçoive, en voyant
» les pièces, un autre délit que celui qui est
» imputé à ce greffier. (un délit de concussion
» par exemple) résultant de ce qu'il aurait
» exigé d'un plaideur une somme plus forte
» que celle qui aurait été perçue par la régie
» de l'enregistrement; elle a bien incontesta-
» blement le droit de dénoncer civiquement
» ce délit de concussion ; mais elle ne peut pas
» sous ce prétexte se dispenser de statuer sur
» le mérite de l'appel; »

En renvoyant le prévenu à un autre tribunal
correctionnel , cette cour « excéderait évidem-
» ment ses pouvoirs. »

------

(1) 8 *Frim. an XIV*. Cass. *WAUTERS*. Bul. de la Cour,
an 13 et 13 part. crim. p. 457.

HÉRÉDITÉ.   HÉRITIER.

HÉRÉDITÉ; c'est nne succession défférée Principes généraux. par la loi ou par testament. Voyez *Succession* et *Testament*.

HÉRÉDITÉ *jacente* ; c'est une succession qui n'est ni appréhendée ni répudiée par celui à qui elle est déférée, par testament ou par la loi. Voyez *Renonciation* et *Succession.*

HÉRITIER ; c'est celui qui a recueilli ou qui est appellé à recueillir une succession par droit de parenté ou par un testament.

HÉRITIER *présomtif*; celui qui a un droit formel à l'appréhention de la succession. Voyez *Succession.*

HÉRITIER *par bénéfice d'inventaire.* Voyez *Bénéfice d'inventaire.*

Voyez en outre les mots relatifs à ces matières et les notes marginales des autres mots, pour quelques distinctions analogues et qui appartiennent à d'autres matières.

HOIRIE ; Succession en ligne directe descendante; droit que l'on a de succéder à un défunt, en ligne directe et descendante. Voy. *Avancement d'hoirie.*

HOMICIDE.

Homicide, meurtre ; *action qui cause la mort d'autrui, exécutée volontairement ou par* *imprudence, ou pour la défense de soi-même, ou par cas fortuit, ce qui le fait distinguer en volontaire ou involontaire.* (*)

La cour de cassation a établi les distinctions suivantes sur l'homicide, savoir :

1.º *HOMICIDE (il y a) dans le fait de faire mourir quelqu'un par famine.*

« L'article 7 du titre 2 de la seconde partie du code pénal est clair et précis, *disait M. JOURDE*, devant la cour, il ne permet pas de douter que le crime dont il s'agit ne soit compris dans ses expressions. » V. *Alimens.*

2.º « *HOMICIDE (l') ne peut être puni comme* » *meurtre, que lorsqu'il a été commis volon-* » *tairement.* »

En effet, « s'il n'est pas déclaré que l'homi- » cide a été commis volontairement, les juges » commettent une usurpation de pouvoir en » appliquant à l'auteur de cet homicide la » peine prononcée contre les auteurs d'une » espèce particulière de meurtre, par l'art. » 9 de la 1.ʳᵉ section, titre 2, partie 2 du » code pénal, sans avoir prononcé que le » fait en eût les caractères. » (1)

(*) *L'homicide* de soi-même se nomme *suicide*, voyez ce mot ; l'affreux homicide de ses auteurs se nomme *paricide*,

Au figuré, homicide signifie le meurtrier. Voyez *Assassinat, Complices, Excuses, Préméditation, Provocation* et *Questions* aux jurés.

Le caractère de ce crime n'étant susceptible d'aucune contradiction, nous rapporterons nuement les principes de la cour sans exposé des faits ni discussions.

(1) 27 *Vend. an XIII.* Cass. *DARNAL.* Bul. de la Cour, an 13 et 14, part. crim. p. 13.

Ces

Ces principes s'appliquent au fait d'un gendarme qui, voulant rétablir l'ordre entre des
personnes se battant entr'elles, étant menacé
par les rixans et se croyant obligé de se défendre, aurait atteint l'un desdit rixans.

Ce gendarme ayant été déclaré convaincu
d'homicide sans préméditation ; il y aurait
lieu à l'application des principes ci-dessus,
si les juges, croyant appercevoir des circonstances atténuantes, le condamnaient à dix ans
de gêne, comme coupable du meurtre prévu par l'article précité.

4.° « *Lorsque des actes du procès il résulte*
» *que l'homicide n'est point l'effet d'un projet*
» *d'homicider, par un attroupement préparé*
» *d'hommes armés, mais seulement l'effet d'une*
» *rixe élevée entre l'homicide et l'homicidé,*
» *au moment de leur entrevue ;* »

« Ce n'est point le cas prévu par l'article
» 11 de la loi du 18 pluviôse an IX, d'après
» lequel les cours de justice criminelle spé-
» ciale peuvent déclarer leur compétence. » (1)

« Ces cours ne peuvent connaître de l'ho-
» micide simple, dégagé des circonstances
» mentionnées dans les articles 6, 8, 9 et
» 11 de cette loi, que lorsqu'il a été commis
» avec préméditation, et qu'il constitue ainsi
» le crime d'assassinat » (2)

« S'il ne résulte point une présomption
» suffisante pour fonder la prévention que le
» meurtre (ou homicide) dont il s'agit a été
» commis avec préméditation ; une cour cri-

---

(1) 17 *Frim. an X.* Cass. d'office. Bul. de la Cour, an
10, part. crim. p. 116.

(2) 17 *Brum. an XIII.* Cass. d'office. Bul. de la Cour,
an 13, part. crim. p. 26.

» minelle spéciale, en se déclarant compétente
» pour connaître de ce délit, commettrait un
» excès de pouvoir prévu par l'art. 456 du
» code des délits et des peines. » (1)

5.° *Il est des cas où l'homicide devient excusable, et des circonstances qui font disparaître la culpabilité.*

Au dernier cas, « lorsque le prévenu, dans
» le moment de l'homicide, par lui commis,
» était atteint d'une maladie qui lui occasion-
» nait des transports de rage et de fureur
» surnaturels, ces faits constituent le défaut
» de culpabilité, et entrainent nécessaire-
» ment l'acquittement du prévenu, sauf les
» mesures de police relatives à l'état de fureur,
» qui sont confiées à la vigilance des autorités
» administratives. » (2) Voyez *Excuses*, et
les mots indiqués à la note (*) page 208.

HOMME DE LOI.

Ils peuvent remplacer les juges.

HOMMES DE LOI (les), *maintenant les avocats
et les avoués, peuvent remplacer les juges,
même aux cours d'appel jusqu'au nombre de
trois, s'ils n'ont signé aucunes consultations,
ou autrement ouvert leurs opinions.*

Prouvons cette règle tant par l'opinion de
M. MERLIN, que par les principes admis par
la Cour de cassation.

« La question principale dans l'espèce, *disait Mr. le Procureur général*, est celle de

----

(1) 19 *Fruct. an XIII.* Cass. JOURDAN *et consorts.* Bul.
de la Cour, an 13 et 14, part. crim p. 372.

(2) 8 *Brum. an XIII.* Cass. d'office. Jour. du Pal. an
13, Coll. p. 154.

savoir si une cour d'appel réduite à quatre juges peut s'adjoindre trois hommes loi? »

» Sous l'ancienne législation , l'appel des hommes de loi pour compléter le nombre des juges, était autorisé par les lois. Le décret du 16 août 1790 a établi de nouveaux tribunaux et institué des suppléans ; mais il ne prévit pas le cas auquel , par l'empêchement des juges et des suppléans , les tribunaux seraient incomplets ; son silence donna lieu à la difficulté de savoir si l'on pouvait regarder comme valablement rendus les jugemens auxquels avaient coopéré des hommes de loi , appellés par les tribunaux pour se completter : elle fut terminée par le décret du 29 août 1792 , dont l'article 2 , en cas d'absence ou d'empêchement des juges , autorise les tribunaux à appeller des gradués assermentés ou des hommes de loi pour remplacer et concourir aux jugemens »

« Opposerait on , 1.º que la loi du 30 germinal an V , réduit à deux le nombre des défenseurs officieux que les tribunaux peuvent s'adjoindre ; et qu'en certains cas , cette adjonction pourrait , dans les cours d'appel , ne produire que six juges ; 2.º que la loi du 27 ventôse an VIII a donné des suppléans aux tribunaux de première instance , composés d'un petit nombre de juges , et n'en a point donnés aux cours d'appel , composées d'un plus grand nombre ; et qu'ainsi l'intention du législateur a été que lesdites cours ne puissent s'adjoindre des hommes de loi. »

» Quelqu'induction qu'on veuille tirer de ces deux lois, on ne peut les appliquer à l'espèce: celle du 30 germinal an V , a été

Ils peuvent
remplacer les
juges.

rendue pour l'organisation lors présente des tribunaux, composés de cinq juges ; les trois juges restans pouvaient s'adjoindre deux dé-défenseurs officieux ; en raisonnant par analogie, dans l'état actuel, quatre juges peuvent s'adjoindre trois hommes de loi. Le but du nouvel ordre judiciaire est de rapprocher les tribunaux, autant que les changemens peuvent le permettre, de l'ancienne organisation judiciaire ; c'est le vœu du gouvernement : c'est par cette raison qu'après le rétablissement des avoués, les consuls ont, par arrêté du 18 fructidor an VIII, ordonné l'exécution de la loi du 6 mars 1791, qui décidait que, par provision, les avoués suivraient exactement la procédure établie par l'ordonnance de 1667 et réglemens postérieurs. C'est par la même raison que suivant l'arrêté des consuls, du 17 germinal an IX, les partages d'opinions peuvent être vuidés, comme sous l'ancienne législation, par un homme de loi ; c'est donc suivre l'esprit de la législation nouvelle que de recourir, en cas d'insuffisance du nombre des juges, au mode de complément usité sous l'ancienne législation, et d'ailleurs consigné dans le décret du 29 août 1792 : c'est ce décret qui établit, dans l'espèce, la compétence d'une cour d'appel composée de quatre juges et de trois hommes de loi. »

« Pour le cas où il s'élevrait contre les hommes de loi une véritable cause de suspicion, comme s'ils avaient signé une consultation ; sans doute, les juges fondés dans le droit de s'aggréger des hommes de loi, ne pourraient, dans le fait, s'adjoindre les consultans pour décider l'affaire dans laquelle ils auraient déjà énoncé leur opinion ; mais si les hommes de loi n'ont donné qu'un pur acte de notoriété (*), pareil acte ne peut fonder un motif de suspicion. »

En effet, « d'après les lois anciennes et nou-
» velles, les tribunaux sont autorisés à ap-
» peller des hommes de loi pour remplacer les
» juges empêchés ; la loi du 30 germinal
» n'étant pas applicable à l'organisation actu-
» elle des tribunaux. »

« Un acte de notoriété ne peut donner *Dans les cours*
» lieu à une suspicion légitime. » (1) *criminelles.*

Il en serait autrement « dans le cas où une
» cour de justice criminelle se serait composée
» du président de cette cour et de deux
» hommes de loi. »

Car, on dirait avec fondement: « il résulte
» de l'article 16 de la loi du 30 germinal an
» V, que les tribunaux civils sont autorisés à
» appeller des défenseurs officieux, afin d'évi-
» ter toute espèces d'interruption dans le cours
» de la justice; néanmoins, cette loi exige
» impérieusement que les juges de ces tri-
» bunaux et les suppléans restent, dans ces
» circonstances, en majorité lors du jugement
» à rendre; »

« S'il en est ainsi en matière civile, il
» doit en être de même, bien plus essentielle-
» ment, en matière criminelle ; la législa-
» tion et la jurisprudence sont constantes sur
» ce point : »

(*) Constatant que dans l'ancien ordre de choses on était dans l'usage de procéder de *telle* ou *telle autre manière:* mais non qu'un point de droit, interressant les parties, se jugeait de *telle* manière. *Voyez au traité de compétence* part. crim. nomb. 126, page 232.

(1) 4 *Pluv.* an X. Rej. COTTIN. Jour. du Pal. an 10, t. 3. p. 431. —— 22 *Therm. an IX.* Rej. Jur. an 10, p. 4.

« Par conséquent une cour de justice cri-
» minelle, en appellant illégalement deux
» hommes de loi à la place des juges et des
» suppleans, légitimement empêchés ou ab-
» sens, commettrait un excès de pouvoir et
» violerait les lois citées. » (1)

HOMOLOGATION.

De leur forme.
Avis de parens.
Normandie.

1.° *HOMOLOGATION (l') d'un avis de parens
donné en Normandie en contravention au réglement de 1673, doit être annullée.*

C'est à dire; « lorsque les parens, pour don-
» ner leur avis, ne se sont référés (assemblés)
» qu'au nombre de huit, au lieu du nombre
» de douze, exigé par les art 13. 21 et 51 du
» réglément du 7 mars 1673; lorsque lesdits
» parens (délibérant sur l'aliénation d'un bien
» de mineur) n'ont point donné leur avis en
» présence du juge, comme l'exige l'art. 52;
» qu'il n'a pas même été reçu en forme au-
» thentique devant aucun officier public ; de
» manière que les signatures et marques y
» référées, non reconnues devant le juge du
» lieu, n'ont aucun caractère probant; »

En vain dirait-on : l'objet dont était question, était d'une modique valeur, et les formalités voulues par le susdit réglement n'étaient
pas tellement de rigueur que les parens n'eus
sent pû délibérer que la vente fût fait sans
formalités.

« D'après ces circonstances, les juges n'au-

---

(1) 26 *Vend. an XIV*. Cass. *Touzard*. Jour. du Pal.
an 14, 1. s. p. 259. —— Bul. de la Cour, an 13 et 14, part.
crim. p. 401.

» raient pas dû homologuer un pareil avis ;
» mal à-propos méconnaîtraient-t-ils l'opposi-
» tion surabondamment dirigée contre cette
» ordonnance d'homologation : »

Car, la vente qui en aurait été la suite, « au-
» rait été faite sans l'avis des parens tel qu'il
» était requis par le réglement ; et la modicité
» de l'objet à vendre ne pouvait aucunement
» dispenser de cette formalité. »

D'où il suit que les mineurs dont le bien
aurait été vendu, en 1784, en vertu d'une
pareille homologation, auraient pû en demander la nullité, en l'an III, (comme maintenant) et que les juges qui les auraient déclarés
non-recevables, auraient fourni matière « à la
» cassation de leur jugement pour violation
» des articles précités. » (1)

2.º « HOMOLOGUER (le droit d') un avis d'ex-
» perts entraine celui d'adopter ou non adop-
» ter les bases ou principes sur lesquels les
» experts, chargés de règler ce qui fait partie
» de leur art, ont fondé leur décision. »
Voyez, *Expertises* et *Experts*, nomb. 1.

En fait d'expertise.

3.º HOMOLOGATION (l') d'un rapport d'experts, avec condamnation à payer le montant
de la somme exprimée en ce rapport, n'est
point nulle faute d'avoir condamné à payer
une somme déterminée.

En effet « une semblable condamnation ne
» présente point de contravention à l'art. 20
» du titre 19 de l'ordonnance de 1667. » (2)

____

(1) 22 *Frim. an XII.* Cass. AMAURY *et consorts.* Bul.
de la Cour, an 12, p. 92.

(2) 20 *Flor. an XI.* Cass. CONSTIAL. Jour. du Pal. 33.
11, 2.s. p. 225.

Voyez les articles 116 et suivans du code de procédure.

Voyez, *Arbitres*, nomb. 8 ; *Atermoiement*, *Nullité*, et *Opposition*.

HOSPICE. (*)

Du remboursement de leurs rentes.

1.° *HOSPICE (les administrateurs d'un) ont pû valablement recevoir, volontairement en l'an IX et en mandat, le remboursement d'une rente constituée.*

En vain de nouveaux administrateurs auraient-ils agi en l'an V, contre le ci-devant débiteur de la rente, pour en faire annuller le remboursement, aux offres de remettre les susdits mandats territoriaux ; et auraient-ils opposé le défaut d'autorisation, et d'approbation de la part des corps administratifs, ainsi que le non-versement du capital remboursé dans la caisse de la régie de l'enregistrement.

On leur aurait opposé, avec le ministère public, que les lois des 15 germinal an IV, 9 fructidor an V, 28 brumaire et 16 nivôse an VI, ont ratifié tous les remboursemens faits légalement ; que la loi du 9 mars 1791 n'est point applicable à l'espèce ; et qu'aucune loi

---

(*) Établissement de charité ; devenu synonime d'*Hôpital* depuis la nouvelle législation.

Anciennement, un hospice était la partie d'un couvent destinée à recevoir les étrangers du même ordre ; ou une maison bâtie dans une ville, pour y retirer les religieux ou religieuses en temps de guerre.

Hôpital, lieu où l'on retire les pauvres malades, infirmes ou fort âgés, et que les lois actuelles nomment hospices ; nous donnerons ici ce qui est relatif aux *Hôpitaux*, aux *Hospices* et aux *Établissemens de charité*.

n'a interdit aux administrateurs des hospices de recevoir le remboursement des rentes constituées ;

On leur aurait dit, avec la Cour de cassation, « que pour faire l'application des pre-
» mières de ces lois, il eut fallu d'abord exami-
» ner si la rente due à l'hôpital était dans la
» classe *des droits féodaux*, seul objet des pré-
» cautions prises par le législateur; » (art. 1.er
» de la loi du 9 mars 1791) dans laquelle il
» n'est question que des droits nationaux pro-
» prement dits, et parmi ces droits, de ceux
» ci-devant féodaux; et que les mots *de tout*
» *autres droits incorporels*, sont suffisamment
» expliqués par ceux-ci, tant fixes que ca-
» suels non supprimés par les décrets; »

« Que les rentes dues aux hôpitaux ne pou-
» vaient être, à l'époque du mois de messi-
» dor an IV, considérées comme biens natio-
» naux proprement dits, et encore moins
» comme droits incorporels, fixes ou casuels,
» non supprimés; »

« En effet, la loi du 2 brumaire an IV avait
» suspendu l'exécution de celle du 23 mess.
» an II, qui avait déclaré l'actif et le passif
» des hôpitaux bien national; d'où il suit que
» les dispositions exclusivement établies pour
» le rachat des droits ci-devant féodaux non
» supprimés, seraient mal appliquées à un
» rachat de rente constituée, due a un hôpi-
» tal ; »

« Par suite de cette fausse application des-
» dits articles de la loi du 20 mars 1791, le
» jugement qui aurait déclaré les dites offres
» valables, annullé le remboursement, et or-
» donné la continuation du service de la

» rente, serait contrevenu à la loi du 2 bru-
» maire an IV ; » (1)

2.º *HOSPICES (le contentieux des biens des)
doit être soumis aux tribunaux.*

« Il n'existe aucune loi en vigueur, qui
» déclare les biens des hospices domaines de
» la nation, ni qui empêche les administra-
» teurs, qui. aux termes de la loi du 16 mes-
» sidor an VII, sont des agens des adminis-
» trations municipales, de poursuivre et dé-
» fendre devant les tribunaux, les actions
» résultantes des biens des hospices, avec
» autorisation préalable; » voyez *Autorisation*
des communes.

« Sauf à l'autorité administrative à régler
» le mode d'exécution des condamnations,
» qui pourraient être prononcées contre eux. »
(2)

3.º *HOSPICE (le legs fait en 1785 à un)*, ou
établissement de charité, *ne peut être acquitté
par l'héritier, en rentes sur l'état ; encore que
le Gouvernement, en autorisant l'acceptation
de ce legs, en ait ordonné l'emploi en acquisition de rentes de cette espèce.*

En vain dirait-on : qu'en vertu des lois qui
étaient en vigueur lors de l'ouverture de la succession, en 1789, l'héritier avait le droit de
s'acquitter, en offrant des capitaux de rente

---

(1) 11 *Vend.* an X. Cass. BRIGAUX. Bul. de la Cour,
an 10, p. 9. —— Jur. an 10, p. 54. —— Jour. du. Pal. an
10, 1. s. p. 86.

(2) 22 *Pluv. an XIII.* Rej. *Administr. de l'hospice de.
Chantilly.* Jour. du Pal. an 13, 2. s. p. 369. —— Jour. des
Aud. an 13, p. 95.

sur l'état ; et que ce serait aussi en cette espèce de rentes que devrait être converti le
montant du legs, aux termes de l'arrêté du
Gouvernement, et qu'enfin l'héritier devrait
être maintenu dans le droit de faire lui
même cette conversion.

Il suffirait de répondre : « le legs porté au
» testament de 1785, au profit des pauvres,
» d'une somme fixe, d'après les lois 11 ff. §. 17,
» n.º 3. *DE LEGATIS ;* 12 au même titre, §. 2,
» n.º 2, et la loi 17 au même titre, §. 4, ne
» devait être payé qu'en numéraire ; aucune
» loi n'a autorisé le débiteur d'un legs fait à un
» établissement de charité, à s'en libérer en
» rentes sur l'état. »

« Les lois françaises, savoir l'art. 18 de l'édit
» du moi d'août 1749, les articles 8, 9, 10,
» 11, 12 et 13 de la déclaration du roi du 26
» mai 1774, n'ont eu pour objet que des do-
» nations ou legs faits aux établissemens de
» charité. en rentes foncières ou constituées
» sur particuliers en biens fonds et en im-
» meubles quelconques ; d'ou il suit que l'hé-
» ritier du testateur. n'a pû être fondé à s'en
» prévaloir pour payer en rentes sur l'état,
» un legs purement mobilier ; » (d'une somme
d'argent.)

« Les juges n'auraient pû en exciper, pour
» lui transporter l'avantage que le bureau de
» bienfaisance pouvait espérer de l'emploi de
» cette somme d'argent, en acquisition de
» rentes sur l'état, aux termes de l'arrêté du
» Gouvernement : »

« En le décidant ainsi, les juges auraient
» donné matière à la cassation de leur juge-
» ment, tant pour contravention aux lois ro-
» maines, qui veulent qu'un legs ne puisse

» être acquitté que par la prestation réelle
» et effective de la chose même qui a été
» léguée, lors même que le testateur n'a pas
» laissé en nature la somme qui est l'objet du
» legs ; que pour fausse application desdits
» articles de l'édit du mois d'août 1749 et de
» la déclaration du 26 mai 1776. » (1)

Des Legs de biens fonds.
Législation ancienne.

4.° *HOSPICES* (*les*) *pouvaient, sous l'empire de l'ancienne législation, accepter le legs de la moitié d'une maison ou une portion équivalente du prix à provenir de la vente de cette maison.*

Vainement leur aurait-on opposé la disposition de l'édit de 1749 qui faisait défense à la main morte d'acquérir, recevoir ni posséder aucuns fonds de terre, maisons, etc. . . ;

Car « la disposition de l'art. 9 de la déclaration du 28 juillet abrogait de la manière la plus explicite l'art. 17 de l'édit de 1749 ; »

« Voir dans la déclaration de 1780 une dérogation à l'art. 7 de celle de 1762, ce serait en choquer également et l'esprit et la lettre, puisque cette déclaration de 1780, uniquement relative aux constitutions de rente, disait, et rien de plus, que les corps main-mortables, même les hôpitaux, qui voudraient prêter à constitution, ne pourraient le faire qu'en versant leurs capitaux dans le trésor public, et constituer que sur l'état. »

D'où il suit « qu'en déclarant les administrateurs d'un hospice non-recevables dans

______

(1) 8 *Fruct. an XIII.* Cass. d'office. Jour. du Pal. an 14, 1. s. p. 145.

» la demande en délivrance du legs dont il
» s'agit, et en en prononçant l'annullation, il y
» aurait en fausse application de cette der-
» nière loi, et violation expresse de l'art. 9
» de ladite déclaration de 1762. » (1)

5.º *HOSPICES (les) sont en possession des ren-* *Des rentes qui*
tes foncières représentatives de concession de *leur ont été*
fonds, sous quelque dénomination qu'elles se *données par*
présentent, et qui appartenaient à la nation. *le gouverne-*
ment.

« Mais, *disait M. MERLIN*, l'arrêté du 7 messidor an IX ne les leur affecte qu'autant qu'elles existent, qu'autant qu'elles n'ont pas été
abolies par les lois antérieures; c'est ce qu'ex-
plique clairement un autre arrêté du 9 fructidor an XI; ... or, une rente abolie par la
loi du 17 juillet 1793, eut-elle été due originairement à la république, les hospices ne
pourraient pas l'exiger aujourd'hui, même
en vertu de l'arrêté du 7 messidor an IX.

En effet « l'article 1.er de la loi du 17 juil-
» let 1793, en supprimant, sans indemnité,
» les rentes seigneuriales qu'avait maintenues
» l'art. 5 de celle du 25 août 1792, supprime
» nécessairement celles qui avaient été créées
» pour cause de concession de fonds, prou-
» vée par des titres primordiaux d'inféoda-
» dation ou d'acensement; » Voyez, *Rentes*
supprimées.

« L'arrêté du 7 messidor an IX, n'affecte
» aux hospices les rentes foncières, représen-
» tatives d'une concession de fonds, qu'au-
» tant qu'elles n'ont pas été abolies par les
» lois antérieures; »

____

(1) 13 *Fruct. an XI.* Cass. *Administr. de l'hospice de*
Moissac. Bul. de la Cour, an 11, p. 410.

« Ainsi le jugement qui » (condamnerait à payer à un hospice la rente et censive d'une quantité de grains, pour laquelle le seigneur pouvait exercer sur les aliénations, le droit de prélation, etc.) » contreviendrait à la loi » citée, et ferait une fausse application de » l'arrêté du 7 messidor an IX. » (1)

HUISSIER.

De leur suspension.

1.º *HUISIIERS (les) peuvent être suspendus de leurs fonctions, incidemment à la cause, dans laquelle ils ont commis la faute ; et ce sur les conclusions du ministère public.*

Voyez *Traité de compétence*, en matière civile, nombre 28, page 27.

A l'égard des citations devant les justices de paix.

2.º *HUISSIERS (les) des tribunaux d'arrondissement pouvaient, avant le code de procédure, donner des citations devant la justice de paix, sans que leurs exploits pussent être attaqués de nullité.*

C'est-à-dire « que si l'art. 5 de la loi du 26 » octobre 1790, voulait que la notification » d'une cédule fut faite par le greffier de la » municipalité, il résultait, de sa combinaison » avec les articles 6 et 13 de la loi du 27 mars » 1791, qu'un huissier ordinaire avait aussi » caractère pour la faire en certains cas ; hors » de ces cas, s'il se permettoit de notifier une » semblable cédule, alors le législateur, sans » rien prononcer contre la validité de la no- » tification, n'avait entendu, pour toute pei-

____

(1) 7 *Messid. an XII.* Cass. d'office. Bul. de la Cour, an 12, p. 320.

» ne, imposer qu'une amende de six livres
» contre les huissiers. »

« D'où il suit que les juges en prononçant
» la nullité d'une semblable cédule auraient
» faussement appliqué les lois précitées. » (1)

3.º *HUISSIERS (les) devaient, même dans les* *Relation de leur domicile.*
départemens où l'ordonnance de 1667 n'avoit
point été publiée, relater dans leur exploit leur
domicile, aux termes de la loi du 7 nivôse an
VII, à peine de nullité.

Par exemple : « si dans l'exploit de significa-
» tion d'un arrêt de la cour de cassation, fait
» en nivôse an IX, portant admission de la
» requête en recours, l'huissier s'était borné
» à énoncer sa qualité d'huissier au tribunal
» de première instance séant à Lille, sans
» indiquer son domicile ou sa résidence ; cette
» contravention vicieait de nullité ledit ex-
» ploit de signification et ce qui s'en etait
» suivi, et entraînait le rejet du pourvoi. »
(2)

4.º *HUISSIERS (l') qui remet son exploit au* *Des exploits laissés en PAR-*
domicile de la partie assigné, ou signifié, en *LANT A...*
parlant à son domestique ou à son salarié,
compagnon, garçon de boutique ou autres,
fait tout ce qu'il doit.

En vain demanderait-on la nullité d'un semblable exploit, sous prétexte qu'il ne remplirait pas le vœu de l'article 3 titre 2 de
l'ordonnance de 1667, qui exigeait (comme

____

(1) 24 *Frim. an XI.* Cass. ANDRIEU, Bul. de la Cour,
an 11, p. 83. — Jour. du Pal. an 13, Coll. p. 190.

(2) 9 *Pluv. an XIII.* Rej. BREVARD *et* DESCAMP. Jour.
du Pal. an 13, Coll. p. 311.

l'article 61 du code de procédure, n.º 2,) mention de la personne à laquelle l'exploit a été laissé, à peine de nullité :

Car . « par les mots *parlant à sa salariée,* » employé dans un exploit . le vœu de l'ordon- » nance de 1667 (et de l'article 61 du code, » conçu dans les mêmes termes,) est suffisam- » ment rempli, puisque l'art. 32 de l'ordon- » nance de 1539 . qui permettait de donner » les exploits de signification à *des gens de* » *journée ou serviteurs* de la personne à qui » on signifiait, n'a pas été révoqué par celle » de 1667 » (1)

D'où il suit « que par ces mots : *parlant* » *à sa salariée ,* le vœu de la loi est suffi- » samment rempli. » (2)

5º. *Il en serait autrement ,* « si l'exploit de » signification ne faisait pas mention de la » personne à qui il aurait été remis ; car , ces » mots . *parlant à une femme aux injonctions* » *de droit ,* etc ; qui se trouverait dans cet ex- » ploit , ne contiendraient pas une désignation » suffisante . et ne pourraient pas remplir le » but ou l'objet de la loi ; »

« Il faut que la personne à qui l'exploit est » remis . soit indiquée , ou par son nom , ou » par sa qualité , ou par ses rapports avec la » partie assignée , ou du moins qu'il y soit » fait mention de l'interpellation qui lui a » été faite, ainsi que de sa réponse et de son

____

(1) 18 *Niv. an XII.* Rej. PERTHON. Jour. des Aud. an 12, p. 228. —— Jur. an 12, p. 222.

(2) 10 *Messid. an XI.* Rej. *Dame* CONTE. Jour. du Pal. an 11 , 2. s. p. 358.

» refus ;

» refus; ... pour faire connaître que l'huis-
» sier a cherché à remplir ce qui est prescrit
» par la loi » (1)

Enfin l'huissier ne doit pas se contenter de
déclarer que l'exploit a été donné chez l'assigné, en parlant *à un citoyen* (ou à une personne) *qui s'est chargé de faire parvenir*, *et
qui n'a dit son nom. de ce interpellé;* car,
ainsi que le disait le ministère public, la copie doit être remise dans la maison de l'assigné et à quelqu'un de la famille, *IN DOMO
ALICUI EX FAMILIA ;*

« Vainement argumenterait-on ; de *l'usage*
» des huissiers, qui tous se contentent de
» cette formule ; cet usage est un abus, — et
» l'abus doit être corrigé par la loi. » (2)

6.° *HUISSIERS (les) des justices de paix peu-* A l'égard des
vent signifier les actes d'appel des jugemens actes d'appel.
rendus par les tribunaux d'arrondissement. (*)

« L'assignation donnée par l'huissier de la
» justice de paix, à l'intimé domicilié lui-
» même dans la même commune où réside
» cet huissier, est régulière et conforme à la
» loi, (**) et les juges d'appel (d'un jugement

---

(1) 24 *Vent. an XI.* Rej. *FROIN.* Jur an 11, p. 251.

(2) 24 *Brum. an X.* Rej... Jur. an 10, p. 141.

(*) Cette règle est née sous l'empire de l'organisation
provisoire des quatre départemens de la rive gauche
du Rhin; mais, l'article 456 du code ne nous paraissant pas contraire à son application, nous avons pensé
devoir lui donner place dans ce recueil; le lecteur est
neanmoins prié de réflechir sur l'usage qu'il en fera.

(**) Du 4 pluviôse an VI, dont la disposition, à cet
égard, est contenue dans l'article 244 du *réglement* du
28 frimaire an IV, pour les quatre départemens de la
rive gauche du Rhin.

IV.ᵉ Vol.   P

» rendu par un tribunal d'arrondissement)
» en l'annullant, contreviendraient formelle-
» ment à la disposition textuelle de l'article
» précité ; (1 ; puisqu'il suffit que la partie à
» laquelle la signification a été faite, fût do-
» miciliée dans le canton de.. pour que cette
» signification ait pû lui être faite valable-
» ment à ce domicile par l'huissier du juge
» de paix du même canton. » (2)

Qui ne remet pas lui même son exploit.   7.° *HUISSIER (l') qui fait remettre par son fils, ou autre personne, la copie de son exploit contenant le parlant à ... peut être poursuivi comme faussaire.*

Voy. *Faux*, nomb 8, pag. 164. précédente.

Près les cours d'appel.   *Leurs attributions.*   8.° *HUISSIERS (les) des cours d'appel peuvent suivre l'exécution des arrêts et ordonnances de ces cours dans toute l'étendue de leurs ressorts.*

Mais, s'ils jouissent des avantages des huissiers de première instance. ils ne peuvent sous ce rapport exploiter hors le ressort du tribunal de l'arrondissement dans lequel ils résident.

Par exemple, en matière d'expropriation forcée. le commandement signifié par un huissier de la cour d'appel de Nismes au domicile de la partie située dans le ressort du tribunal de première instance séant à Uzès, serait nul;

Parce que « la partie de l'article 7 de l'arrêté
» des consuls du 22 thermidor an VIII, qui
» concerne le service personnel et les signifi-

---

(1) 7 *Vent. an XIII.* Cass. GORMANS. Bul. de la Cour, an 13 et 14, p. 208.

(2) 15 *Brum. an XIII.* Cass. WITHECKEN *et consorts.* Bul. de la Cour, an 13 et, p. 32.

» cations d'avoué, s'appliquant aux huissiers
» des cours d'appel comme à ceux des tribu-
» naux de première instance. l'emploi du pro-
» nom *ils* dans la dernière partie. en neces-
» site évidemment la même application : »

« D'où il suit que l'huissier de la cour d'ap-
» pel de Nismes. qui aurait signifié hors du
» ressort du tribunal de première instance de
» cette ville le commandement dont il s'agit,
» aurait été sans pouvoir pour faire cette signi-
» fication. laquelle serait nulle d'après la dis-
» position de la loi du 4 germinal an II. qui
» veut que l'inobservation des nouvelles lois
» entraîne la peine de nullité. »

« Enfin, la possession dans laquelle on di-
» rait être les huissiers de la cour d'appel de
» Nismes, de faire des significations hors le
» ressort du tribunal de première instance,
» loin d'être un motif de valider ces signifi-
» cations, en serait un puissant de réprimer
» cet abus par l'exemple d'une annullation. »
(1)

Il en est autrement, lorsqu'il s'agit de la
signification d'un arrêt rendu par une cour

---

(1) 13 *Frim. an* XII. Cass. *Bon.* Bul. de la Cour, an
12, p. 74. — Jour. du Pal. an 12, 1. s. p. 259. — Jour.
des Aud. an 12, p. 156.

Du sens forcé, donné à cet arrêt, quelques personnes ont conclu, qu'en thèse générale, les huissiers
d'appel ne pouvaient exploiter que comme ceux de
première instance: sens injuste et contre les règles les
plus communes sur cette matière, qui veulent qu'un
huissier n'ait d'autres limites dans ses fonctions que celles
de la juridiction à laquelle il appartient; injuste en ce
que les huissiers d'appel fournissant un cautionnement
plus fort que ceux de première instance, cet excédant ne peut avoir d'autres causes que l'étendue du

d'appel et des ordonnances rendues par un juge de cette cour en qualité de commissaire soit à une expertise, soit à toute autre opération.

En vain dirait-on : l'huissier qui a signifié cet arrêt et les ordonnances de ce commissaire, était sans caractère hors le ressort du tribunal de 1.re instance où ses exploits ont été posés ; il résulte de l'arrêté des consuls du 22 thermidor an VIII, art. 7, qu'il est interdit aux huissiers d'une cour d'appel d'instrumenter dans tout le ressort de cette cour.

On répondrait avec raison : l'arrêté des consuls précité, qui pour les significations à faire circonscrit les huissiers dans le ressort du tribunal de 1.re instance, ne prononce point la nullité de celles qu'ils font hors dudit ressort ; « s'agissant de l'exécution d'un arrêt d'une » cour d'appel et d'ordonnance de son com- » missaire, l'huissier près cette cour a qualité » pour les signifier. » (1)

Voyez, pour le surplus des fonctions des huissiers, les mots *Exécution*, *Gendarmes*, *Injures*, *Rébellion* et *Violence*.

HYPOTHÈQUE *ancienne*.

En pays de nantissement.   1.° HYPOTHÈQUE (*l'*) ancienne, *acquise dans un pays de nantissement, a dû être renouvellée*

---

territoire de leur juridiction ; ce qui est démontré par la différence existante entre le cautionnement des huissiers près les cours où il y a deux sections et celles où il n'y en a qu'une ; mais, toutes ces réflexions deviendraient superflues, l'arrêt du 22 juillet 1806 ayant levé tous les doutes et détruit l'erreur dont il s'agit.

(1) 22 *Juillet* 1806. Rej. *Dame* BORDENAVA. Jour. du Pal. 1806, 2. s. p. 465. Jour. des Aud. an 14 et 1806, p. 479.

aux termes de la loi du 11 brumaire an **VII,** *avec relation dans l'inscription de l'acte en vertu duquel l'ancienne hypothèque avait été acquise, lorsque le contrat ne donnait point cette hypothèque.*

Par exemple : *Paul* souscrit à Lille une obligation à mon profit, en nivôse an VI ; cette obligation quoique notariée, n'emportait point hypothèque ; elle aurait dû suivant l'ancienne législation de la Flandre, être *nantie* (*) par œuvres de loi.

Dans le même mois, je fais transcrire au greffe du tribunal civil du Nord mon contrat pour acquérir hypothèque sur les biens de *Paul* ; formalité alors substituée à celle du nantissement.

En pluviôse an VII, décès de *Paul:* je prends inscription hypothécaire sur ses biens, j'y relate seulement mon obligation, sans faire mention de la transcription opérée au greffe du tribunal civil du département du Nord.

Dans cet état de choses, je ne peux soutenir devoir être colloqué à la date de nivôse an VI, date de la transcription de mon obligation audit greffe, ni à celle de pluviôse an VII, jour de mon inscription :

(*) C'est-à dire, que j'aurais dû présenter mon contrat au juge du lieu de la situation des biens de *Paul,* pour obtenir acte d'hypothèque, qui devait être transcrit au dos du contrat: cet acte du juge devait porter: *nous avons nanti, réalisé et hypothéqué* un tel, *sur les héritages* d'un tel, *pour une telle somme.* Cet acte emportait la préférence sur toutes autres obligations qui ne se trouvaient pas sur le registre du *nantissement.*

Cette législation rendait les hypothèques notoires, et prévenait les *stellionats* trop fréquens dans les pays où les hypothèques étaient secrètes.

Parce qu'en principe, « suivant les lois des
» pays de nantissement, l'obligation de *Paul*
» à mon profit, devant notaire, ne conférait
» point d'hypothèque ; cette hypothèque ne
» m'avait été acquise que par la transcription
» de ladite obligation, faite au greffe du tri-
» bunal civil de Douai ; »

Or . « pour conserver cette ancienne hypo-
» thèque, j'aurais dû . aux termes des articles
» 17 et 40 de la prédite loi de brumaire
» an VII . indiquer dans mon inscription,
» non seulement l'obligation de nivôse au VI,
» qui était le titre de ma créance, mais spé-
» cialement la transcription de cette obligation
» au greffe du tribunal civil, qui seul me con-
» férait une hypothèque. »

« En délarant nulle et sans effet l'inscription
» par moi prise dans cette circonstance, les
» juges ne violeraient aucune loi. » (1) Voyez
Inscription hypothécaire,

*De leur
conservation.*
En pays de
nantissement.

2.º *HYPOTHÈQUES* (*les*) anciennes *sont con-
servées par l'inscription réguliérement prise,
encore qu'elles ne l'ait été que postérieurement au délai fixé par la loi de brumaire
an VII.*

Seulement, *ces dernières ne pourraient être
valablement opposées, en pays de nantissement . aux tiers acquéreurs de l'immeuble hypothéqué . antérieurement à leur inscription,
lorsque celui-ci aurait fait transcrire son contrat
au greffe du tribual civil.*

Si j'ai acheté en l'an VI, en pays de nantis-

____

(1) 4 *Therm. an XII.* Rej. PRÉVOT. Jour. du Pal. an
13, 1. s. p. 81. — Jour. des Aud. an 12, p. 550. — Jur.
an 13, p. 92.

tissement, un bien, et fait transcrire mon contrat d'acquisition au greffe du tribunal de la situation; et que je n'aie pas fait transcrire mon titre au bureau des hypothèques avant l'an XII, *Paul* créancier d'une rente foncière hypothéquée sur ce bien, qui en l'an XI (*) aura fait inscrire son titre sur le registre de la conservation, aura le droit d'exiger de moi le service de cette rente malgré ma transcription au greffe du tribunal effectuée en l'an VI.

En vain dirais je à *Paul*, (**) si la loi donne un effet pour l'avenir aux inscriptions prises après l'expiration des delais fixés, cela ne peut être. à l'égard des acquéreurs, que contre ceux qui, n'auraient pas acquis des droits réels sur la propriété; il serait contraire aux principes reçus, que vous créancier eussiez pû acquérir une hypothèque toute nouvelle sur un bien qui a cessé d'appartenir à votre débiteur. lorsque celui-ci était dépouillé de tous ses droits réels et personnels, et que j'avais obtenu par la transcription de mon contrat au greffe du tribunal, l'ensaisinement en vertu de la loi du 27 septembre 1790:

Votre inscription prise en l'an XII, n'a pû grèver d'hypothèque, un bien dans lequel j'ai été réalisé en l'an VI. que dans le cas. où cette même réalisation ne mettrait point d'obstacle à votre hypothèque.

Paul me répondrait, avec la cour suprème:

(*) Conséquemment après l'expiration des trois mois fixés par l'article 37 de la loi de brumaire an VII.

(**) Avec les juges dont la diposition a été réformée.

« *En droit;* aucune disposition des lois (*) ne
» déclare anéanties et éteintes en faveur du
» débiteur ou de ses ayant causes, les hy-
» pothèques anciennes. non inscrites dans les
» délais qu'elles ont fixés. elles en reconnais-
» sent au contraire l'existence, en suspendant,
» en faveur des créanciers diligens, le rang
» qu'elles doivent prendre dans l'ordre des
» créances hypothécaires à la date de leur
» inscription postérieure à ces délais; elles ne
» font aucune exception pour le cas où lefonds
» hypothéqué aurait passé en d'autres mains
» qu'en celles du débiteur originaire; »

« La transcription sur les registres de la
» conservation des hypothèques, ordonnée
» par les lois de messidor an III, brumaire
» an VII. et par le code civil (art. 2131), ne
» transmet à l'acquéreur que les droits que le
» vendeur avait à la propriété de l'immeuble
» grévé, et ne purge pas les hypothèques
» établies antérieurement sur l'immeuble. »

« *En fait;* l'hypothèque ancienne de la
» rente dont il s'agit, n'est pas contestée;
» ainsi l'hypothèque existante n'a jamais été
» légalement purgée; »

« J'ai pris inscription, et par-là rétabli l'ef-
» fet et donné rang à mon hypothèque qui
» n'a jamais cessé d'exister, ainsi elle ne peut
» être considérée comme nouvelle; »

« Vous n'avez pas fait transcrire votre titre
» de propriété (*continuerait Paul*) sur lés re-
» gistres de la conservation des hypothèques,

(*) Article 105 de la loi du 9 messidor an III, et
les articles 39, 44, 45, 46 et 47 de la loi du 11 brumaire an VII.

» avant la transcription par moi prise , et
» suivant le vœu de l'article 105 de la loi du 9
» messidor an III, qui par l'article 276, a fait
» cesser tout ancien régime des hypothè-
» ques. »

« *Enfin*, en accueillant la fin de non-rece-
» voir par moi proposée contre *Paul*, fondé
» sur l'extinction de son hypothèque à défaut
» d'inscription dans les trois mois, les juges
» fourniraient motif à la cassation de leur
» jugement. » (1)

3.° *HYPOTHÈQUE (l') sur des biens situés en
pays de nantissement a pû être prise conformément a la loi du 9 messidor an III, quoique la
réalisation et la transcription n'ait point eu
lieu conformément aux anciennes lois du pays.*

C'est-à-dire, qu'un créancier porteur d'une
obligation souscrite en 1784 avec hypothèque
sur tous les biens du débiteur présens et avenir, ayant fait réaliser sur les biens présens,
a pû, en l'an IV, faire inscrire chez le conservateur des hypothèques en pays de nantissement, sur les biens advenus à son débiteur, conformément à ladite loi de messidor
an III, et par ce moyen obtenir une nouvelle
hypothèque, quoiqu'il n'ait point fait transcrire son contrat au greffe du tribunal de la
situation des biens conformément aux anciennes lois sur la réalisation, dans lesdits pays,
modifiées par celle du 27 septembre 1790.

« Parce qu'il résulte de la combinaison des
» diverses dispositions de la loi du 9 messidor

____

(1) 20 *Frim. an XIV.* Cass. Bul. de la Cour , an 14, p.
307. — Jour. du Pal. an 1806, 1. s. p. 157. — Jur. an
14 et 1806, p. 122. — Jour. des Aud. an 14 et 1806, p. 62.

» an III. et autres qui en ont successivement
» prorogé l'execution. et notamment de l'art.
» 37 de celle du 11 brumaire an VII, qu'elle
» a entendu valider toutes les inscriptions
» faites jusqu'à l'époque. et même qui pour-
» raient l'être après les trois mois de sa pu-
» blication , des droits d'hypothèque ou pri-
» vilèges existans lors de ladite publication,
» en execution et dans les formes de ladite
» loi du 9 messidor an III, sans aucune espèce
» de distinction ; »

En vain, querellerait-on la seconde inscription dont il s'agit, et voudrait-on établir une
distinction entre l'hypothèque qui aurait été
obtenue par la voie de la realisation et celle
en question ;

Car « en rejettant cette exception, propo-
» sée sur le fondement que cette inscription
» n'aurait point été prise conformément aux
» lois anciennes, les juges ne feraient qu'une
» juste application dudit art. 37 de la loi du
» 11 brumaire an VII, et ne violeraient au-
» cune de celles applicables à la matière. »
(1)

4.° *Mais l'Hypothèque obtenue, en pays de
nantissement , en* 1789, *n'est point purgée par
les articles* 37 *et* 39 *de la loi de brumaire an
VII. si elle n'a point été inscrite dans le
délai de trois mois , à compter de la publication de cette loi.*

Par exemple; en 1789, j'ai reçu de B... une
hypothèque sur sa maison , sise en pays de
droit écrit;

---

(1) 8 *Flor. an XIII.* Rej. *Dammann-Vandervalle.*
Jur. an 13, p. 324. —— Jour. des Aud. an 13, p. 433.

En l'an III. il vendit sa dite maison à G..., sans déclaration de mon hypothèque. celui-ci a fait transcrire son contrat au greffe du tribunal de la situation d'après l'art. 3 de la loi du 27 septembre 1790, qui prescrivait cette transcription, en remplacement des œuvres de loi. requises en pays de nantissement, pour consolider la propriété.

En l'an VIII. je fais inscrire ma créance à la conservation des hypothèques et je cite G.. pour faire déclarer ma créance exécutoire contre lui, en sa qualité d'acquéreur et de possesseur de la maison qui m'a été donnée par B .. en hypothèque;

En vain G... soutiendrait-il que mon hypothèque est effacée pour n'avoir pas été inscrite dans les trois mois à dater de la publication de la loi de brumaire an VII.

« *En droit*. loin qu'il résulte des articles 37,
» 38 et 39 de cette loi, que les hypothèques
» anciennes doivent être considérées comme
» éteintes, lorsqu'elles n'ont été inscrites
» qu'après les trois mois. à partir de la publi-
» cation de ladite loi de brumaire, il en ré-
» sulte au contraire qu'elles ne cessent pas de
» subsister, puisque ces articles disposent,
» qu'elles auront leur effet. mais seulement
» à compter du jour qu'elles auront été ins-
» crites. sans distinguer le cas où les immeu-
» bles seraient encore dans les mains des dé-
» biteurs qui les ont grévés d'hypothèques,
» d'avec celui où ils auraient passé en d'au-
» tres mains par vente ou autrement; »

« D'après les articles 44. 46 et 47 de la même
» loi. la transcription de l'acte de mutation
» est de toute nécessité pour purger les char-
» ges et hypothèques anciennes qui n'auraient

*De leur
conservation.*
En pays de
nantissement.

» pas été purgées par l'accomplissement des
» formalités voulues par les lois , soit ancien-
» nes, soit modernes, antérieures à ladite loi
» de brumaire; lorsque l'acquéreur n'a fait
» cette transcription qu'après l'expiration du
» délai de trois mois, ces charges et hypothè-
» ques sont demeurées entièrement conser-
» vées, si elles ont été inscrites avant la trans-
» cription de l'acte de mutation , et encore
» bien que leur inscription n'ait eu lieu qu'a-
» près l'expiration du délai de trois mois; »
« *En fait.* il est constant, dans l'espèce, que
» non seulement G... n'a point purgé mon
» hypothèque, en observant les formalités
» voulues par les lois antérieures à celle de
» brumaire; mais il n'a pas même transcrit
» son acte de mutation , ni dans le délai , ni
» après le délai de trois mois. »
Or « en déclarant que la *purge* de mon hy-
» pothèque se serait opérée à l'époque de
» l'expiration du délai accordé par la loi du
» 11 brumaire an VII, parce que ma créance
» n'avait pas été inscrite dans ledit délai , les
» juges appliqueraient faussement les articles
» 37 , 38 et 39. et violeraient les articles 44,
» 46 et 47 de cette loi. » (1)

*Des titres
qui peuvent
donner
hypothèque.*
Sentence
arbitrale.

5.° HYPOTHÈQUE (*l'*) *ne peut être prise en
vertu d'une sentence arbitrale non homologuée.*

Il est de principe rigoureux, établi par la loi
du 11 brum. an VII, « que pour que le créan-
» cier puisse prendre l'inscription dans les
» registres du conservateur des hypothèques,
» il faut qu'il ait une hypothèque conven-

____

(1) 1er *Prair. an XII.* Cass. FILLIARD. Bul. de la Cour,
an 12, p. 271.

» tionelle , ou judiciaire , ou l'égale acquise. »
Or, « une décision arbitrale n'ayant pas été
» homologuee, ne peut pas être considérée
» comme une condamnation judiciaire, dont
» il puisse résulter une hypothèque ; »
« D'où il suit que, les juges en déclarant
» nulle l'inscription prise, en vertu d'une dé-
» cision d'arbitres volontairement nommés, et
» non homologuée, loin de contrevenir à la
» loi, s'y conformeraient. » (1)

6.º *ELLE peut être prise pour cause d'obli-* **En vertu de**
gation, ou billet, sous signature privée, avant **jugement**
l'échéance, mais seulement en vertu d'un juge- **portant recon-**
ment portant reconnaissance de la signature. **naissance de signature.**

L'espèce d'où cette règle est tirée, se trouve
au mot *Billet*, nomb. 4 ; voyez-là et ajouté :
« En déclarant nulle l'inscription hypothè-
» caire prise par *le porteur d'un billet sous*
» *seing privé et non encore échu*, sur le do-
» maine de son debiteur, en vertu d'un juge-
» ment qui aurait déclaré reconnaître la si-
» gnature du debiteur, au bas du billet par
» lui souscrit, les juges commettraient un ex-
» cès de pouvoir, et violeraient l'art. 3 de la
» loi du 11 brumaire an VII. » (2)

7.º *HYPOTHÈQUES (les) ne peuvent être prises* **Il faut que le**
que sur les biens dont le débiteur est actuelle- **débiteur soit**
ment propriétaire. **propriétaire actuel.**

C'est-à-dire, que l'inscription hypothécaire
prise par un creancier sur des biens qu'il
savait que son debiteur avait déjà vendus , ne

---

(1) 25 *Prair. an XI.* Rej. MERLINO. Jur. an 11 , p. 303.
(2) 3 *Février* 1806. Cass. MUGNIER. Bul. de la Cour,
p. 1806, 33 —— Jur. an 14 et 1806, p. 545. —— Jour.
des Aud. an 14 et 1806, p. 192.

peut être conservée au préjudice des inscriptions postérieures prises par d'autres créanciers sur l'acquéreur desdits biens.

Expliquons cette règle par un fait.

En 1793 B... vend à G... un domaine grévé d'une rente de 4000 fr au profit des sœurs de B. ; celles-ci forment opposition aux lettres de ratification, et G. . s'oblige envers elles au service de la rente en question.

En nivôse an VII, lesdites sœurs, dans la vue d'assurer leurs droits sur G. .. prennent hypothèque sur le même domaine, contre leur frère B .., tandis qu'il se voit par des arrangemens par elles pris avec G... il résulte qu'elles savaient bien que ce domaine lui était vendu : mieux conseillées, en l'an VIII. elles prennent hypothèque sur G... lui-même :

Ensuite, revente de ce domaine par G... à Z... les sœurs de B... provoquent l'ouverture d'ordre du prix provenant de cette vente; c'est à cette époque que s'élève une question de préférence entre lesdites sœurs de B... et les créanciers de G...; ces derniers prétendent qu'ayant fait inscrire leurs titres contre G... dès le mois de germinal an VII, ils priment nécessairement les sœurs B .., par la raison que l'inscription par elles prise en nivôse même année était insignifiante. comme n'ayant frappé que sur leur frère, dont les droits étaient évanouis par la vente qu'il avait faite du domaine en question à G...

En vain les sœurs de B... disent-elles que la vente faite par leur frère est son ouvrage, et n'a pû changer la situation respective du créancier et du débiteur; que leur frère étant leur débiteur originaire, c'était sur lui qu'elles devaient prendre inscription : que l'article 17 de la loi de brumaire an VII , §. 2 . indique formellement que les bordereaux doivent contenir les noms, prénoms , profession et domicile du debiteur; que faire frapper l'inscription sur G... ne serait point se conformer à cette disposition, ce tiers n'étant pas débiteur de celui qui aurait requit l'inscription :

« C'est , *disait M. MERLIN à cette occasion*, abuser du mot qui se trouve dans l'article invoqué ; il est sensible , en effet , que par cette expression , le législateur n'a voulu désigner que l'individu *grévé*, le propriétaire de l'immeuble sur lequel on a interêt de faire frapper son inscription ;... la designation du propriétaire grévé est, dans l'etat de la législation , le seul moyen de mettre le conservateur à même de vérifier sur les registres si *tel* ou *tel* immeuble est grévé ou non. » ...

En principe, « le vœu de la loi du 11 bru- » maire an VII est qu'une inscription soit » faite sur le propriétaire des fonds hypothè- » qués à une créance. »

Dans l'espèce, « l'inscription faite à la re- » quête des sœurs de B. .; en nivôse an VII, sur » leur frère , ne pouvait avoir l'effet de leur » conserver la date de leur hypothèque sur » G..., propriétaire des biens hypothéqués, » au préjudice des créanciers dudit G..., qui » avaient eux mêmes fait inscrire leurs créan- » ces sur ce dernier long-temps auparavant. »

Conséquemment, en rejettant la demande en préférence d'inscription formée par les sœurs de B.., « les juges loin de contrevenir à la loi » du 11 brumaire an VII , s'y conformeraient » exactement. » (1)

______

(1) 13 *Therm. an XI.* Rej. *Demoiselle BOITOUZET.* Jour.

8.º *Hypothèque ('l' prise par le créancier d'un héritier sur les biens provenant d'une succession non partagée, ne peut gréver la portion avenante aux autres héritiers, après le partage de cette succession.*

C'est-à-dire, que l'hypothèque prise sur un bien indivis ne peut porter sur l'immeuble réellement, mais bien sur la somme à provenir de la licitation et représentant la part de celui sur qui l'hypothèque est prise.

En principe, « la licitation d'un immeuble » indivis entre co héritiers équivaut à par- » tage; et celui des co-héritiers à qui, par » l'effet de la licitation, l'immeuble est ad- » jugé, est censé le recevoir immédiatement » du défunt; »

« Dès-lors des lettres de ratification dont » l'obtention était prescrite par l'édit de 1771, » (ou un jugement de radiation d'hypothè- » que, depuis la loi de brumaire an VII,) » auraient été sans objet de la part de l'adju- » dicataire de ces biens, puisque l'immeuble » qui lui est adjugé n'est point grévé des hy- » pothèques personnelles à ses co-héritiers. » (1)

9.º *Hypothèques (les) prises pendant le sys- tême révolutionnaire, sur les biens et par les créanciers des personnes en état de mort civile, sont maintenues à leur préjudice,*

C'est-à-dire, que l'hypothèque prise en l'an VII, sur les biens d'une succession partageable

---

du Pal. 1806, 1. s. p. 225. — Jour. des Aud. an 14 et 1806, p. 49. —— Jur. an 13, p. 89.

(1) 14 *Brum. an IX.* Rej. *Viard.* Jur, notice, p. 360.

avec

avec une *personne* frappée de mort civile peut servir de base à une expropriation forcée sur la totalité ; encore que ces biens aient été partagés en l'an X , entre le co-héritier et la *personne* morte civilement , a cause de sa rentrée dans tous ses droits.

En vain , cette *personne* revendiquerait-elle la portion à elle échue dans le partage ; et dirait-elle que les obligations et hypothèques contractées, après sa mort civile , par son co-héritier , pendant qu'il était en possession de l'universalité de la succession en question , doivent être restreintes à la portion qui *la concerne* exclusivement , parce que par son fait , ce co-héritier n'aurait pû compromettre des droits qui lui étaient parfaitement étrangers.

En effet, on lui répondrait : « en déclarant lé-
» galement acquises , et en maintenant les hy-
» thèques des créanciers de votre co-héritier
» sur les biens que vous revendiquez, les juges
» ne contreviendraient à aucune loi , puisque
» par l'effet de votre mort civile, de la confis-
» cation qui s'en est suivie et de la remise des-
» dits biens à votre co-héritier, par les lois de
» fructidor an III , le créancier de ce dernier
» a eu un juste motif de le considérer comme
» propriétaire desdits biens , et on ne saurait
» le priver des hypothèques qu'il aurait ac-
» quit , sans tromper la foi publique. » (1)

10.° *Hypothèque* (*l'*) *suit le bien hypothé-qué , en quelque mains qu'il passe.*

       A charge du possesseur des biens.

« Il est incontestable, d'après le droit com-

---

(1) 5 *Messid. an XIII.* Rej. *Heremberg.* Jour. du Pal. an 1806, 1. s. p. 103. — Jour. des Aud. an 13, p. 583.

» mun et d'après la jurisprudence, que le
» créancier hypothécaire est fondé à diriger
» son action contre le possesseur des biens
» affectés au paiement de sa créance. »

« Le possesseur de ces biens est incontesta-
» blement tenu par l'effet de l'action hypo-
» thécaire, de payer la totalité de la créance,
» ou de délaisser les biens soumis à l'hypo-
» thèque » Voyez *Action* hypothécaire, *lorsqu'il s'agit des biens d'émigrés*, 2.ᵉ vol. pag. 17.

*Tacite.
En faveur du
vendeur.*

11.º *HYPOTHÈQUE* (*l'*) tacite, *réservée par
le statut local au vendeur pour restant de son
prix encore dû, ne peut primer celle de la
femme de l'acquéreur, qui a pris inscription
avant le vendeur sur l'immeuble devenu conquêt de communauté.*

Voyez *Communauté*, nomb. 3, et *Conquêt.*

*Subrogation
aux termes de
l'édit de 1609.*

12.º *HYPOTHÈQUE* (*l'*) *peut être transmise
par la voie de la subrogation, à celui qui prête
ses fonds pour payer un créancier.*

« Aux termes de l'édit de 1609, expliqué
» par l'arrêt de réglement rendu le 6 juillet
» 1690 par le Parlement de Paris, il résulte
» que pour qu'un prêteur fut subrogé aux
» hypothèques, noms, raisons et actions d'un
» créancier, à l'égard de tous les co-débiteurs,
» il suffisait qu'il eut fourni ses deniers à l'un
» de ceux-ci, et que ces deniers aient été
» employés à payer ledit créancier. » (1)

En fait de

13.º *HYPOTHÈQUE* (*l'*) *consentie par le débi-*

---

(1) 18 *Niv. an XIII.* Cass. **LAMBERT**. Bul. de la Cour,
an 13 et 14, p. 135.

teur et accepteur d'une lettre de change, altère le caractère de cette lettre ;

L'acte contenant cette hypothèque est assujetti au droit proportionnel d'enregistrement.

« En effet, un pareil acte non seulement
» altère le caractère primitif de la lettre de
» change, en lui donnant les avantages des
» obligations civiles, et en ajoutant une ga-
» rantie immobilière à la simple garantie per-
» sonnelle, mais encore contient dans la réa-
» lité une obligation nouvelle et distincte de
» la première. »

« L'acte de déclaration d'hypothèque dont
» il s'agit, contenant une obligation effective,
» distincte de celle résultante d'une lettre
» de change. ne peut être assimilé à une dé-
» claration pure et simple, qui d'après le n.° 23
» du §. 1. de l'art. 68 de la loi du 22 frimaire an
» VII, n'est assujettie qu'à un droit fixe; mais
» doit être rangée dans la classe de tous les ac-
» tes contenant obligation de sommes détermi-
» nées, lesquels. d'après les articles 4 et 69,
» §. 3. n.° 3, sont sujets au droit proportion-
» nel. » (1)

Nous avons rassemblé ici les principales décisions de la cour suprême sur la matière importante des hypothèques. et sur tout celles
relatives aux hypothèques anciennes dont les
formalités peu connues de quelques personnes
seront encore long-temps nécessaires à connaître : mais il existe beaucoup de règles particulières aux hypothèques modernes, pour les-

---

(1) 17 *Prair. an XII.* Cass. *Régie de l'enregist*, Bul. de
la Cour, an 13 et 14, p. 301. — Jour. du Pal. an 12, 2.
s, p. 433. — Jour. des Aud. an 12, p. 418.

quelles il faut consulter les mots indicatifs des matières principales dont les hypothèques ne sont que l'accessoire ; et plus particulièrement les mots,

Acquéreurs,   *Garantie*,
Cautionnemens,   *Inscription*,
Certificats,   *Lettres* de change,
Confiscation,   *Lettres* de ratification,
Distribution,   *Mutation* (droit de),
Domicile,   *Préférence*,
Dol,   *Privilège*,
Émigrés,   *Radiation*,
Enchères (sur)   *Subrogation*,
Formalités,   *Transcription*,

IDENTITÉ. *Mat. criminelle.*

1.º *IDENTITÉ (l') de la personne du prévenu arrêté et celle du condamné contumax, doit être constatée par les voies légales.*

De manière à convaincre le juge que *l'arrêté* est parfaitement le même que *le contumax* et non un autre.

Par exemple : « un jugement de contumace » étant intervenu contre un certain *Jean-* » *Baptiste*, sans autre désignation ; si, un *Augustin* est arrêté et soutient dès son premier » interrogatoire n'être pas le même individu » poursuiv et condamné sous le nom de *Jean-* » *Baptiste ;* ceci ne permet pas aux juges de » donner suite à l'instruction de la procédure, » sans s'être assuré préalablement, par les » moyens ordinaires et de droit, de l'identité » de l'individu arrêté avec le *Jean-Baptiste* » condamné par contumace ; »

Si, « les juges au lieu de faire procéder à » la reconnaissance de l'identité entre ces » deux individus, » se bornent, au contraire, à faire constater, par des officiers de santé, que celui alors sous la main de la justice, a des cicatrices aux jambes comme elles auraient été reconnues exister à celles de *Jean-Baptiste ;* cela ne suffirait pas pour s'assurer de l'identité des deux individus ; « or, en or- » donnant, malgré le désaveu de *l'individu* » *arrêté*, de continuer les poursuites contre » lui, et en prononçant l'arrêt définitif, cela » vicierait toute la procédure, et par suite » l'arrêt ou le jugement définitif ; »

Car, « aux termes de l'art. 10 du code des
» délits et des peines, personne ne péut être
» recherché pour crime après six années,
» s'il n'a été condamné par défaut ou par
» contumace dans ledit délai ; dès lors, avant
» toutes poursuites contre un individu pré-
» venu d'un crime connu et légalement cons-
» taté depuis plus de six années, il faut qu'il
» soit judiciairement constaté que cet indi-
» vidu a ete condamné par défaut ou par
» contumace. » (1)

En matière de jury. 2.º IDENTITÉ (*l'*) *entre le juré indiqué par le tirage au sort et celui qui a concouru à la délibération doit etre certaine.*

Lorsque le condamné, qui s'est pourvu en cassation, articule que le procès-verbal du tirage, des jurés au sort, indique *Etienne C..* et que parmi les huit jurés qui l'ont mis en accusation, se trouvait *François C..*, de la même commune que *Etienne ;* la Cour de cassation ordonne, avant faire droit, qu'il sera justifié de l'identité ou non identité de ses individus.

Or, s'il se trouve « dans les pièces apportées
» au greffe de la cour, une seconde expédi-
» tion du procès-verbal de tirage au sort non
» conforme à la première, un extrait de nais-
» sance de *François* et un certificat du maire
» de sa commune, duquel il résulte qu'il existe
» dans cette commune deux individus por-
» tant le même nom propre, savoir *François*
» *C...* père et *Etienne C...* fils, cela exclut
» toute idée d'identité.

Dans ce cas, « la cour casse et annulle tant

______

(1) 3 *Vent. an XIII.* Cass. MUSSEL. Bul. de la Cour,
an 13 et 14, part. crim. p. 169

» le procès-verbal de tirage au sort que celui
» de la tenue du jury. » (1)

JEUX. *Voyez* les mots relatifs a leur police:
de fiefs, voyez redevances seigneuriales.

ILE.

« *ILE (une) sur le lit d'une rivière naviga-*
» *ble n'est point dans la classe des biens dont*
» *parle l'art. 1.*er *de la section 4 de la loi du 10*
» *juin* 1793 *; »*
    « Et ne peut être considérée comme un
» terrain vain et vague, qui de sa nature ap-
» partienne à la commune sur le territoire de
» laquelle il est situé. »
    « La demande en revendication d'une île,
» de la part d'une commune, rentre dans l'ap-
» plication de l'art 8 de la loi du 28 août 1793;
» son effet est subordonné à la preuve de
» l'ancienne possession du terrain revendi-
» qué. »
    « Le fait du pacage des bestiaux de cette
» commune sur ce terrain ne pourrait être
» envisagé comme une preuve de propriété. »
(2)

IMMEUBLES (*) *fictifs.*

IMMEUBLE lictif *(n'est point) un fond de bou-*
tique et de caisse, suivant la coutume de Lor-
raine.

Revendica-
tion.

Fond de
boutique.

---

(1) 28 *Frim. an XIV*. Cass. MOREL. Bul. de la Cour,
an 14, part. crim. p. 491.
    (2) 1.er *Brum. an VI*. Cass. PAUIMIER. Jur. not. p. 115.
    (*) *Immeubles*: biens fixes, qui ont une assiette, une

« L'article 1.er du tit. 2 de la coutume de
» Lorraine ne laisse aucun doute sur ses in-
» tentions en faveur du survivant des con-
» joints ; l'art 13 de la loi du 17 nivôse, loin
» de détruire ces dispositions, les confirme
» d'une manière précise, en maintenant les
» coutumes et usages locaux ; »

« Nulles lois, nulles coutumes, nuls usages
» n'a classé parmi les immeubles un fond de
» boutique et un fond de caisse composés
» d'objets purement mobiliers, dont la nature
» ne peut être changée par aucune disposi-
» tion. »

En vain aurait-on prétendu qu'un fond de
boutique (et la caisse servant à l'alimenter),
fût un immeuble, au moins fictif, qui ne pût
être classé parmi les meubles dont la coutume
de Lorraine disposait en faveur du survivant
des époux: accueillir une semblable prétention
eût été « déclarer immeubles des objets pure-
» ment mobiliers, et priver l'époux survivant
» des avantages résultant en sa faveur de la
» disposition des lois citées, » (1)

Les immeubles sont un des objets prin-
cipaux du commerce, et leur transmission
la matière de la plus grande partie des affaires soumises à la justice ; ils se transmettent
par *vente*, *donation*, *succession*, &c. Voyez

---

situation fixe et assurée, et qu'on ne peut transporter,
cacher ni détourner ; RES IMMOBILES, RES SOLI. Ils se divisent en *immeubles véritables*, tels qu'une terre, une
ferme, un moulin; et en *immeubles fictifs*, tels que les rentes et d'autres objets, suivant les dispositions des coutumes et du code civil. (article 517 et suivans.)

(1) 8 *Fruct. an III.* Cass. MAYER. *Jur* notice, p. 79.

ces mots et autres indicatifs des droits ou des exceptions qui leur sont analogue.

IMPORTATION.

IMPORTATION (l') des marchandises prohi-bées « *est une contravention qui donne lieu à la* » *traduction des contrevenans devant les tri* » *bunaux correctionnels, aux termes de l'ar-* » *ticle* 15 *de la loi du* 10 *brumaire an V.* »
Par exemple : « s'il résulte de l'espèce sou-» mise à ces tribunaux que des marchandi-» ses reconnues pour être anglaises, ont été » saisies par les préposés de la douane dans » les deux lieux des côtes, sur un bâtiment no-» toirement au-dessous du port de cinquante » *tonneaux*, (*) il en résulte que ces mar-» chandises se sont trouvées dans le cas de » l'importation prohibée et prévue par l'art. » 2 du titre 5 de la loi du 22 août 1791 ; » d'où il résulte qu'il y a eu contravention » à l'article 1.er de la loi du 10 brumaire » an V ; »
« En vain ces tribunaux se déclarerait-» ils incompétens par le motif que la loi du » 22 août 1791 a prévu la saisie en mer, et » que la loi du 10 brumaire n'a prévu que » l'importation ; »
Car, « cette loi de brumaire, en prohi-» bant en général l'importation des marchan-» dises anglaises, ne s'est point occupée d'ail-

RÈGLES GÉNÉRALES.
Compétence.

(*) *Tonneaux*, mesure de convention et en usage sur mer ; le tonneau de mer tient trois muids de france, et pese 2000 liv. (979 kilogramme 4408), de sorte qu'un vaisseau du port de 300 tonneaux porte trois cents fois ce poid.

» leurs à déterminer les cas particuliers où
» des marchandises prohibées sont réputées
» être importées ; par conséquent la question
» relativement au fait de l'importation doit
» se décider d'après les autres loi existantes
» sur cette matière ; »

Ainsi, en se déclarant incompétent, le
tribunal correctionnel « violerait les règles
» de compétence, par contravention à l'ar-
» ticle 15 précité, et ferait une fausse ap-
» plication de cet article » (1)

« L'article 15 de la susdite loi de brumaire
» an V prohibant l'importation et le débit
» des marchandises, les contrevenans à cette
» loi sont soumis à des peines indépendam-
» ment de la confiscation ; ceux qui co-opèrent
» à l'importation ou au débit des marchan-
» dises importées, sont, d'après le même
» article, compris parmis les contrevenans. »
Voyez, *Anglaises* (marchandises), nombres
3, 4 et 5 ; au deuxieme volume.

« Les sucres sont nominativement compris
» dans l'article V de cette loi, et la per-
» mission d'en importer de l'étranger, en
» payant des droits, n'a point dérogé à la
» défense portée par cette même loi d'im-
» porter les marchandises provenant des fa-
» briques ou du commerce anglais »(2)

« La loi du 22 brumaire an VII ayant
» prohibé l'importation des tabacs fabriqués
» ou seulement préparés à l'étranger, ces

---

(1) 20 *Messid. an XI.* Cass. *Régie des douanes.* Bul. de
la Cour, an 11, part. crim. p. 299.

(2) 18 *Therm. an XI.* Cass. *Régie des douanes.* Bul.
de la Cour, an 11, part. crim. p. 336.

» sortes de tabacs sont entrés dans la classe
» des marchandises essentiellement prohi-
» bées. » (1) Voyez *Marchandises.*

IMPOSITIONS.

IMPOSITIONS (*les*) sont retenues, *sur les rentes, par les débiteurs ;*

De leur retenue sur les rentes.
Béarn.

Par exemple : en ci-devant Béarn, la rente constituée sans stipulation sur la retenue des impositions, y a été assujettie depuis la loi du 1.er décembre 1790, lorsque le créancier l'a soufferte pendant plusieurs année sans réclamation ;

En vain ce créancier, après avoir consenti à la retenue des impositions pendant plusieurs ann.., prétendrait il se faire restituer le montant des lites impositions retenues, et faire ordonner en justice qu'il n'en serait plus fait à l'avenir :

On lui opposerait, « qu'avant la loi du 1.er
» décembre, la loi générale de France au-
» torisait la retenue des impositions sur les
» rentes, et défendait même la stipulation
» de non retenue ; »

Que dans l'espèce, « aucune loi contraire
» ne prohibait la même retenue dans la ci-
» devant province de Béarn ; »

« Que son contrat ne contient point la clause
» de non-retenue ; »

Qu'enfin, en lui adjugeant sa demande,
« les juges contreviendraient aux articles

______

(1) 12 *Flor. an XIII.* Cass. *Régie des douanes.* Bul. de la Cour, an 13 et 14 , part. crim. p. 225.

» 7 et 8 , titre 2 , de la loi de décembre pré-
» citée et à l'article 1.er de celle du 7 juin
» 1791. » (1)
Voyez *Contribution* et *Retenue.*

IMPRESSION.

Des jugemens

IMPRESSION (l') des jugemens ne peut être ordonnée d'office.

En vain les juges en matière de police con-sidéreraient-ils cette mesure d'impression et affiche de leur jugement comme une répara-tion nécessitée par l'offense, comme une espèce de dommages-intérêts.

« En condamnant le prévenu aux frais de
» l'impression et de l'affiche d'un jugement ,
» quoique le plaignant n'eût demandé par
» ses conclusions , ni l'impression ni l'affiche
» dudit jugement , les juges excéderaient leurs
» pouvoirs et fourniraient motif à la cassation
» de leur jugement. » (2) Voyez *Affiche*
et *Faux.*

INCAPACITÉ.

A l'égard des personnes qui sont engagées par des vœux religieux.

INCAPACITÉ (l') cesse avec la loi qui l'avait prononcée ;

Les actes faits par un INCAPABLE , sous l'an-cienne législation , doivent avoir leur exécu-tion , lorsque ces actes ont été par lui ratifiés , depuis la nouvelle loi qui a fait cesser l'in-capacité.

---

(1) 14 *Vent. an VIII* Cass. Bul. de la Cour, an 8, p. 167. — Jur notice, p. 284.

(2) 17 *Fruct. an IX.* Cass. *FESTA.* Bul. de la Cour , an 9, p. 575 — Jur. an 10, p. 57.

C'est ainsi qu'une donation, stipulée entre époux, et consentie avant la révolution, par un ex-religieux, lors incapable, a pû devenir valable par une ratification ultérieure aux termes de la loi de 1791.

En effet, « les juges, en déclarant que la
» nouvelle législation a fait cesser cette in-
» capacité civile, ne feraient qu'appliquer à
» la proposition les dispositions de la loi de
» 1791, puisque le législateur a déclaré dans
» le préambule, de cette loi, qu'il ne recon-
» naissait plus ni vœux religieux, ni aucun
» engagement contraire au droit naturel; »

Or « lorsque par un nouveau mariage, con-
» tracté sous l'empire des lois françaises, *le*
» *religieux en question* et son épouse ont
» confirmé, ratifié et pris même de nouveau,
» pour quelque cause que ce puisse être,
» tous les engagemens qu'ils avaient pris an-
» térieurement; les juges se conformeraient
» aux véritables principes, en déclarant que
» le sort de l'obligation réciproque résultant
» de cette ratification, ne dépendrait pas des
» anciennes règles, mais bien de celles po-
» sitivement établies par la nouvelle législa-
» tion; puisqu'il impliquerait en effet qu'une
» obligation réciproque, contractée sous l'em-
» pire des lois qui la protégent, fût annullée
» sur le fondement d'une nullité prononcée
» par des lois qui ont été abrogées : »

« D'ailleurs, le principe sur les nullités,
» suppose, dans l'espèce, un ordre social dans
» lequel la même législation sur l'incapacité
» se perpétue; et ce principe devient inapli-
» cable, lorsqu'une nouvelle législation faisant
» cesser cette incapacité, rend habiles à con-
» tracter, sans exception, tous les individus

» que cette incapacité atteignait aupara-
» vant. » (1) Voyez l'espèce au mot *Mariage*,
paragraphe des nullités.

INCENDIE.

Compétence.

« *INCENDIE (le jugement du crime d') appar-*
» *tient aux cours spéciales , juges compétens*
» *de cette espèce de crime.* »
« Mais, si l'accusé (du crime d'incendie
» et de vol) n'est pas déclaré coupable de
» l'incendie , le délit de vol n'ayant pas par
» lui-même les caractères qui pourraient en
» attribuer la connaissance à la cour spéciale ,
» il ne doit pas être jugé par cette cour, qui ,
» dans l'espèce, ne pourrait en connaître que
» par l'effet de la connèxité , qui disparaît
» par l'acquittement du prévenu sur le crime
» d'incendie. » (2)

INCIDENS.

En matière civile, Les incidens sont réglés
par le code de procédure ; le lecteur est prié
de s'y reporter , ainsi qu'aux volumes de ce
recueil pour les années suivantes

En matière criminelle: Voyez *Exceptions* et
les mots indicatifs des divers crimes et délits,
ainsi que des actes de la procédure , où tous
les incidens qui leur sont particuliers sont
rapportés.

INCOMPÉTENCE (relativement à l') des

---

(1) 3 *Flor. an XIII.* Rej. D'AVRILLY. Jour. du Pal. an
14, 1. s. p. 113. Jur. an 13, p. 345 — Jour. des Aud.
id. p. 480.

(2) 7 *Germ. an XIII.* Cass. d'office. Bul. de la Cour,
an 13, part. crim. p. 198. — Jour. des Aud. an 13, S.
p. 113.

diverses autorités judiciaires et administratives, voyez le *Traité de competence* qui précède le premier volume ; rien n'a été négligé pour y établir toutes les règles relatives à cette matière.

INDEMNITÉ. Voyez *Congé*, *Contrefaçon*, *Dommages-intérêts*, *Garantie* et autres mots indicatifs des faits portant préjudice à autrui, et pouvant donner lieu a des indemnités.

INDICATION *de paiement.*

Indication (*l'*) *de paiement diffère de la délégation*, *en ce que celle ci*, *lorsqu'elle est parfaite opère novation entre les parties*, *tandis que la première ne l'opère point.*

De sa nature et de ses effets. Novation.

Par exemple, une vente moyennant une somme payée comptant, et à la charge par l'acquéreur de servir diverses rentes à l'acquit du vendeur, « ne contient pas une dé-
» légation parfaite, mais une simple indication
» de paiement, incapable d'opérer une véri-
» table novation ; »

« Nonobstant cette indication de paiement,
» le vendeur n'est pas moins resté créancier
» de l'acquéreur. pour la portion du prix restée
» dans les mains de ce dernier, et destinée
» au paiement des rentes : ce créancier n'en a
» pas moins conservé une hypothèque spéciale
» et privilégiée, sur l'objet de la vente dont
» il s'agit. »

« D'après cela, (et s'agissant dans l'espèce
» d'un ancien office de notaire, supprimé et
» liquidé sur le trésor public), l'article 66
» de la loi du 24 août 1793 est applicable à

A cause d'un ancien office supprimé.

» l'espèce ; et aux termes de cet article,
» l'acquéreur devenu créancier direct de la
» nation, par la suppression et la liquida-
» tion dudit office, a été autorisé à rem-
» bourser son vendeur par un transfert de
» l'inscription à lui delivrée. » (1)

Voyez *Assignats*, *Clauses*. *Délégation*, *Novation*, *Papier monnaie*, *Rentes*, *Résiliation*,
Transport, *Vente*.

INDIGENCE.

Comme elle doit être constatée.

1.° *INDIGENCE* (*l'*) *réguliérement constatée
dispense les parties de la consignation d'amende
exigée préalablement à la demande en réformation des jugemens.*

Cette indigence doit être justifiée par certificat en bonne forme, de fraîche date, et
duement approuvé par le préfet du département.

D'où il suit qu'il ne serait point pris égard
« à un certificat d'indigence délivré par des
» officiers municipaux et approuvé par l'ad-
» ministration centrale, (maitenant le maire
» et le prefet), mais daté d'environ vingt
» mois avant que le jugement attaqué ait
» été rendu ; parce que pendant cet inter-
» valle la fortune de la partie a pu s'amé-
» liorer ; »

« Il en est de même lorsque le certificat
» d'indigence délivré par le maire et légalisé
» par le sous-préfet n'est pas approuvé par le

______

(1) 17 *Fruct. an XII.* Cass. *LACOUTURE.* Bul. de la
Cour, an 12 , p. 434.

» préfet ,

» préfet, comme l'exige la loi du 14 bru-
» maire an V ; » (1)

Car « le préfet étant substitué à l'adminis-
» tration centrale, s'il se contente de léga-
» liser la signature du sous-préfet, il ne sa-
» tisfait pas à loi. » (2)

Enfin , « si le demandeur n'a point consigné
» d'amende et n'a point produit de certificat
» d'indigence en bonne forme , la cour le dé-
» clare non-recevable dans son pourvoi. (3)

2.° *INDIGENCE (l') prétendue d'une partie saisie dans ses meubles n'empêche point qu'on ne puisse valablement saisir les bestiaux qu'elle aurait donnés à cheptel à des fermiers ou métayers.*

D'une partie saisie dans ses meubles.

Cheptel.

Car « l'exception portée par l'article 14 du
» titre 33 de l'ordonnance de 1667 , (et par
» les articles 592, n.° 8 et 593 du code de
» procédure), n'a été établie qu'en faveur de
» l'indigence , et n'est point applicable au cas
» où la saisie exécution des bestiaux est |faite
» entre les mains de ceux à qui ils auraient
» été donnés à cheptel. » (4)

3.° *INDIGENCE (l') de l'époux divorcé, survenue depuis le divorce prononcé, ne peut servir de motif pour une demande d'alimens à charge de l'autre époux.*

De l'époux divorcé.

Alimens.

---

(1) 25 *Therm. an XII.* Rej. d'office. Jour. des Aud. an 12, S. p. 20.

(2) 7 *Niv. an XIII.* Rej. d'office. Jour. des Aud. an 13, p. 78.

(3) 10 *Niv. an XI.* Cass. d'office. Bul. de la Cour, an 11, part. crim. p. 113.

(4) 1.ᵉʳ *Therm. an XI.* Rej. SIMON. Jur. an 11 , p. 382.

Voyez *Alimens*, nombre 8., page 131 du deuxième volume.

INDIGNITÉ.

En fait de succession. *I*NDIGNITÉ (*l'*) prévue par les lois romaines et portant exclusion de certaines personnes des successions à elles échues, n'a point été abolie par la loi du 17 nivôse an II.

Loi du 17 niv. an II.

Femme. C'est ainsi qu'en pays de droit ecrit, une mère appellée par la loi à la succession de ses enfans morts sans postérité, a pû, sous l'empire de la loi de nivôse, être déclarée indigne. Voyez *Femme*, nomb. 3.

Pays de droit écrit.

« Car (*), de ce que l'article 69 de la loi du 17 nivôse an II appelle, au défaut du père, la mère à recueillir la succession de ses enfans décédés sans postérité, il ne s'en suit pas que la mère ne puisse devenir indigne de cette succession, et en être privée comme telle ;... loin de conclure du silence de cette loi que les incapacités sont abolies, il faut au contraire tenir qu'elles sont restées aux termes de l'ancien droit, jusqu'à ce qu'il y ait été pourvu ultérieurement. » (Ce qui a été fait par le chapitre 2 du titre 1.er du livre 3 du code civil.)

« Quel changement a opéré la loi du 17 nivôse ? *disait M. M*ERLIN *, dans son plaidoyer en faveur de l'arrêt de la cour d'Agen ,* en établissant un ordre de succéder qui lui était propre, elle a voulu et dû abolir toutes les lois qui contrarieraient sa disposition ; elle n'est

____

(*) Ainsi qu'il a été jugé par la cour d'appel d'Agen, dont la décision a reçue la sanction de la cour suprême.

pas allée plus loin; ainsi tout ce qui de la législation antérieure, relative aux successions, a pû se concilier avec le mode de successibilité qu'elle traçait, a été nécessairement maintenu et excepté de l'abolition prononcée. »

« Ainsi, par exemple : la nécessité de l'autorisation du mari, dans le cas d'une succession échue à sa femme, les règles qui déterminaient la capacité de succéder, qui marquaient les causes d'indignité, etc. n'ont point reçu d'atteinte; en un mot il n'y a d'abrogé par l'article 61 que l'ordre de succession contraire au nouveau mode. »

« Mais, la novelle 118, dont la loi du 17 nivôse n'est que la copie, a aussi son article 61 et son article 69 ; d'une part, elle trace un ordre de succéder; d'un autre elle appelle les mères à recueillir l'hérédité de leurs enfans morts sans postérité, ne laissant ni frères ni sœurs.

« A-t-on jamais prétendu que les expressions : *PRIORIBUS LEGIBUS*, *PRO HAC PARTE POSITIS*, *VACANTIBUS*, dussent embrasser le chapitre 40 de la novelle 22, publiée huit ans auparavant la loi 6. au cod. *AD SENATUSC. TERTULL*, qui était en vigueur depuis plus de cent ans; la loi qui prive le parent de la succession de son parent pupille, s'il a laissé passer plus d'un an sans lui faire nommer un tuteur; la loi enfin qui déclare indigne de succeder le membre d'une famille qui n'a pas poursuivi le meurtre du défunt dont il était héritier. »

« Pourquoi les mêmes expressions, traduites en français dans l'article 61 de la loi

de nivôse, auraient-elles une autre signification, et un effet plus étendu ? »

« D'où il suit que ces mêmes lois (*)
» n'ayant pas été abrogées par lesdits articles
» 61 et 69, ni par aucune autre article de
» de ladite loi du 17 nivôse an II, il y
» aurait juste application desdites lois, lors-
» qu'elles étaient en pleine vigueur dans les
» pays où *les successions se sont ouvertes*;
» dans l'étendue duquel la *personne repro-*
» *chée d'indignité* a toujours été domiciliée,
» soit à l'époque de son second mariage,
» sans avoir fait préalablement pourvoir son
» enfant du premier lit , dont elle aurait
» été nommé tutrice, d'un nouveau tuteur,
» soit à la date du décès de cellui-ci en
» âge de pupillarité ; »
Et les juges, en déclarant cette personne
« déchue de l'hérédité en laquelle l'oncle de
» l'enfant décédé serait maintenu , ne contre-
» viendraient également point aux lois nou-
» velle, qui, à l'exemple de ladite novelle
» 118, n'avaient statué que sur les transmis-
» sions héréditaires, sans s'expliquer ni rien
» prononcer sur les exclusions fondées sur
» des causes particulières d'indignité prévues
» par les lois anciennes. » (1)

INDIVIS.

IN SOLIDUM, *INDIVISÈ*. Posséder un héritage *par indivis*, c'est jouir d'une même chose

---

(*) Rappellées par la cour dans son arrêt, dont la première partie se trouve au mot *Femme*, nombre 3.

(1) 24 *Fruct. an XIII.* sect. réunis Rej. Combre Jour.
du Pal. 1806, 1. s. p. 81 ⸺ Jur au 14, et 1806. p. 85.

non séparée entre les co-propriétaires. (*)

1.º *L'acquéreur, en l'an III, d'un domaine*   *Avec la répu-*
possédé par INDIVIS *entre un particulier et un*   *blique, aux*
émigré, vendu par l'autorité administrative,   *droits d'un*
n'a point été ausorisé à verser dans la caisse   *émigré.*
nationale la portion du prix appartenante au   Vente.
particulier :

C'est-à-dire, que ce particulier a conservé le droit d'exiger de cet acquéreur le paiement de sa portion du prix de l'adjudication, nonobstant l'entier paiement fait en l'an IV, par l'acquéreur dans la caisse nationale.

En vain, l'acquéreur soutiendrait-il que le paiement par lui fait à la nation, étant postérieur à la loi du 1.ᵉʳ floréal an III, abrogative de celle du 12 septembre 1793, ce paiement serait libératif envers tous les propriétaires.

Le co-propriétaire serait fondé à répondre à cet acquéreur ;

En principe général : « il existait une distinc-   *Principes*
» tion entre les propriétaires par indivis avec   *généraux.*
» la nation ; les uns avaient produit leurs titres
» de propriété, et leur portion dans l'indivis
» était déterminée ; les autres avaient négligé
» de remplir cette formalité, et en conséque-
» ce, les corps administratifs s'étaient trou-
» vés dans l'imposibilité de déterminer la
» quotité qui leur revenait dans le prix des
» objets vendus ; »

(*) La grande quantité de propriétaires qui ont été dépouillés révolutionnairement de leur propriétés, nous impose le devoir de consigner ici la jurisprudence sur cette matière, malgré qu'elle doive être d'une appli-cation rare.

« La loi ne pouvait pas rendre la même jus-
» tice aux autres , (qui n'avaient point pro-
» duit leurs titres .) puisque leurs droits n'é-
» taient pas réglés ; à leur égard , elle ne
» pouvait faire autre chose que ce qui est
» ordonné par la seconde disposition de l'ar-
» ticle 109 de la loi du 1.er floréal an III,
» c'est-à-dire . autoriser les acquéreurs à ver-
» ser la totalité du prix dans les caisses natio-
» nales, et enjoindre aux receveurs de remet-
» tre aux co-propriétaires par indivis , leur
» portion dans le même prix, lorsque , sur le
» vu de leurs titres , elle serait réglée par
» les corps administratifs. »

« Cette explication est la seule raisonna-
» ble, la seule qui se concilie avec la jus-
» tice, avec les principes généraux et la lé-
» gislation particulière aux biens des émi-
» grés, et il en résulte que la seconde partie
» de l'article 109, uniquement applicable au
» cas où le propriétaire par indivis n'a pas
» produit ses titres de propriété , est étrangère
» à l'espèce. »

Dans l'espèce , « il a été reconnu et consta-
» té , sur le vu des titres produits, que la moi-
» tié du domaine dont il s'agit m'appartient ,
» patrimonialement et sans aucune impression
» de domanialité ; les administrateurs ont pû
» (comme ils l'ont fait) par une clause expresse
» de l'adjudication, vous charger de verser
» dans mes mains la moitié du prix de ce do-
» maine , obligation qui d'ailleurs vous était
» imposé par l'art. 8 de la loi du 13 sept. 1793. »

« La disposition de cet article est d'une jus-
» tice si exacte, si conforme aux principes
» conservateurs des droits sacrés de la pro-
» priété , qu'aucun raisonnement n'en peut

» faire supposer l'abrogation, et qu'il faudrait
» qu'elle fût prononcée par une loi postérieure
» et dans les termes les plus explicites. »

« Loin de trouver cette abrogation explicite
» et formelle dans la loi du 1.er floréal an III,
» on y voit au contraire que le législateur,
» toujours animé du même esprit de justice,
» veut que le prix des biens immeubles, pos-
» sédés par indivis avec les émigrés, soit versé
» par les acquéreurs, savoir..., pour ce qui
» sera dû aux co-propriétaires, entre leurs
» mains (art. 107), et que les ventes des biens
» indivis, déjà effectuées, soient maintenues,
» ainsi que les clauses de ces mêmes ventes
» (article 109). »

« A la vérité, ce même article 109 ajoute:
» néanmoins, les co-propriétaires seront payés
» de leurs portions en assignats, par les rece-
» veurs des revenus nationaux, aux époques
» où les acquéreurs feront les versemens, sur
» les mandats des directoires de district; »

« Mais le principe général est si formelle-
» ment reconnu par l'article 107, et l'exécu-
» tion des clauses des adjudications qui obli-
» gent les acquéreurs à verser dans les mains
» des co-propriétaires de la nation, est si im-
» périeusement commandée par la 1.re dispo-
» sition de l'article 109, que l'on ne peut, sans
» accuser la loi de l'inconséquence la plus
» étrange, supposer qu'elle ait voulu anéantir
» cette obligation (de payer aux co-propriétai-
» res) et en décharger les acquéreurs; et cela
» par une disposition ultérieure de ce même
» article 109, uniquement applicable au cas
» où le propriétaire par indivis avec la républi-
» que n'a pas produit ses titres de propriété. »

« C'est en l'écartant, pour se référer à la
» loi du 13 septembre 1793, à l'article 107
» de celle de floréal an III, et à la première
» partie de l'article 109 de cette même loi,
» que les juges ont pû déclarer nul, rela-
» tivement à moi, les versemens d'assignats
» faits par vous, dans la caisse nationale,
» en pluviôse an III, les 21 vendémiaire et
» 5 frimaire an IV, (et vous condamner en
» l'an VIII à me payer la somme provenant
» de la portion du prix, de l'adjudication du
» 24 vendém. an III, qui me revenait, sans
» distinction entre ce que vous avez payé
» avant ou après la loi de floréal an III.) »

« Il est impossible de trouver dans cette
» disposition la contravention expresse, qui
» peut seule déterminer la cassation d'un ju-
» gement en dernier ressort. » (1)

Avec un
émigré.

2.º *INDIVIS (les biens) avec un émigré*
ayant été vendus comme nationaux, sans ré-
clamation de la part du co-propriétaire, la
partie vendue doit, en cas de partage avec
l'émigré rentré ou amnistié, être comprise
dans son lot.

En d'autres termes, la partie co-partageante,
avec l'émigré rétabli dans ses droits, ne peut
être tenue d'accepter dans son lot partie du
prix des immeubles vendus pendant l'émigration.

Vainement cet émigré réintégré invoquerait-
il, au soutien de la thèse contraire, les article 95, 96 et 101 de la loi du 1.er floréal an
III.

____

(1) 1.en. *Frim. an XI.* Rej. *MAZARD.* Jur. an 11, p. 106.
—— Jour. du Pal. an 11, 1. s. p. 225.

« Ces articles n'ont réglé que les rapports
» de la république avec les propriétaires in-
» divis et créanciers des émigrés, et non ceux
» des co-partageans non émigrés ou rayés ,
» à l'égard desquels le droit commun con-
» serve son empire ; »

» La disposition qui met dans le lot du
» vendeur de l'objet indivis, la valeur ou le
» prix de cet objet ne blesse pas les règles
» du droit commun. »

« Dans l'espèce, l'émigré rayé succédant
» à la république, il représente le vendeur
» de l'objet indivis. » (1)

3.º *INDIVIS (les fermages des biens) avec la
république , ayant été réglés par ventilation et
partage opérés devant l'autorité administrative, l'autorité judiciaire est seule compétente
pour vuider les contestations ultérieures.*

De leur fermage. Partage. Compétence.

C'est à dire , que , sur les fermages d'un
bien possédé par indivis entre la république et des particuliers , les portions ayant
été réglées. « par le partage et la ventilation ,
» les autorités administratives ont rempli tout
» ce qui leur est attribué dans l'ordre ad-
» ministratif ; les poursuites de la régie des
» domaines nationaux , pour le recouvrement
» de sa portion dans lesdits fermages , sont de
» la compétence des tribunaux ; enfin , les
» tribunaux sont seul compétens pour vuider
» les contestations d'entre les propriétaires et
» leurs fermiers. » (2)

---

(1) 21 *Germ. an XIII.* Cass. *VAURODE.* Jour des Aud.
an 13 , p. 365. —— Jur. an 13 , p. 303.

(2) 9 *Pluv. an XII.* Cass. *TRANCHART et consorts.* Bul.
de la Cour , an 12 , p. 149.

Voyez *Communes*, *Congé*, *Créanciers*, *Inscription* et *Vente*.

INFÉODATION. (*)

Dans le pays
de Porentruy.
Droit
d'Allemagne.

*INFÉODATION (il n'y avait pas), en pays de franc-aleu, (**) dans un acte de concession, qui ne portait pas la clause expresse de fidélité, ou foi et hommage à la personne du concédant.*

C'est ainsi qu'une « concession de terrain *inféodé* au preneur pour lui et ses *descendans mâles* qui y demeurent en fief mâle, mouvans du bailleur (l'évêque de Bâle) .. ; le présent *prêt* fait pour la *cense* annuelle et perpétuelle de trois sols bâlois et un chapon .. ; sous les obligations ... (ordinaires) et de bien payer la cens anuellement sans en laisser écheoir deux, la troisième montante, *à peine d'être privé de ce fief;* ... sans pouvoir engager, vendre, hypothéquer .., *aliéner* en manière quelconque, sans la *permission* et consentement du bailleur et ses successeurs ... ; toutefois que la main changera par décès du bailleur ou du retenant, ... il sera tenu de *reprendre* le fief du bailleur et payer le cens de trois sols et un chapon; et donner un porteur de fief agréable au bailleur; ... tenu de tout ce qu'un bon et féal

---

(*) *INFÉODATION :* Terme de féodalité qui signifiait la possession d'un fief accordé au vassal ou roturier, à charge de prêter foi et hommage au seigneur, lequel en donnait acte, c'était ce que l'on nommait *investiture.* Ces redevances étaient originairement une portion de la dîme que les curés donnèrent momentanément aux seigneurs lors des croisades, pour leur aider à faire le voyage; elles ne furent d'abord que viagères, mais depuis ses seigneurs se les approprièrent tout-à-fait.

(**) Pays où les terres ne relevaient d'aucun seigneur.

retenant est tenu et doit faire . . . ; pour contravention auxdites conditions et réserves, alors le fief sera échu en *commise* au bailleur pour le retirer à lui, le prêter de nouveaux, ou en disposer suivant son bon vouloir et plaisir, comme de son propre, etc. »

« Il n'y a dans ce contrat aucune stipulation » de laquelle on puisse induire l'existence » d'un bail à fief ou à cens seigneurial. »

En vain, pour se soustraire maintenant au service de la rente, dirait-on que ce contrat est une *inféodation* ou un *acensement.*

Une *INFÉODATION*, par cette qualification, par le choix des mâles pour être retenans, par la defense d'aliéner sans permission, par l'obligation d'obtenir un renouvellement d'investition à chaque mutation, de nommer un *porteur de fief;* (*) enfin par le droit de *commise* (**), tous signes caracteristiques de l'inféodation.

Un *ACENSEMENT ou bail à cens seigneurial;* par la stipulation de *cense* que le prince-évêque de Bâle (fieffant ou bailleur) tenait les terres en question en fief de l'empereur et de l'empire d'Allemagne.

On répondrait : « la nature d'un acte se dé-» termine par la convention qu'il renferme » réellement, et non par la dénomination que » les parties lui ont donnée. » Voyez *Actes*, nomb. 1, au premier volume.

Or, « d'après la jurisprudence du pays de » Porentruy, il n'est dans l'acte dont il s'agit, » aucune clause qui ne puisse s'adapter à un

---

(*) Un soldat, a la disposition du seigneur.

(**) De reprendre l'objet donné en fief, s'ils arrivait au fiefataire de méconnaître son seigneur.

Dans le pays de Porentruy.

Droit d'Allemagne.

» bail purement emphitéotique; » voyez *bail*, *mutation*, *rente*, etc.

« Il est constaté par un acte de notoriété » de la cour féodale de Porentruy, daté du 17 » mars 1789, que suivant le style de la cour » féodale. on appelle *FEUDA IMPROPRIÉ DICTA,* » *ITEM* fiefs ou pièces et morceaux de fiefs, » des concessions qui en effet ne sont que de » pures emphithéoses, *PURE EMPHITEUTICA;* »

D'ailleurs, « *ce contrat n'est pas un bail à* » *fief,* parce que, suivant les principes du » droit allemand, il n'y a pas, il ne peut pas » y avoir de convention de ce genre, sans une » clause expresse qui oblige le preneur au de- » voir de fidélité envers le concédant, clause » qui ne se rencontre pas dans l'espèce. »

Enfin « *ce contrat ne peut être considéré* » *comme bail à cens seigneurial,* parce que » rien ne constate que le terrain concédé ait » fait partie des biens possédés noblement (à » titre de seigneur) par l'évêque de Bâle; » parce que le pays de Porentruy ayant tou- » jours été de franc-aleu, on doit présumer » dans le doute que la concession avait pour » objet une terre allodiale: » (exempte de toutes charges et redevances seigneuriales).

« D'où il suit, que la direte (la propriété » du fond) retenue par l'évêque de Bâle n'é- » tait pas noble, mais purement roturière, et » qu'elle constituait une emphitéose, et non » un cens seigeurial; »

Par conséquent les juges, en déboutant le concessionnaire de l'opposition à la contrainte décernée par la régie des domaines (aux droits de l'évêque de Bâle depuis la réunion de Porentruy à la France) pour raison des ar- rérages échus, et en ordonnant le service de la rente, la considérant comme purement foncière et conservée; ne contreviendraient point à l'article 1.er de la loi du 17 juillet 1793 suppressive de la féodalité. (1) (*) Voyez *Rente* et *Redevance*.

« En Allemagne, *disait* M. DANIELS, il n'y a pas de fief sans foi et hommage, . . . le nom s'applique à une infinité de contrats qui ont plus ou moins de rapports avec l'inféodation proprement dite : mais la chose ne se trouve que là où il y a concession faite à quelqu'un d'un héritage ou d'un droit mobilier, pour être tenu et possédé à la charge de la foi et hommage, ou sous promesse de fidélité (ce magistrat, *appuye son opinion de celles de* BŒHMER *et* PUTTMANN.) »

« L'acte qui renferme la concession d'un bien immeuble pour l'acquéreur et pour ses descendans mâles par mâles, n'est jamais, par cela seul, un acte d'inféodation proprement dite, au contraire, on trouve en Allemagne, assez généralement, la même clause dans les

---

(1) 10 *Février* 1806. Rej. HERTZEIS. Jur. an 14 et 1806, p. 186. —— Jour. des Aud. id., p. 310.

(*) L'importance de cette matière, les doutes qu'elle présente, la controverse qu'elle a éprouvée dans le grand nombre d'affaires qu'elle a présentées a décider ; le mérite reconnu de beaucoup de magistrats qui ont cependant prononcé en sens inverse dans des circonstances semblables, en fait de redevances supprimées, par l'effet de la suppression de la féodalité, nous porte à joindre ici à l'opinion décisive de la cour suprême, un court extrait des observations lumineuses de M. DANIELS, jurisconsulte allemand, dont les hautes connaissances méritent la plus grande confiance. S'agissant ici d'un point de droit allemand, nous espérons que le lecteur recevra avec plaisir les indications certaines de M. DANIELS.

contrats emphytéotiques, dans les locateries perpétuelles, et dans une infinité de contrats qui n'ont rien de commun avec les inféodations, si ce n'est que la succession des biens se règle ordinairement, d'après les mêmes principes. (*Puffendorf*, *Walch*, *Leyser*.)

« Le droit de commise stipulé dans la lettre d'investiture n'est autre chose que le droit assuré par la loi 54. §. 1. ff. *locati :* en Allemagne, on ne connaît (pour les effets de la durée, et par rapport au droit de commise) aucune différence entre les baux héréditaires, les baux à longues années et les baux temporaires. »

« Le prince évêque de Bâle pouvait avoir des biens patrimoniaux, des acquêts, d'autres terres enfin possédées à titre de franc-aleu; .. d'ailleurs, si un prince d'Allemagne ne veut aliéner qu'une faible portion de son fief, surtout si après, comme avant l'aliénation, la portion aliénée doit faire partie intégrante de l'empire germanique, il est permis d'aliéner une portion de fief, même avec la supériorité territoriale, ou la souveraineté, sans aucune réserve de la directe, ou d'une prestation quelconque récognitive de la directe..; le domaine, ainsi détaché du corps du fief, devient franc-aleu entre les mains du nouvel acquéreur. (*)

INFORMATION. (**)

Tenue par un   1.° *Information (une) ne peut être faite par*

(*) Extrait de la Jurisprudence, par M. Dennevers, indiqué à la note (1) page précédente.

(**) Information et enquête signifie la même chose;

un juge dessaisi de l'affaire, s'il n'a reçu une commission rogatoire de la part du juge compétent.

C'est ainsi que le juge de paix, qui a tenu l'information préparatoire et renvoyé le prévenu devant le Directeur du jury, ne peut plus ni rendre d'ordonnance, ni délivrer de citation aux témoins, ni les entendre à charge du même prévenu, s'il n'a reçu une commission du Directeur du jury, à cet effet.

En effet, « lorsque le juge de paix ayant
» rendu une ordonnance de traduction du
» prévenu devant le Directeur du jury, a
» rendu peu de jours après une autre ordon-
» nance pour faire citer devant lui des té-
» moins, et a procédé à cette information,
» tandis que, d'une part il s'était dessaisi pré-
» cédemment, et que, de l'autre part le Di-
» recteur du jury ne l'avait point requis de
» faire cet acte de procédure, cela présente
» un excès de pouvoir et rend illégale une
» information qui cependant devrait être sou-
» mise au jury d'accusation : ce qui fournit
» motif à la cassation de l'ordonnance du juge
» de paix, de l'information qui en a été la
» suite et de toute procédure et jugement qui
» l'aurait suivi, pour excès de pouvoir et
» contravention aux articles 4, 6 et 14 de la
» loi du 7 pluviôse an IX. » (1)

2.° C'est encore ainsi qu'un magistrat de sûreté ne peut tenir une information à charge

(1) 7 *Vent. an* X. Cass. *Vernoi.* Bul. de la Cour, an 10, part. crim. p. 252.

d'un prévenu postérieurement au mandat de dépôt par lui décerné contre le même prévenu.

Lorsque « le Directeur du jury n'a point » entendu les témoins ; que les informations » qui ont été remises au jury d'accusation, et » ont déterminé sa déclaration . ont été faites » par le magistrat de sûreté, postérieurement » au mandat de dépôt par lui décerné , ce » mandat ayant fait cesser le droit d'instruc-» tion qui peut appartenir à ce magistrat, et » ayant exclusivement saisi le Directeur du » jury , il en résulte, aux termes des articles » 7 et 8 de la loi du 7 pluviôse an IX, une » interversion de pouvoir , et un vice d'in-» compétence dans la procédure faite contre » le prévenu. » (1) Voyez *Instruction* , *Té-moins* , et le *Traité de compétence* à ses divers paragraphes.

INJONCTIONS.

De la part des juges de 1.re instance.

Injonctions (les) *de la part des juges , char-gés de prononcer sur l'appel d'une cause , en-vers les juges inférieurs , sont autant d'excès de pouvoir.*

En effet « le sénatus-consulte du 16 thermi-» dor an X , donne aux tribunaux supérieurs » le droit de surveillance , et rien de plus, sur » les tribunaux inférieurs ; »

« Il ne donne conséquemment pas celui de » faire des injonctions et des réglemens ;

« Les juges de première instance commet-» traient un double excès de pouvoir, soit en

____

(1) 10 *Germ. an XI.* Cass. *Aubey et Lebatard.* Bul. de la Cour, an 11 , part. crim. p. 202.

» faisant

» faisant aux juges de paix des injonctions,
» et en usant à leur égard du droit de repren-
» dre. lequel n'appartient qu'au Grand-Juge,
» Ministre de la justice, d'après l'article 82
» du sénatus-consulte organique. le droit du
» tribunal civil étant borné à une simple sur-
» veillance d'après l'article 84; soit en ordon-
» nant la transcription ou mention de son ju-
» gement en marge de celui rendu par le juge
» de paix. lorsqu'il n'appartient qu'à la Cour
» de cassation, d'ordonner de semblables
» transcriptions. (1)

INJURES *verbales.*

1.° « *INJURES* verbales (*le délit d'*) dont la   *Définition*
» connaissance est attribuée par l'article 605   *de l'injure.*
» de la loi du 3 brumaire an *IV*. à la police mu-
» nicipale, consiste dans l'intention de nuire
» à l'honneur et à la réputation, ou au crédit
» de la personne injuriée. »

  « Cette action est étrangère au cas où
» l'énonciation de faits injurieux, entre dans
» le plan d'une légitime défense. »
C'est ainsi « qu'un mari attaqué par une
» demande en séparation d'habitation, fondée
» sur l'imputation de torts graves. a le droit
» d'employer pour défense les torts mêmes
» de son épouse envers lui. et les insinua-
» tions étrangères et intéressées de ceux qui
» l'ont portée à une pareille action; » que son

---

(1) 22 *Frim. an XII.* Cass. d'office, Jour. du Pal. an
12, 1. s. p. 401. —— *Daté* 20 *Brum. an XII.* Bul. de la
Cour, an 12, p 30. — autre arrêt du 26 *Prair. an XI.*
Cass. *id.* Jour. du Pal. an 11, 2. s. p. 389.

avocat peut soutenir que l'action en séparation formée contre son client n'a d'autre cause
qu'une liaison dangereuse établie entre elle
et un *quidam*, sans que ce dernier puisse intenter une action en injures verbales contre
le mari défendeur à la demande en séparation.

« Les défenseurs des parties doivent être,
» dans ce cas, les premiers juges de ce qu'il
» leur est permis de dire pour le soutien des
» prétentions qui leur sont confiées ; si, dans
» l'espèce, le défenseur du mari, sur la de-
» mande en séparation d'habitation contre
» lui formée par sa femme, n'a point souffert
» d'interruption de la part du tribunal ni de
» son président, l'on doit induire que ce dé-
» fenseur ne s'est point écarté d'une défense,
» légitime. »

« Si le *quidam* dont il s'agit, prétend que
» le contraire soit arrivé, c'est pendant la li-
» tispendance au tribunal saisi de la contes-
» tation d'entre les époux qu'il doit se pour-
» voir, et non devant le juge de police muni-
» cipale, dont la juridiction est absolument
» étrangère à un pareil genre de délit. »(1)

De la part d'un fonction- naire public.

2.° *INJURES* verbales (*l'action en*) *ne doit
point être intentée contre un fonctionnaire public, qui, dans l'exercice de ses fonctions,
croit découvrir une fraude et l'impute publiquement à un autre fonctionnaire.*

Par exemple, si un vérificateur de la régie
d'enregistrement, exerçant ses fonctions dans
un bureau, croit y trouver la preuve d'une

______

(1) 13 *Prair. an XII*, Rej. LAEROUCHE. Bul. de la Cour,
an 12, part. crim. 218.

malversation à charge d'un fonctionnaire, qui avant été chargé de faire une vente, aurait reçu du numéraire, et n'aurait versé dans la caisse que du papier monnaie, en portant ses plaintes publiquement et même avec humeur contre ce fonctionnaire, il ne donne point motif à l'exercice de l'action en injures verbales devant le tribunal de police.

Parce que « ce vérificateur aurait été, lors-
» qu'il aurait tenu les propos qui donneraient
» lieu à la plainte, dans l'exercice de ses fonc-
» tions ; »

Que « ces propos ne constituent point une
» injure, n'étant relatifs qu'aux éclaircisse-
» mens et aux recherches que ce vérificateur
» aurait été obligé de prendre et de faire en
» sa dite qualité ; »

« D'où il suit, que le tribunal de police se-
» rait incompétent, commettrait un excès de
» pouvoir en qualifiant d'injures une sem-
» blable déclaration, et ferait une fausse ap-
» plication de la septième disposition de l'art.
» 605 du code des délits et des peines. » (1)

Envers un fonctionnaire

3.º « *INJURES (les) proférées contre un rece-*
» *veur des droits de passe sur les routes dans*
» *l'exercice de ses fonctions, étant punissa-*
» *bles d'une amende de 100 francs ; ce délits de-*
» *terminent la compétence du tribunal correc-*
» *tionnel ;* d'après l'article 168 du code des dé-
» lits et des peines. » (2)

____

(1) 29 *Germ. an* IX. Cass. CORNEBISE. Bul. de la Cour, an 9, part. crim. p. 291. — Jour. du Pal. an 9, 2. s. n.º 10, p. 1.ʳᵉ — Jur notice, p. 428.

(2) 7 *Niv. an* XIII. Rej. LAFON. Jour. des Aud. an 13, S. p. 81.

A l'occasion d'un délit.
Dénon-ciateur.

4.° *INJURES* verbales (*il n'y a point*) *dans les propos tenus contre le prévenu d'un délit à l'occasion de ce délit avant le résultat de l'instruction commencé à raison de ce même délit.*

Si je tiens des propos contre G..., à l'occasion d'un vol dont il est prévenu, par une plainte rendue contre lui devant le magistrat de sûreté ;

« Les propos par moi tenus étant le sujet
» d'une action intentée contre G...; en re-
» cevant son action et en statuant antérieure-
» ment à cette instruction et à ce jugement,
» le tribunal de police ferait une fausse ap-
» plication des lois pénales et commettrait un
» excès de pouvoir ; » (1)

C'est le cas d'observer, « qu'aucune loi n'at-
» tribue aux tribunaux de police municipale,
» non plus qu'aux tribunaux correctionels, la
» connaissance des demandes en dommages-
» intérêts pour cause de dénonciation que
» les tribunaux criminels ont déclaré mal-
» fondée ; d'où il suit, que ces demandes sont
» laissées dans la classe des actions ordinaires,
» lorsqu'elles n'ont pas été formées devant les
» tribunaux criminels. » (2)

Accusation non admise.
Divorce.

5.° *INJURE* grave (*ne doit point être essentiellement considérée comme*) *dans le sens de la loi sur le divorce, l'accusation d'un fait emportant peine afflictive et infamante, qui a été suivie d'une déclaration négative d'un jury.*

----

(1) 24 *Frim. an XIII.* Cass. *VINET.* Bul. de la Cour, an 13 et 14, part. crim. p. 74. —— Jour. des Aud. an 13, S. p. 60.

(2) 11 *Brum. an VIII.* Cass. *PINÇON.* Bul. de la Cour, an 8, part. crim. p. 171. —— Jur. notice, p. 254.

Inutilement appuyerait on la thèse contraire des principes; *GENERALITER INJURIA DICITUR, OMNE QUOD NON JURE FIT ; ... INJURIA AUTEM COMMITTITUR ... SI QUIS AD INFAMIAM ALICUJUS LIBELLUM, AUT CARMEN, AUT HISTORIAM SCRIPSERIT, COMPOSUERIT, EDIDERIT. Inst. Justin. liv. 4, tit. 4.* et ajouterait-on, cette plainte était injurieuse, elle était *CONTRA JUS*, et par conséquent elle a été portée dans le dessein d'injurier, *AD INFAMIAM*.

On répondrait : « les juges ne violeraient
» aucune loi, en déclarant (par exemple)
» qu'une accusation en subornation de té-
» moins sur laquelle le jury a déclaré qu'il
» n'y avait pas lieu, ne pourrait, dans des
» circonstances particulières du procès, être
» considérée comme l'injure grave que la loi
» met au nombre des causes de divorce; ayant
» commencé par juger en fait qu'il n'y aurait
» pas injure grave dans l'espèce, on ne pour-
» rait leur reprocher d'avoir refusé de recon-
» naître en point de droit, que l'injure grave
» est une cause de divorce. » (1)

6.º *INJURES* verbales (*nulles*), *hors celles prononcées envers des fonctionnaires publics dans l'exercice de leurs fonctions, ne doivent être portées aux tribunaux correctionnels.*

En vain dirait-on : la prévention portant sur des injures d'une gravité révoltante, les tribunaux correctionnels sont seuls compétens, puisque d'après l'art. 605 du code précité, il n'y a que les simples injures verbales

Compétence.

*Des
tribunaux.*

_____

(1) 19 *Messid. an XIII.* Rej. *DESHOMMAIS.* Jour. des Aud. an 13, S. p. 267.

qui soient de la compétence des tribunaux de police simple. Voyez *Action* de police simple, nomb 1. pag. 75, du 2.ᵉ vol.

De la preuve qui en doit être faite.

7.° INJURES (*la réparation des*) *ne peut être prononcée, sans en ordonner la preuve, lorsqu'elles sont déniées.*

« Condamner le prévenu à des réparations,
» sans avoir ordonné préalablement la preuve
» des injures, lorsqu'elles sont deniées, c'est
» contrevenir à l'article 162 du code du 3
» brumaire an IV. » (1)

Proférées par un militaire.

8.° INJURES verbales (*les*) *proférées par un militaire en activité de service, ne sont point de la competence des tribunaux ordinaires.*

Voyez le *Traité de compétence*, partie crim. nomb. 10. pag. 117.

Connexes à un delit dénoncé à la justice. Amende.

9.° INJURES verbales (*l'action en*) *introduite aux tribunaux de police, doit être suspendue, lorsqu'elle est relative à un crime dénoncé à la justice.*

« Les tribunaux de police ne peuvent con-
» naître des injures qu'autant qu'elles sont
» verbales et non poursuivies par la voie cri-
» minelle; mais non lorsque les faits établis-
» sent que ces injures sont consignées dans
» un acte public: d'où il suit, que ces inju-
» res sont écrites. »
Si elles sont verbales; « ces tribunaux ne
» sont point compétens pour prononcer une
» amende de 4 francs. lorsque dans le dépar-
» tement où le délit a été commis, la journée

____

(1) 16 *Flor. an XI.* Cass. MARIETTE. Bul. de la Cour, an 11, part. crim. p. 236.

» de travail n'est fixée qu'à un franc 25 cen-
» times , puisque cette amende excéderait de
» 15 centimes la valeur de trois journées de
» travail dans ce département. »

« Enfin ils sont incompétens pour connaître
» des injures, quand elles seraient verbales,
» lorsqu'elles sont connexes à une plainte
» rendue devant le magistrat de sûreté ; l'ac-
» tion résultante de ces injures ne pouvant
» être portée que devant l'autorité qui doit
» statuer sur cette plainte. » (1)

10.º *INJURES (les) proférées envers une* *Qui intéres-*
femme mariée , peuvent être poursuivies par le *sent l'honneur*
mari seul , sans le concours de sa femme , lors- *du mari.*
que ces injures intéressent son honneur.

« Les injures dont le prévenu est déclaré
» convaincu et qui sont l'objet de la plainte ,
» interessant l'honneur du mari de la femme
» à laquelle elles ont été proférées, celui-ci
» a caractère pour en poursuivre la répara-
» tion, même sans le concours de sa femme. »
(2)

11.º *INJURES* écrites (*les*), *quoique plus gra-* *Par écrit.*
ves que celles verbales , ne peuvent être répri-
mées que par la voie civile.

En effet « l'article 605 n.º 7 du code des dé-
» lits et des peines n'attribue point aux tribu-
» naux de police la connaissance de l'action
» pour injures écrites , mais seulement pour
» injures verbales; ainsi les juges statuant ,

---

(1) 11 *Vend. an XIV.* Cass. d'office. Bul. de la Cour,
an 13 et 14, part. crim. 384.

(2) 14 *Germ. an XII.* Rej. *Femme LABAL.* Jour. des
Aud. an 14 et 1806, S. p. 114.

» en police municipale, sur une action en
» reparation, intentée pour injures écrites,
» sans avoir égard au déclinatoire qui serait
» proposé, fourniraient motif à la cassation
» de leurs jugemens; » (1)

Car « l'attribution formelle pour les injures
» verbales est une exclusion implicite pour
» les injures écrites » (2) Voyez ci-dessus
nomb. 4, et le *Traité de compétence*, en matière criminelle, nomb. 9. pag. 116

Voyez sur cette matière, comme sur toutes autres, les mots qui y ont de l'analogie,
principalement le *Traité de compétence* et les
mots *Action* de police, *Amendes*, *Amnistie*,
Avocats et *Avoués*, *Défenseurs*, *Dommages-
intérêts*, *Excès*, *Irrévérences*, *Voies de faits*.

INSCRIPTION *sur le grand livre.*

1.º *INSCRIPTIONS* (quand la vente des) sur
De leur vente. le grand livre de la dette publique, est-elle
valable?

Voici comme M. MERLIN résout cette question :

« Pour traiter valablement d'effets publics,
il faut livraison actuelle ou dépôt des effets
au moment de la vente; (*) dans l'espèce où

____

(1) 21 *Germ. an XIII.* Cass. *SAUCY.* Jour. des Aud. an
13, S. p. 116.

(2) *Voyez* la note (2) 11 *Brum.* p. 276. précédente,
— 9 *Pluv. an X.* Cass. *RIGODIL.* Bul. de la Cour, an 10,
part. crim. p. 186, et beaucoup d'autres arrêts rendus
dans le même sens.

(*) Dans l'espèce du procès, il s'agissait d'une inscription
qui n'était point en main du vendeur ; il avait été souscrit
pour son paiement des lettres de change à échéance,

rien de semblable ne se voit, ou l'inscription offerte (long-temps après la vente) à l'acquéreur n'était pas même identiquement celle qui lui avait été vendue; le marché était non-valable : »

« Mais si l'acquéreur a lui-même renoncé à son droit d'en demander la nullité, soit en demandant delai pour payer, soit en signant un transfert (de l'inscription à lui offerte); d'après *GODEFROI* sur la loi 5 cod. *DE RE JUDIC.* la demande d'un pareil délai emporte acquiescement. *DILATIONE SOLVENDI QUI PETIT, TACITÈ SORTEM DEBERI FATETUR, ET SENTENTIÆ ADQUIESCIT : »*

Donc, si l'acquéreur auquel les inscriptions nont point été livrées de suite, peut être condamné à les recevoir tardivement et à en payer le prix ; c'est une exception à la règle générale et provenant de son fait.

En effet « s'il est reconnu et déclaré constant en fait, d'après les aveux et déclarations des parties, que le marché dont il s'agit, n'était point un marché à terme; que *l'acquéreur* n'ignorait pas que *son vendeur* n'avait point d'inscription en son nom, et qu'il ne lui vendait que ce qu'il avait acheté lui-même d'un autre: qu'à raison du retard apporté dans l'expédition du transfert, *l'acquéreur* n'a point demandé la résiliation du marché, et s'est contenté de demander le

---

lesquelles avaient été renouvellées à une époque ultérieure à la demande de l'acquéreur ; il avoit signé le transfert d'une inscription qui lui avait été offerte, mais seulement, disait il, par le motif qu'il la remplissait de son nom pour mettre le présentant à même d'en disposer autrement.

» renouvellement de ses acceptations à deux
» mois, ce qui l'a mis à même de garder la
» rente pendant ce temps; qu'il a accepte le
» transfert de la rente qui lui a été offert, et
» en a disposé comme de son propre, en si-
» gnant le transfert en blanc, et le remettant
» à son créancier (qui lui avait offert le trans-
» fert en question au nom de son vendeur)
» en compensation d'une autre partie de rente
» qu'il avait achetée de ce dernier : il s'en suit
» qu'en condamnant cet acquéreur au paie-
» ment des effets par lui acceptés, les juges
» ne contreviendraient point aux réglemens
» de la matière. » (*) (1)

Transfert.

Obligation payable en numéraire.

2.° *INSCRIPTIONS (les)* sur le grand livre, *obtenues par les créanciers directs de la nation, n'ont pû servir à l'acquit de leurs créanciers personnels, ayant hypothèque spéciale ou privilégiée sur les objets liquidés, lorsque les premiers s'étaient obligés à rembourser en monnaie métallique, avec dérogation à toutes lois contraires.*

C'est-à-dire : que les débiteurs, dans le cas sus-indiqué, n'ont pû se libérer envers leurs créanciers personnels, par la voie du transfert de leur inscription sur le grand livre ;

Enfin, le débiteur qui depuis la délivrance de son inscription sur le grand livre a payé les arrérages de la créance, en exécution du titre constitutif, a perdu le droit d'offrir et

---

(*) Rappellés dans les lois des 13 fructidor an III et 28 vendémiaire an IV , concernant la police de la bourse.

(1) 23 *Flor. an* IX. Rej. *Risoul* Jour. du Pal. an 9, 2.ᵉ s. n.° 18; p, 1.ʳᵉ

de se liquider par le transfert de tout ou partie de son inscription.

« En effet, la loi du 24 août 1793 , accor» dait seulement à certains créanciers de
» l'état, la faculté de rembourser leurs pro» pres créanciers à la charge de faire faire
» la division et le transtfert (de leurs inscrip» tions) par le liquidateur général; les pre» miers (créanciers de l'état) étaient donc li» bres d'user ou de ne pas user de cette faculté,
» et on peut justement induire qu'ils y ont
» renoncé, lorsqu'après la liquidation de
» leurs créances, ils n'ont pas divisé l'inscrip» tion, ou offert à leurs créanciers le transfert
» de la coupure de leur liquidation , et qu'au
» contraire ils ont continué de les payer de
» la manière prescrite par le titre constitutif
» de la dette. » (1)

Voyez les développemens particuliers à chaque partie des principes ci-dessus posés aux mots qui les indiquent , tels que *Liquidation,* *Remboursement*, *Transfert* , etc.

3.° *INSCRIPTION (l') grévée de la même hypothèque que dessus, a donné à son propriétaire le droit de rembourser le créancier privilégié au moyen du transfert ; encore que le créancier ait fait audit propriétaire une indication de paiement à son acquit et en faveur d'un tiers.*

Obligation pure et simple,
Avec cautionnement.
Indication de paiement.

L'inscription donne à la caution de l'inscrit le même droit qu'à l'inscrit lui-même, à l'égard du créancier commun.

En d'autres termes, celui qui a obtenu une

____

(1) 15 *Messid. an XIII.* Rej. *VANDUFFET.* Jour. des Aud. an 12 , p. 471.

inscription sur le grand livre, peut rembourser avec la même inscription celui qui avait hypothèque privilégiée sur l'objet liquidé; encore que ce créancier ait chargé l'inscrit de payer, à sa décharge, *une rente* à une personne tierce:

Si le débiteur inscrit est condamné à payer en numéraire, et acquiesce au jugement, sa caution peut attaquer ce jugement et faire déclarer, dans son seul intérêt, que le débiteur pouvait se libérer envers le créancier privilégié par la voie du transfert. (1)

D'abord, « lorsque le rentier créancier du
» privilégié n'est point intervenu au contrat,
» qui chargeait l'inscrit de lui payer le mon-
» tant de *la rente* à la décharge dudit privi-
» légié, et qu'il n'y a pas ultérieurement ad-
» héré, ce contrat ne contient point (à l'égard
» de l'inscrit) une délégation parfaite, mais
» une simple indication de paiement, incapa-
» ble d'opérés une véritable novation. »

Ceci posé, il reste certain « que nonobstant
» cette indication de paiement, *l'inscrit* n'est
» pas moins resté créancier de *son débiteur,*
» pour la portion de créance restée entre les
» mains de ce dernier, et destinée au paie-
» ment de la *rente en question,* et n'en a pas
» moins conservé une hypothèque spéciale
» et privilégiée sur l'objet liquidé; »

« D'après cela, l'art. 66 de la loi du 24 août
» 1793 est applicable à l'espèce; et aux ter-
» mes de cet article, l'inscrit devenu créan-

---

(1) 11 *Fruct. an XII.* Cass. COLLET DUHAMEL. Jour. des Aud. an 13, p. 145. — Jour. du Pal. 13, 1. s. p. 443. — En ce qui touche la faculté accordée à la *caution,* voyez ce mot nomb. 6, deuxième volume, page 364.

» cier direct de la nation, par la nature de
» l'objet tombé en liquidation, est autorisé à
» rembourser son créancier, privilégié sur
» l'objet liquidé, par la voie du transfert de
» l'inscription à lui délivrée. »

« L'une des conditions dont l'article pré-
» citée fait dépendre la faculté de rembour-
» ser en inscriptions, est que celui à qui on
» offre le remboursement, soit créancier per-
» sonnel de l'offrant; »

Dans le cas de simple indication de paiement, comme ci-dessus, « la circonstance
» actuelle, cette condition exigée par la loi ne
» se rencontre pas, le *rentier* n'ayant traité
» qu'avec le *privilégié* et non pas avec *l'inscrit*,
» et n'ayant point accepté celui-ci pour débi-
» teur de sa rente; »

D'où il suit, qu'en ausorisant le remboursement du *rentier* au moyen du transfert d'une
inscription, « la loi serait étendue d'un cas
» à un autre. » (1)

4.º « *INSCRIPTION* hypothécaire (l'), *prises*   D'anciennes
» *en vertu d'anciens titres, a conservée, aux*   créances.
» *termes des articles 37 et 38 de la loi du 11*   D'office.
» *brumaire an VII, sa vertu ou privilège (en*
» *faveur du créancier), ainsi que le rang*
» *que lui assignaient les anciennes lois.* »

C'est ainsi que l'inscription d'office prise
en faveur des créanciers délégués du vendeur ne leur assure point la préférence sur
les anciens créanciers non délégués du même
vendeur, qui ont requis personnellement ins-

____

(1) 3 *Messid. an XI.* Cass. *LIÉFROI.* Bul. de la Cour,
an 11, p. 304.

cription pendant les délais fixés par la loi de brumaire an VII.

Ainsi à l'égard de l'ancien créancier qui a pris inscription dans les susdits délais, « l'ins- « cription fait remonter son hypothèque à la » date de son contrat authentique. »

« D'ailleurs, l'art. 29 en faisant produire à » l'inscription d'office, l'effet de conserver au » vendeur ou à ses ayant cause un droit de » préférence sur les biens aliénés, ne parle » que du cas où ceux-ci se trouveraient en » concurrence avec des créanciers de l'ac- » quéreur, et ne s'applique pas aux créan- » ciers du vendeur entr'eux, lesquels ren- » trent à cet àgard dans la règle générale, » qui soumet à la nécessité de l'inscription » tous créanciers quelconques. » (1) Voyez *Hypothèques* anciennes.

Prise par un cessionnaire. 5.º INSCRIPTION (l') hypothécaire, *prise par un cessionnaire au nom de son cédant décédé est valable.*

« L'inscription ayant pour but unique la » conservation des droits résultans des con- » trats, peu importe qu'elle ait été faite sous » le nom du créancier, premier propriétaire, » ou sous le nom de son cessionnaire; » (2)

Prise après la transcription du contrat de vente. 6.º INSCRIPTION (l') *prise sur le vendeur postérieurement à la transcription du contrat de vente, est sans force contre le vendeur, et inopérante en faveur du créancier.*

---

(1) 15 *Frim. an XII.* Rej. *Créanciers de D...* Jour. du Pal. an 12, 1. s. p. 305.

(2) 15 *Vent. an XIII.* Rej. *LUDRES.* Jour. du Pal. an 13, 2. s. p. 289. — Jour. des Aud. an 13, p. 322.

CELLE *prise par un créancier, ne profite point
à un autre, lorsque ce dernier n'est point aux
droits du premier :* par exemple ;

« Si le créancier n'a pris inscription, qu'à-
» près la transcription que *l'acquéreur* a fait
» faire de son contrat d'acquisition ; dès-lors
» il ne peut avoir le droit de faire procéder
» sur le vendeur à l'expropriation du bien
» vendu par ce contrat : il ne pourrait pas
» non plus exciper (à cette fins) de l'inscrip-
» tion prise (antérieurement à la transcrip-
» tion) au nom et au profit de la république,
» dont il n'aurait pas les droits. » (1)

7.° INSCRIPTION (*l'*) hypothécaire *dans un
délai déterminé, n'est point de nécessité absolue, pour que le créancier d'une succession puisse
demander la séparation des biens de la succession d'avec ceux de l'héritier.*

C'est ainsi que le créancier d'une succession
pour le capital d'une rente, avec affectation
particulière sur deux maisons, peut demander
la séparation des patrimoines du défunt et de
l'héritier, contre l'acquéreur desdites maisons, vendues par l'héritier, encore que l'acquéreur ait fait transcrire son contrat d'acquisition, et que le créancier n'ait point pris
inscription.

En vain dirait-on : qu'un pareil système
violerait la lettre et l'esprit de la loi du 11 brumaire an VII; qu'il contrarierait l'intention de
publicité, qui est la base de cette loi , en dis-
pensant de l'inscription un créancier , qui ne

*Ces effets sur
les demandes
en séparation
de patrimoine*

Avant les
codes civil et
judiciaire.

---

(1) 8 *Vent. an XIII.* Cass. *Femme* SARDA. Bul. de la
Cour, an 13, p. 212. —— Jour. du Pal. an 13, 2. s. p. 241.
Jour. des Aud. an 13, p. 302.

Ces effets sur les demandes en séparation de patrimoine

A vant les oodes civil et judiciaire.

pourrait exercer son hypothèque sur les im-meubles de la succession de son débiteur, que par l'inscription antérieure à l'aliénation, surtout à la transcription : que d'ailleurs la sé-paration des patrimoines serait éteinte, par la prescription de cinq ans, et ne pourrait plus, aux termes des lois romaines, être exercée après la vente faite de bonne foi par l'héritier.

On répondrait, avec la cour d'appel séante à Paris, « la loi du 11 brumaire a vu dans la séparation des patrimoines. non un privilège, mais une exception aux privilèges et hypo-thèques, et c'est à ce titre qu'elle a réservé ce droit par l'art. 14; d'où il résulte qu'elle n'a pas voulu l'assujettir aux règles établies par l'article 39, concernant les privilèges et hypo-thèques; ainsi la date de l'inscription prise par le créancier est indifférente. »

» En jugeant ainsi et en ordonnant la sépara-» tion des patrimoines, la cour d'appel de Pa-» ris, loin d'être contrevenu à la loi du 11 » brumaire an VII, s'y est parfaitement con-» formée : »

Car, ainsi que le disait *M. DANIELS*, « si l'art. 14 ajoute que la séparation sera demandée, conformément aux lois, (par tous les créan-ciers du défunt, chirographaires, comme hypothécaires) ce n'est pas conformément aux lois sur le régime hypothécaire, avec lequel le droit de demander la séparation des pa-trimoines n'est pas compatible dans l'esprit de l'article cité, mais conformément aux lois sur la séparation des patrimoines. » (1)

---

(1) 22 *Janvier* 1806. Rej. *DULIÈGE.* Jur. an 14 et 1806, p. 193. — Jour. du Pal. 1806, 1. 8. p. 455.

S.º

8.º *INSCRIPTIONS* hypothécaires (*la date des*) *régle . en cas de concours entre les créanciers du vendeur et ceux de l'acquéreur, le rang des hypothèques . lorsque ce dernier n'a pas fait transcrire son contrat d'acquisition.*

C'est à-dire . que l'inscription des créanciers du vendeur n'ayant point eu lieu dans le délai fatal, et se trouvant postérieure à celles des créanciers de l'acquéreur, celles ci doivent avoir l'avantage de la priorité , sans égard à l'origine des créances, et aux débiteurs primitifs.

« En effet, les juges en subordonnant abso-
» lument à l'inscription , le rang que doivent
» conserver les hypothèques sur l'immeuble
» (dans l'espèce dont il s'agit) loin de con-
» trevenir à la loi du 11 brumaire an VII,
» se conformeraient au contraire exactement
» aux différentes dispositions de cette loi. »
(1)

9.º *INSCRIPTION* (*l'*) prise d'office *sur un acquéreur, en vertu d'une délégation portée au contrat de vente, ne conserve pas au créancier délégué, l'hypothèque du vendeur sur le bien vendu ;*

Elle n'assure au créancier délégué aucune préférence sur le créancier qui a personnellemént, même postérieurement. pris sur le vendeur une inscription hypothécaire.

Dans le fait : les créanciers d'un marchand tombé en faillite, ayant arrèté la vente des immeubles du failli, ce dernier ayant assisté

---

(1) 13 *Brum. an XIV.* Rej. *LAMBERT* Jour. du Pal. an 14 et 1806, Coll. p. 193. — Jour. des Aud. an 14 et 1806, p. 46.

à la vente et délégué le prix à ses créanciers ; transcription ayant eu lieu, et le même jour inscription d'office par les créanciers délégués ; A..., aussi créancier, qui n'était point du nombre de ceux délégués, fait inscrire sa créance sur le débiteur commun, plusieurs jours après l'inscription prise d'office ; dans cet état il soutient devoir primer les créanciers délégués.

En vain ceux-ci prétendent-ils obtenir la préférence, fondée sur l'article 29 de la loi du 11 brumaire an VII, comme étant les ayant causes du propriétaire, et être considérés comme vendeurs de l'immeuble en question, représenté par la somme à eux déléguée.

La raison de rejeter la prétention de ces créanciers délégués, est « que l'article 29 de » la loi du 11 brumaire ne parle que de la » préférence qui appartient à l'ancien pro- » priétaire ou à ses ayant causes, sur l'hé- » ritage aliéné, à raison de la portion du » prix qui est encore dû ; qu'il dispose que » la transcription du contrat conserve cette » préférence, à l'effet de quoi il soumet le » conservateur à inscrire d'office la créance » préférable. »

Or, « il est impossible d'induire de cet ar- » ticle que l'inscription des créanciers délé- » gués par le contrat de vente, faite d'office, » et seulement sur l'acquéreur, conserve à » ces créanciers l'hypothèque à laquelle ils » pouvaient avoir droit, mais qui ne pou- » vait être conservée que par une inscription » individuelle, prise dans le délai utile, sur » le vendeur même. »

« D'où il suit que, dans l'espèce, les créan- » ciers délégués n'étant ni propriétaires, ni

» vendeurs de l'immeuble en question, en
» s'inscrivant suivant ce que prescrivent les
» articles 37 et 38 de la loi, ils eussent con-
» servé l'hypothèque qui pouvait appartenir
» à leurs titres; mais ils ne pouvaient jamais
» avoir droit à la préférence dont parle
» l'article 28. » (1)

10.º *Inscription (l') des privilèges et hypo-* *Prises avant*
thèques existans avant la loi du 11 brumaire *la loi du 11*
an VII, détermine le droit de préférence que *brum. an VII.*
doit avoir le vendeur, qui sous l'ancien ordre
de choses, avait rang avant tous autres créan-
ciers.

Par exemple : en 1792, vente d'une maison
moyennant une rente ; en l'an V, (1797) revente de cette maison; l'acquéreur se charge
d'acquitter, à la décharge de son vendeur,
la rente dont cette maison est grévée : le premier acquéreur n'a point pris de lettres de ratification, il n'a été fait aucune transcription
par le second acquérer ni du contrat primitif
de 1792, ni de celui de l'an V. (1797);

De son côté le premier vendeur créancier
de la rente, n'a pris d'inscription pour sûreté
de sa créance qu'en l'an VIII (1800);

Peu de temps après, les créanciers du dernier acquéreur ont fait procéder à l'expropriation de la maison en question ;

Le créancier de la rente intervient au procès-
verbal d'ordre ; il soutient devoir être préféré
à tous les autres créanciers, pour le capital
et les arrérages de sa rente.

---

(1) 15 *Frim. an XII.* Rej. *Créanciers Desmaret.* Jour.
des Aud. an 12, p. 289. — Jour du. Pal. an 12, 1. s. p. 505.

Mais cette demande ne peut être accueillie :
« les créanciers ayant fait inscrire leurs titres
» dans le délai prescrit par les lois de mes-
» sidor an III, et du 11 brumaire an VII,
» tandis que le rentier, au contraire, n'a fait
» inscrire son titre qu'en l'an VIII, après la
» publication de la dernière de ces lois, et
» plus de huit mois après l'expiration du
» dernier délai accordé par la loi du 17 ger-
» minal an VII. »

Or, « il est par-là constant et reconnu que
» l'inscription d'office prescrite par l'art. 27
» de la loi de brumaire, pour ce qui est dû
» au précédent propriétaire, ne peut avoir
» lieu ; car, ce précédent propriétaire n'a
» pas suppléé à cette transcription par une
» inscription en temps utile, pour conserver
» sur le prix de l'adjudication, son droit d'hy-
» pothèque privilégiée ou de préférence. »

« Dans ce cas, les articles 2, 37, 38 et 39 de
» ladite loi sont impératifs, et seuls applica-
» bles à l'espèce, notamment le dernier de ces
» articles, en ce qu'il décide que les hypothè-
» ques non inscrites dans le délai, n'auront
» d'effet qu'à compter du jour de l'inscrip-
» tion requise postérieurement, et que, dans
» ce cas, les privilèges dégénèreront en sim-
» ples hypothèques, et n'auront rang que du
» jour de leur inscription »

« D'où il suit qu'en appliquant ces dispo-
» sitions de la loi à l'espèce susdite, les
» juges loin de les appliquer faussement,
» en feraient au contraire une juste appli-
» cation. » (1)

---

(1) 16 *Fruct. an XIII.* Rej. *DESFOURS.* Jour. des Aud.
an 14 et 1806, p. 59.

11.º *INSCRIPTION* (une) hypothécaire *prise dans les dix jours qui ont précédé celui où la déconfiture du débiteur a été publiquement connue, est nulle.*

En effet. « lorsque le créancier a pris ins-
» cription en pluviôse an VII, la déconfi-
» ture de la succession de son débiteur étant
» constante ; dans cet état, aux termes de
» la jurisprudence ancienne, aucun créan-
» cier ne pouvait faire sa condition meilleure,
» au préjudice des autres ; d'où il suit que
» les juges, en déclarant nulle et sans effet
» l'inscription prise par ce créancier, dans
» cette circonstance, n'auraient violé au-
» cune loi. » (1)

12.° *INSCRIPTION* (l') hypothécaire *d'une créance privilégiée. prise après les délais fixés par la loi, fait dégénérer le privilège en simple hypothèque.*

En droit « le créancier subrogé au privilège
» du vendeur, sur les biens par lui vendus,
» au moyen du paiement qu'il lui en avait
» fait à l'acquit de *l'acquéreur*, était tenu,
» aux termes de l'article 37 de la loi du
» 11 brumaire an VII, pour conserver ce
» privilège, de prendre inscription sur les
» biens de *l'acquéreur* dans le délai prescrit
» par la loi ; et à défaut d'observation de sa
» part dudit délai, l'article 39 de la même
» loi faisait dégénérer ledit privilège en une
» simple hypothèque, ayant rang seulement
» du jour de son inscription. »
Donc, « si dans le fait, le créancier subrogé

---

(1) 4 *Therm. an XII.* Rej. PREVOT. Jour. des Aud.
an 12, p. 550.

D'une créance
privilégiée.
Prise tartive-
ment.
Subrogation.

» n'a pas fait inscrire sa créance privilégiée
» dans le délai dont il s'agit, on ne pourrait
» considérer comme ayant rempli ce but,
» l'inscription par lui prise le 23 prairial an
» VII, ne contenant aucune mention ni du
» privilège auquel il aurait été subrogé...,
» ni de l'acte de vente, source de ce privilè-
» ge; mention qui aurait été nécessaire pour
» opérer une inscription régulière dudit privi-
» lège, aux termes de l'article 7 de la loi
» sus énoncée.

D'ailleurs, « le privilège n'aurait pas été
» conservé par l'inscription prise d'office au
» profit du susdit vendeur *et subrogeant*, le
» 5 germinal an IX, parce que cette inscrip-
» tion tardivement faite après le délai pres-
» crit par l'art. 37 de la loi, n'aurait pû pro-
» duire un tel effet. »

« D'où il suit que les juges, en déclarant ce
» privilège converti en une simple hypothè-
» que, et en colloquant en conséquence les
» créanciers inscrits antérieurement au *sub-*
» *rogé*, à un rang antérieur à celui-ci, dans
» la distribution du prix de l'immeuble (af-
» fecté de ce privilège) vendu par le *susdit*
» *acquéreur*, loin de faire une fausse applica-
» tion des articles cités de la loi de brumaire
» an VII, se conformeraient au contraire au
» véritable esprit, comme à la disposition li-
» térale de cette loi. » (1)

Voyez *Garantie*, en ce qui touche l'action
que le subrogé entendrait exercer contre le
subrogeant, « laquelle devrait être rejettée

-----

(1) 26 *Février* 1806, BOURBONNE. Jour. du Pal. 1806,
2. s. p. 49. — Jour. des Aud. an 14 et 1806, p. 259.

» comme illégale, le *subrogeant* n'ayant ja-
» mais pû avoir l'intention de se rendre res-
» ponsable envers le *subrogé* de sa négligence
» à se conformer aux dispositions de la loi. »

13.° *INSCRIPTION* hypothécaire (*l'*) *prise par une femme pour son douaire éventuel, sur les immeubles de son mari, ne conserve point le fonds de ce douaire propre aux enfans.*

C'est à-dire, que nonobstant cette inscription les créanciers inscrits peuvent être collo-
qués provisoirement sur les deniers affectés
au douaire non ouvert, à la charge de donner
caution de rapporter s'il y a lieu.

Par le principe « que cette femme n'ayant
» pris hypothèque que pour une rente *consti-*
» *tuant* son douaire préfix, nulle inscription
» n'existe en faveur de ses enfans; »

« En droit et d'après le systême hypothé-
» caire de la loi de brumaire, l'inscription doit
» être formelle; il n'y aurait nulle induction
» à tirer de ce qui se pratiquait avant ladite
» loi, (aux termes de l'art. 256 de la coutume
» de Paris); ni de ce qui pourrait concerner
» l'inscription de l'usufruit (au profit de cette
» femme) dans les choses individuelles; la loi
» de brumaire, ni l'article précité de la cou-
» tume de Paris, ne pouvant être invoqués
» au contraire. » (1)

Voyez *Cautionnement*, nomb. 3. deuxième
vol. pag. 367; et *Distribution* de deniers,
nomb. 1. troisième vol. pag. 295 ; où le fait et
ses circonstances se trouvent rapportés.

Par une femme pour son douaire.

Coutume de Paris.

---

(1) 4 *Frim. an XIV.* Rej. *Dame* FILLEMAIN. Jur. an
14 et 1806, p. 209. —— Jour. du Pal. 1806, 1. s. p.
353. —— Jour. des Aud. an 14 et 1806, p. 154.

Doit être prise sur les biens actuels du débiteur.

14.º *INSCRIPTION (l') hypothécaire prise par un créancier sur des biens qu'il savait que son débiteur avait déjà vendus, ne peut être conservée au préjudice des inscriptions postérieures, prises par les créanciers de l'acquéreur sur les mêmes biens.*

Voyez ci-devant *Hypothèques*, nomb. 7. pag. 237.

15.º *Il n'en est pas de même pour le cas où le créancier qui a requis l'inscription, ignorait la mutation, et lorsque l'acquéreur n'a pas fait transcrire son contrat.*

En effet lorsque « toutes les formalités pres-
» crites par les articles 44 et 46 de la loi du 11
» brumaire an VII n'ont pas été remplies par
» l'acquéreur (en l'an IX), les juges peu-
» vent, sans violer aucune loi, accorder à
» une opposition aux lettres de ratification
» (formée en 1793), et à une inscription
» prise en l'an VII, l'effet qui leur est at-
» tribué par la loi. » (1)

Doit énoncer l'échéance de la créance.

16.º *INSCRIPTION (l') hypothécaire faite sous l'empire de la loi de brumaire an VII, doit, à peine de nullité, énoncer l'époque de l'exigibilité de la créance.*

En effet, « l'époque de l'exigibilité de la
» créance étant prescrite par l'article 17, ainsi
» que les autres formalités essentielles à la va-
» lidité d'une inscription, les juges, (en
» annullant l'inscription du créancier parce
» qu'elle n'énoncerait pas cette époque,) en

---

(1) 30 *Flor. an XIII.* Rej. SOUBEYRAN-REYNAUD. Jour.
du Pal. 1816, 1. §. p. 230.

» s'y conformant ne contreviendraient pas au-
» dit article » (1)

17.º *INSCRIPTIONS (les demandes en main-levée d') hypothécaires, fondées sur la nullité de l'acte en vertu duquel elles ont été prises doivent être portées au domicile du défendeur.*

Des demandes ou main levée.

« En principe, toute demande en nullité
» d'un acte doit être adressé au domicile
» de celui contré lequel cette nullité est de-
» mandée; »

« Si l'on a demandé devant le tribunal
» d'arrondissement du Havre la nullité d'un
» acte souscrit à Paris. en faveur *d'un créan-*
» *cier* domicilié à Paris, et par conséquent
» la main - levée des inscriptions faites par
» celui-ci au bureau des hypothèques du
» Havre, en vertu de cet acte; le desistement
» de la partie de ces conclusions concernant
» la nullité de l'acte et leur restriction à la
» main-levée des inscriptions, sous le prétexte
» qu'en Normandie (au mois de vent. an XII)
» l'obligation ayant été souscrite par une
» femme sous puissance de mari, était nulle
» de plein droit, » n'aurait pû établir la compétence du tribunal du Havre ;

« La prétention contraire aurait été une
» erreur, puisqu'il est de principe qu'il n'y
» a pas de nullité de plein droit. »

« Ces nouvelles conclusions prises l'auraient
» été tardivement, et lorsque l'état de la
» question ne pouvait plus être changé par
» des conclusions subséquentes ; »

En effet, « les conclusions tendantes à la

---

(1) Voyez la note 4 *Frim.,* page 295.

» nullité de l'acte, comme à la main-levée
» des inscriptions, ayant été prises le 4 ven-
» tôse an XII, et un jugement ayant été
» rendu, qui aurait remis la cause au 11
» de ce mois, dès-lors la contestation était
» liée, elle l'était, puisqu'il y avait régle-
» ment ; »

« Dès-lors les conclusions originaires res-
» taient donc toutes entières ; d'où il résulte
» que le déclinatoire qui aurait été proposé
» *par le créancier demeurant à Paris* aurait
» été fondé, et que c'aurait été à tort que le
» tribunal de l'arrondissement du Havre l'en
» aurait débouté. » (1)

Voyez *Actes* nuls, nomb. 27, page 87 du
premier volume.

INSCRIPTION *de faux.*

<table><tr><td>RÈGLES
GÉNÉRALES.</td><td>1.° *INSCRIPTION* de faux (l') *en toute ma-
tière, doit être réelle et faite dans les formes
indiquées par la loi pour pouvoir suspendre
l'action principale.*</td></tr></table>

EN MATIÈRE CIVILE, la simple déclaration
qu'on entend s'inscrire en faux contre un acte
du procès, ne doit point suspendre l'instruction de la procédure.

En vain le prétendu inscrivant dirait-il: j'ai
consigné dans mes écrits, qu'à raison du faux
contenu dans la pièce en question, j'étais
dans l'intention de prendre toutes les voies et
moyens de droit; j'ai fait plus puisque par mes
conclusions subsidiaires j'ai formellement dé-

______

(2) 1.ᵉʳ *Flor. an XII.* Régl. de juges. Jour. des Aud.
an 12, p. 421.

claré, que j'allais m'inscrire en faux contre cet acte, et demander que les parties fussent renvoyées à ces fins par-devant les juges qui devaient en connaître: pouvait-on ne pas voir dans mes déclarations géminées (réitérées sans succès) le caractère d'une véritable demande en inscription de faux? en n'y ayant aucun égard, les juges ont commis une injustice criante, qui mérite toute l'animadversion des lois et de la Cour de cassation, qui en est la vengeresse.

On lui répondrait, avec la cour suprême : « vous n'avez point fait d'inscription en faux, » et vous n'avez point sommé votre partie adverse de déclarer. si elle entendait ou non » se servir de la pièce contre laquelle vous » appelliez la défiance de la justice (*), votre » pourvoi doit être rejetté. » (1)

2.º *INSCRIPTION* de faux (*l'*) *est nécessaire pour empêcher l'exécution d'une expédition délivrée par le notaire qui a rédigé l'acte.*

En fait d'expédition délivré par un notaire.

« En déclarant que jusqu'à l'inscription de » faux, foi doit être ajouté à une expédition, » les juges ne contreviendraient à aucune loi. » Voyez *Expédition*, pag. 139 précédente.

3.º *EN MATIÈRE CRIMINELLE, la simple énonciation de l'intention de s'inscrire en faux et les circonstances particulières de la cause ne peuvent atténuer la foi dûe au procès-verbal dressé par un garde des forêts ou par un employé à la recette des droits d'octroi, etc.*

En fait de procès-verbaux.

(*) Article 215 du code de procédure civile.

(1) 13 *Vend. an X.* Rej. LEBRET. Jour. du Pal. an 10, I.S. p. 109.

En vain, considérerait-on que le prévenu d'une contravention au droit d'octroi aurait acquitté le droit depuis la saisie de sa voiture, qu'il annoncerait l'intention de s'inscrire en faux contre le procès-verbal de l'employé, ce qui entraînerait une procédure considérable, d'autant plus inutile que le droit aurait été perçu.

Car, « dans le fait, le prévenu ne s'étant » point inscrit en faux contre le procès-ver- » bal de l'employé de la regie, aux termes de » la loi du 27 frimaire an VIII, ce procès- » verbal duement affirmé doit faire foi en » justice, jusqu'à l'inscription de faux; »

Dans le droit « le paiement postérieur à la » saisie ne pourrait invalider cette saisie faite » antérieurement. » (1)

En matière de douanes.

4.º « *Inscription (l') de faux incident contre* » *les procès-verbaux des préposés des douanes,* » *doit être portée devant le juge saisi de la con-* » *naissance du fond de la contestation.* »

Or, « il résulte de la combinaison des di- » vers articles de la loi, (*) que la connais- » sance, en premier et dernier ressort, des » saisies et contraventions appartient au juge » de paix ; »

Ainsi, « le juge de paix saisi tout-à-la-fois et » de la connaissance de la contravention qui » lui est déférée par le procès-verbal des pré- » posés des douanes, et de l'inscription de » faux incident intentée contre le procès- » verbal, doit connaître civilement de ce faux

----

(1) 18 *Niv. an X.* Cass. *Régie de l'octroi de Caen.* Jour. du Pal. an 10, 1. s. p. 383.

(*) V. au mot *Douanes* nomb. 4, p. 17 précédente.

» incident, au lieu de renvoyer au Directeur
» du jury ; »

« Par suite des mêmes principes, le tribu-
» nal civil de l'arrondissement (saisi comme
» tribunal d'appel), au lieu de connaître DE
» PLANO de l'inscription de faux incident
» dont il s'agit, avant qu'elle ait été suivie en
» première instance devant le juge de paix,
» doit en renvoyer la connaissance à ce der-
» nier juge ; en y statuant il commettrait un
» excès de pouvoir, et violerait la loi du 1.er
» mai 1790, qui établit deux dégrés de ju-
» ridiction. » (1)

INSCRIPTION *sur la liste des émigrés.*

1.e *INSCRIPTION (l') sur la liste des émigrés, suivie de réclamation en temps utile . même avant la publication de la loi du 12 ventôse an VIII, a constitué l'inscrit, décédé postérieu-rement à cette loi, en état de mort civile.* *A constitué l'inscrit en état de mort civile.*

« Les inscrits qui sont rayés, ou éliminés, ou
» amnistiés, sont assimilés les uns aux autres,
» par conséquent considérés comme émigrés ; »

« Celui inscrit sur une liste générale d'é-
» migrés en l'an III, et en réclamation contre
» son inscription dans les délais des lois an-
» térieures à celle de messidor an VIII. n'avait
» pas à cette époque la capacité pour disposer
» de ses biens, soit par testament, soit par
» codicille ou autrement. » (2)

---

(1) 13 *Frim. an XII.* Cass. *Régie des douanes.* Jour.
des Aud. an XII, p. 196.

(2) 28 *Germ. an XII.* Rej. *Dame* MARET. Jour. des
Aud. an 12, p. 393.

Mais, « en admettant que cette loi ait ap-
» porté un changement à la législation sur la
» matière, elle ne saurait être applicable à
» *celui* décédé en état de prévention d'émi-
» gration avant que cette loi ait été portée. »
(1) V. *Emigration*, nomb. 4, p. 55 précédente.

*N'a point in-
terrompu la
prescription.*

2.º *INSCRIPTION* (*l'*) sur la liste des émigrés *n'a point suspendu les effets de la prescription contre la personne inscrite.*

En vain dirait-on : que l'émigré pendant son absence a été dans l'impuissance d'intenter son action, et que par conséquent le délai pour la prescription n'a couru que depuis sa rentrée.

« Que des magistrats *étrangers* eussent tenu un pareil langage, en rendant la justice au nom de *leur souverain*, réintégré dans la possession du territoire maintenant réunis à l'empire français, cela se concevrait, *disait M. MERLIN* ; l'émigration n'aurait à leurs yeux rien que de naturel et de légitime, et il serait tout simple qu'ils en fissent pour lui un moyen suspensif de la prescription.

« Mais que dans un tribunal français, l'émigration que nos lois ont qualifiée de délit, et qui a eu besoin de toute la clémence du Gouvernement pour être amnistiée, devienne un titre de soustraction à l'empire des lois qui assujettissent tous les citoyens; que dans un tribunal français, un homme doive être mieux traité pour s'être rendu coupable d'émigration, qu'il ne pourrait l'être, s'il était resté constamment fidel à sa patrie; ... c'est un

____

(1) 22 *Mai* 1806. Rej. *Héritiers MEYER*. Jour. des Aud, an 14 et 1806, p. 563.

paradoxe qui se détruit par sa seule absurdité. »

Voyez les principes, dans le même sens, de la Cour de cassation au mot *Emigration*, nomb. 2, pag. 54 précédente.

Voyez relativement aux divers inscriptions, *Billet. Conquêts, Douaire, Expédition, Garant, Garantie, Hypothèques, Lettres* de ratification, *Ordre, Privilège, Procès-verbaux, Remboursement, Transcription, Transfert, Transport, Vente,* etc.

INSINUATION. (*)

« *INSINUATION* (l') *était requise, à peine de
» nullité par l'ordonnance de Moulin, de 1566,
» art. 58, à l'égard de toutes donations suites
» entre vifs, mutuelles, réciproques, onéreu-
» ses, en faveur de mariages et autres, en
» quelque forme et manière qu'elles soient fai-
» tes ;* »

Mais « *toutes donations à cause de mort, et
» non entre vifs, n'étaient pas soumises à
» l'insinuation.* »

DE LA LÉGISLATION ancienne, sur cette matière. (a)

(*) *Insinuation ;* était en jurisprudence l'enregistrement sur un registre public des actes qui devaient être rendus publics ; et ce pour éviter toutes surprises au préjudice de ceux qui n'auraient pas eu connaissance de ces actes. *RELATIO IN ACTA.* Toutes les donations, exceptées celles à cause de mort, étaient assujetties à l'insinuation. Cette formalité a été remplacée par la transcription aux hypothèques. (Art. 939 du code civil.)

(*a*) Il serait de toute inutilité de faire observer combien et dans quels cas la connaissance de l'ancienne législation sur cette matière sera encore nécessaire, à cause des donations anciennes, et dont les droits ont été ouverts sous son empire ; etc.

« L'art. 132 de l'ordonnance (précédente)
» de 1539, qui établissait en France la forma-
» lité de l'insinuation, assujettissait toutes do-
» nations à l'insinuation ès juridictions des
» choses donnees, autrement seront nulles
» (disait elle), et ne commenceront à avoir
» leur effet que du jour de ladite insinua-
» tion ; et ce, *quant aux donations faites en*
» *présence des donataires, et par eux accep-*
» *tées ;* ces derniers termes, et ceux-ci, *des*
» *choses données,* supposaient des biens pré-
» sens et une donation entre vifs ; (c'est l'avis
» de *DUMOULIN.*) »

« La déclaration du mois de février 1549,
» portait, que sous le nom de donations sujet-
» tes à l'insinuation, seraient comprises les
» donations faites en traité de mariage, *et*
» *autres donations entre vifs...,* et non les
» donations à cause de mort, qui se peuvent
» révoquer jusqu'au décès du donateur ; ces
» derniers termes sont démonstratifs et non
» limitatifs, parce le plus souvent, les dona-
» tions à cause de mort sont révocables ; »

« D'ailleurs, quand il serait vrai que cette
» déclaration n'exceptait que les donations
» à cause de mort révocables, il ne s'en sui-
» vrait pas que les donations à cause de mort
» irrévocables, aient dù être insinuées à
» peine de nullité ; l'exception introduite par
» cette déclaration n'a pù donner à l'ordon-
» nance de 1539 une étendue qu'elle n'avait
» pas par elle-même, et produire implicite-
» ment un effet que la première loi ne pro-
» duisait pas expressément ; enfin, la peine de
» nullité ne peut s'induire ainsi, ni se sup-
» pléer. »

» La

« La déclaration purement bursale de 1645,
» registrée dans un lit de justice (*) resta
» sans exécution, ainsi que l'atteste l'auteur
» du Dictionnaire du domaine ; »

« L'édit également bursal, du mois de dé-
» cembre 1703, assujettissait les donations à
» cause de mort, les dons mutuels entre mari
» et femme, et les dispositions entre vifs ou
» de dernière volonté, contenant des substi-
» tutions ou des exhérédations à la formalité
» de l'insinuation, dans le temps et sous les
» peines portées par l'ordonnance de 1539 et
» l'ordonnance de Moulins ; »

« Cette loi supposait que les lois précéden-
» tes avaient prescrit un temps et des peines
» relativement aux donations à cause de mort,
» etc. ; cette supposition était une erreur, qui
» ne pouvait avoir le même effet qu'une dis-
» position irritante, » (qui casse et annulle ce
qui est fait contre ce qu'elle prescrit.)

« Il aurait été absurde en effet de préten-
» dre qu'un testament, portant substitution
» ou exhérédation, dût être insinué du vivant
» du donateur, avant qu'il fût un véritable

(*) *Lit de justice :* était en France, *Tribunal judi-
ciarum*, une assemblée solemnelle que le roi tenait en
son parlement pour quelques affaires concernant l'etat :
il y siégeait sous un haut dais préparé à cet effet ; il
y était entouré des princes du sang et des paires du
royaume. Ces jours là le chancelier, tous les officiers
du parlement, en robes rouges, étaient placés dans le
parquet et sur les sièges d'en bas ; le grand maître, le
grand chambellan et le prévôt de Paris étaient en bas
sur les dégrés du trône. *Voyez* DU TILLET, 1.re partie,
page 255 ; 2.e partie page 67. Le roi honorait quelque-
fois de sa présence le parlement, sans lit de justice ;
alors on n'y traitait point les affaires de l'état, et le
cérémonial dont il s'agit n'avait pas lieu.

» titre; les mêmes observations s'appliquent à
» la déclaration de 1708 : »

« De plus, par l'article 13 de cette loi, les
» notaires étaient tenus de délivrer aux gref-
» fiers, tous les trois mois, des extraits des
» contrats sujets à l'insinuation, à l'exception
» toutefois des donations à cause de mort et
» des testamens, qui ne sont délivrés qu'après
» le décès des donateurs et testateurs ; »

« D'où il suit, que suivant cette déclara-
» tion et l'édit de 1703, dont elle était l'in-
» terprétation, les donations à cause de mort
» ne devaient point être insinuées du vivant
» des donateurs. »

« L'ordonnance du mois de février 1731,
» art. 46, déclarait ne rien innover, jusqu'à
» ce qu'il y ait été autrement pourvu, relati-
» vement aux dons mutuels entre maris et
» femmes, autrement que par contrat de ma-
» riage ; et si les lettres patentes du 3 juil-
» let 1769, n'exceptaient de la formalité que
» les gains de nôces et de survie, stipulés par
» contrat de mariage, c'est qu'il n'y avait eu
» d'incertitude que sur ces points ; » (voyez le
préambule de cette loi.)

(« Déjà l'article 6 de la déclaration de 1731,
» et le 21.ᵉ de l'ordonnance de la même année
» avaient dispensé de la peine de nullité, et
» soumis seulement à celle du double droit,
» les dons mobiles, agencemens (*), gains de
» nôces et de survie, et autres espèces ; quoi-
» que ces dispositions pussent absolument
» s'appliquer aux dons de survie entre époux,

(*) *Agencement* : avantage en cas de survie, usité dans
la province de Bordeaux, et qui avait quelque rapport
avec le préciput des pays coutumiers.

» cependant la diversité de jurisprudence
» qui s'était élevée à cet égard, avait obligé
» le législateur d'alors de donner sa déclara-
» tion de 1769; or, par cette dernière loi, les
» dons en cas de survie, dons mutuels réci-
» proques et rémunératoires (*), entre maris
» et femmes, par contrats de mariage, ont
» seulement été assujettis à la nécessité de
» l'insinuation, dans les quatre mois du décès
» du donateur, et au greffe du lieu de son
» domicile; ce qui déjà les distingue des vé-
» ritables donations entre vifs, et fait voir
» que la peine de nullité n'est appliquée qu'aux
» donations absolues et de biens présens, en-
» tre mari et femme : »)

(« Dès que cette loi n'assujettit à la peine
» de nullité que cette dernière espèce de do-
» nations elle en dispense nécessairement
» celles qui ne portent que sur des biens à ve-
» nir, et sont si peu absolues qu'elles dépen-
» dent de la volonté des donateurs;) la pré-
» caution de l'insinuation à l'égard d'une do-
» nation à cause de mort, avant le décès du
» donateur, aurait été anticipée et frustra-
» toire, puisqu'elle n'aurait produit aucune
» mutation actuelle de propriété. »
(« Les lois précédentes ne soumettant qu'à
» la peine du double droit, les donations de
» l'espèce des dons de survie, ces dons n'au-
» raient pû être soumis à la peine de nullité,
» que par une disposition expresse et for-
» melle de la dernière loi de 1769; »)

(*) *Rénumératoire*, qui tient lieu de récompense pour service reçu. Un contrat, une donation, un legs rénu-mératoire. *RENUMERATIONIS CAUSA FACTI.*

V 2

« Enfin, la loi du 24 germinal an III, sup-
» pose seulement qu'il y avait des dons mu-
» tuels entre époux sujets à l'insinuation ; ce
» qui est vrai, notamment à l'égard des dons
» mutuels régis par la coutume de Paris. »

« D'où il suit que les juges (de Dijon) en
» déclarant nul un don mutuel fait le 9 ther-
» midor an VIII, faute d'insinuation dans les
» quatre mois de sa date, (sous le prétexte
» des dispositions des lois sus-indiquées et
» d'une déclaration du 5 décembre 1622) con-
» treviendraient aux lois ci-dessus citées, en
» feraient une fausse application, créeraient
» une nullité, et commettraient un excès de
» pouvoir. »

En Poitou.

Nota. « Que la déclaration du 30 septembre
» 1622 à été restreinte par l'arrêt de son enre-
» gistrement, du 5 décembre suivant, au res-
» sort de la coutume de Poitou ; et que l'envoi
» n'en fût ordonné qu'aux sièges de la séné-
» chaussée de Poitou ; et ne peut conséquem-
» ment s'appliquer à des personnes et à des
» biens hors de ce ressort. » (1)

« Les juges (de Lyon) en considérant une
» donation (de biens présens spécifiquement
» désignés par contrat de mariage, de la part

---

(1) Extrait littéral de deux arrêts : rendus entre les
mêmes parties :

Le premier, pour les passages intermédiaires placées entre des parenthèses, du 25 *Vent.* an XI. Rej. NEUCOURT.
Jour. du Pal. an 11, Coll. p. 338 ; (le texte des ordonnances citées se trouve dans ce recueil,) — Jur. an 11,
p. 277.

Le second, pour le surplus de cet article, du 14 *Prairial.* an XIII. Cass. BEUGNON. Bul. de la Cour, an 13
et 14, p. 318. — Jur. an 13, p. 340. — Jour. du Pal.
an 13, Coll. p. 470. — Jour. des Aud. an 13, p. 400.

» d'un époux envers l'autre, faite en thermi-
» dor an VIII) comme donation à cause de
» mort, dont l'insinuation pouvait être omise,
» sans encourir la peine de nullité, ne fe-
» raient en cela qu'une interprétation con-
» forme à la disposition des lois. » (1)

L'INSINUATION, pour être régulière, devait être opérée par la transcription de l'acte en entier sur les registres ; faute de quoi la donation était nulle

Comment
devait être
opérée,

En effet, « l'ordonnance de 1731 était précise,
» en ce qu'elle prononçait la peine de nullité ;
» l'absence de l'expression de nullité dans l'art.
» 24, qui ne faisait que donner la définition de
» l'insinuation, se rapportait toujours à l'art.
» 23 qui prononçait une nullité. » (2)

Voyez *Don*, nomb. 4, page 359 du troisième vol. *Donation* §. entre époux, nomb. 7 pag. 383, §. des nullités, nomb. 1. pag. 401 , même vol.

INSTANCE.

C'est en générale la poursuit d'une action en justice ; voyez *Action.*

En matière civile, on plaide ordinairement en première instance devant les juges du do-micile ou de la situation des biens ; voyez le *Traité de compétence*, en ses divers paragra-phes.

En matière criminelle, les affaires s'instrui-sent ordinairement par le juge du lieu du dé-

---

(1) 8 *Vend. an XIV.* Rej. *Héritiers PAULE.* Jour. du Pal. 1806, 1. s. p. 33. — Jour des Aud. an 14 et 1806, P. 27.

(2) 12 *Prair. an XI.* Rej. *Dame MASSENET.* Jour. du Pal. an 11, 2. s. p. 245.

lit ; voyez *le même Traité*, partie criminelle.

Dans un sens plus étroit, on nomme instance les causes d'appel qui n'ont pù être jugées à l'audience ; voyez *Appel*, en matière civile et en matière criminelle.

Voyez enfin les différens mots qui composent ce recueil, suivant les points en contestation, tant au droit qu'à la forme.

INSTITUTION (*) *d'héritier.*

PRINCIPES GÉNÉRAUX. 1.º *INSTITUTION* (*l'*) contractuelle *ne diffère de l'institution* testamentaire. *qu'en ce que celleci est toujours révocable au gré de l'instituant. au lieu que celle là met l'instituant dans l'impuissance de se choisir un autre héritier que celui auquel il a assuré sa succession.* »

« Du reste, que l'institution d'héritier soit faite par un tetament ou par un contrat de mariage, ce n'est toujours qu'une institution d'héritier : elle ne confère dans le premier cas que l'espérance, et dans le second, que le droit de recueillir la succession de l'instituant. » (**)

______

(*) Dans le droit, on nomme *institution* le fait de choisir, par testament, un héritier universel ; par ce moyen, on fait son héritier qui l'on veut ; cet héritier succédait anciennement universellement à tous les biens sans aucune distinction, maintenant l'institué ne profite que de la portion disponible, aux termes de la loi. (Art. 1002 du code civil.)

L'*institution* contractuelle est un don irrévocable d'une succession, ou de partie d'une succession, fait par contrat de mariage, par les père et mère des conjoints ou même par des étrangers, au profit des futurs époux ou de leurs enfans.

(**) *M. MERLIN*, en ses Questions de droit, tom. 5, p. 448.

2.º *INSTITUTION (l') contractuelle, faite sous l'empire d'une loi qui autorisait à cumuler les droits d'héritier institué et ceux d'héritier naturel. n'est point sujette à rapport, lorsque l'institué veut prendre part à une succession ouverte depuis la publication de la loi du 18 pluviôse an V.*

Par exemple, s'il y a eu institution par contrat de mariage en 1769, sous l'empire de la coutume de Limoges, et que l'instituant soit decédé en l'an VIII, laissant plusieurs enfans, les frères de l'institué n'ont point été fondés à demander à être admis au partage des biens non compris dans l'institution, sans rapporter ceux qui étaient l'objet de cette institution.

En vain, ces héritiers légitimes auraient-ils dit: la loi du 17 niv. an II a voulu établir entre tous les frères une égalité parfaite; l'art. 8 de cette loi portait que les enfans ne pourraient prendre part aux successions de leurs pères et mères, sans rapporter les donations qui leur auraient été faites par ceux ci; pour en conclure que le donataire de leur père par institution contractuelle ne pouvait rester donataire et se porter héritier.

On leur aurait répondu, avec la Cour suprê-
« me: la succession dont il s'agit, n'ayant été
» ouverte qu'après la publication de la loi du
» 18 pluviôse an V, les juges, en décidant,
» d'après l'art. 1.ᵉʳ de cette loi, que l'enfant
» qui avait en sa faveur une institution con-
» tractuelle, pouvait, indépendamment de cet
» avantage, prendre part à la succession de
» ses parens, sans être tenu au rapport or-
» donné par la loi du 17 nivôse an II, n'au-
» raient point commis, par cette décision, de

» contravention expresse à ladite loi de plu-
» viôse » (1)

Ou promesse de garder.
Coutume de Normandie.

3.º *INSTITUTION (l') contractuelle ou PRO-MESSE DE GARDER , faite selon le statut normand, est irrévocable, comme les institutions contractuelles ordinaires.*

C'est à-dire que, d'après le statut normand, l'enfant qui, en 1789, a reçu de ses père et mère, par contrat de mariage, la promesse de lui garder et conserver leurs héritages, en le reconnaissant pour leur seul et unique héritier, a été fondé à se prévaloir de cette promesse, en l'an V, pour recueillir tous les biens délaissés par ses dits père et mère, au préjudice de ses frères et sœurs.

Sans succès, ces derniers diraient-ils, qu'il résulte de l'art. 244 de la coutume de Normandie et de l'art. 43 du réglement de 1666, appellés placités, que la promesse de garder succession, n'était qu'une obligation du père, qui l'empêchait de disposer de ses biens pendant sa vie, mais qu'après son décès les lois sur le partage des successions, reprenaient tout leur effet entre ses héritiers;

Qu'il était possible qu'il lui advint, depuis cette promesse, plusieurs enfans mâles qui, suivant ladite coutume, n'étaient point exclus, comme les filles et devaient partager entr'eux;

Que la loi du 8 avril ayant aboli les effets résultant de la disinction des sexes, et appellé tous les héritiers en égal dégré à succéder par portions égales; et celle du 4 janv. 1792 ayant abrogée les exceptions des lois des 15 mars

____

(1) 25 Viv. an XIII. Rej. *DUMAS-FAURE.* Jour. des Aud. an 13, p. 193. —— Jur. an 13, p. 129.

et 8 avril 1791; les successions ayant été ouvertes sous l'empire de ces lois, on ne pourrait
en refuser, aux frères et sœurs de l'institué,
le partage égal, sans violer ces lois et celle du
17 nivôse an II.

On répondrait, avec la Cour de cassation:
« l'institution universelle dont il s'agit, était
» irrévocable de sa nature; suivant la législa-
» tion alors existante. les sœurs de l'institué
» n'avaient aucun droit ni qualité pour que-
» reller cette disposition, et l'article 1.er de
» la loi du 18 pluviôse an V, maintenant l'effet
» de toutes les dispositions de ce genre, légiti-
» ment stipulées en ligne directe, antérieu-
» rement à la loi du 7 mars 1793, il veut
» qu'elles soient exécutées conformément aux
» anciennes lois. » (1)

4.° « *INSTITUTIONS* (*les*) contractuelles *n'ont*
» *été maintenues, par l'art.* 1.er *de la loi du*
» 18 *pluviôse an V, que pour avoir effet confor-*
» *mément aux lois anciennes.* »

*Maintenues
par la loi de
pluviôse an V.
Réserve.*

« Selon les lois anciennes, l'institué ne con-
» servait son institution qu'à la charge de la
» légitime de droit, ou, en tous cas, d'un sup-
» plément de légitime; »

« L'article 2 de cette loi a voulu que dans le
» cas de non-disposition de la réserve, elle
» fasse partie de la succession *ab intestat*,
» qu'elle soit également partagée entre les
» héritiers autres que l'institué, et ne soit
» diminuée par aucune imputation sur les lé-
» gitimes ou portions de légitime; or, de

____

(1) 2 *Therm. an VIII.* Rej. *Dame* CREUILLE. Juri
notice, p. 318.

» ces deux dispositions combinées il résulte
» que :

Cumul de la réserve avec la légitime.

5.° « *L'institué est resté passible de la ré-*
» *serve et de la légitime de droit;* (1) *et que*
» *les frères de l'institué sont fondés à cumuler*
» *la réserve avec la légitime légale.* »

« Aucun terme moyen ne peut être pris
» sur l'application de cette règle ; c'est-à-dire,
» qu'en accordant la réserve avec la légitime,
» on ne doit point déduire de cette réserve la
» portion qui aurait servi à la computation
» des légitimes. »

« Il résulte de la prohibition d'imputation
» sus-alléguée, que les légitimaires sont au-
» torisés à prendre la totalité de la réserve,
» et à réclamer conformement au droit com-
» mun la légitime sur la totalité des biens ; »

Différence dans la législation ancienne et nouvelle.

6.° « *La différence entre l'ancienne et la*
» *nouvelle législation, sur cette matière, (des*
» *institutions) est infiniment sensible, et vient*
» *encore à l'appui;* »

En effet, « d'après les anciennes lois, la ré-
» serve faite par le donateur, appartenait de
» plein droit au donataire, lorsque le do-
» nateur était décédé sans en avoir disposé;
» alors le légitimaire était réduit à la lé-
» gitime sur la totalité des biens ; »

« D'après la nouvelle législation, au contrai-
» re, la totalité de la réserve dont il n'a pas
» disposé, appartient aux légitimaires ; cette
» totalité de la réserve leur appartient exclu-
» sivement, sans qu'ils puissent être tenus d'en

----

(1) 14 *Frim.* an X. Rej. *Chassaing* *l'aîné.* Jur. an
10, p. 167. — Jour. du Pal. an 11, 2. s. p. 104.

» imputer aucune partie sur les légitimes qui
» leur sont dues, conformément au droit com-
» mun, sur la totalité des biens ; »

« Ne pouvant y avoir, en effet, aucun
» doute sur les principes constans d'après
» lesquels la légitime est prise sur la totalité
» des biens, le législateur s'est référé à cet
» égard au droit commun et aux anciennes
» lois ; en se bornant à statuer sur les ré-
» serves dont il (le donateur) n'aurait pas
» disposé, il les a adjugées en totalité aux légi-
» timaires, sans aucune espèce d'imputation
» sur leurs légitimes : »

« Par conséquent, les juges en ordonnant
» de déduire de la réserve la computation des
» légitimes, violeraient ouvertement l'article
» 2 de la loi de pluviôse an V, qui veut que
» la réserve soit adjugée en entier aux légiti-
» maires, et qu'aucune espèce d'imputation
» ne puisse en atténuer l'utilité. » (1)

7.° *Institution* (*l'*) contractuelle *n'était pas un obstacle à ce que l'instituant pû contracter et même aliéner ses biens, lorsque les aliénations n'étaient pas faites en fraude de l'institution.* (M. Merlin.)

Leurs effets, aux termes du droit commun.

C'est-à-dire qu'un instituant peut, ultérieurement à l'institution, faire encore donation d'une portion de ses biens, pourvu que cette donation ait une cause légitime et ne soit point exorbitante.

Aux principes déjà rapportés sur la nature

---

(1) 1.ᵉʳ *Frim. an XI.* Cass. *Frères* Chassaing. Bul. de la Cour, an 11, p. 65. — Jur. an 11, p. 123. — Jour. du Pal. an 11, 2. s. p. 102.

de ces institutions, (*) ajouté pour justifier ce principe : « que l'irrévocabilité que les lois ont » attachée à ces sortes de dispositions, ne peut » pas être plus étendue que celle qui résulte » du titre même ; que de la généralité des » termes *usités dans les institutions*, on peut » conclure en principe rigoureux, que l'ins- » tituant conserve une liberté absolue de dis- » poser de ses biens ; principe qui a toujours » été regardé comme incontestable, quant » aux dispositions à titres onéreux ; »

« Qu'à la vérité, on a fait plus de diffi- » culté à l'égard des dispositions à titre gra- » tuit ; que la bonne foi qui ne permet pas » de violer ses propres engagemens, a conduit » les jurisconsultes à penser que de sembla- » bles dispositions, faites par l'instituant, ne » doivent être tolérées que lorsqu'elles ne » paraissent point être en fraude de l'institu- » tion ; qu'ils ont fait dépendre la question » de fraude de deux principales considéra- » tions, que la donation eût une cause légi- » time et qu'elle fût modique. »

« Mais aucune loi n'a prononcé directement » la nullité de ces sortes de donations, ni fixé » aucune règle d'après laquelle le juge dût se » déterminer en cette matière ; d'où il résulte » que ces sortes de dispositions ayant été aban- » données à l'arbitrage du juge, et que n'y » ayant aucune loi expresse à laquelle on » puisse les regarder comme étant en contra- » vention dans leurs jugemens, (qui auraient » validé les donations faites par un insti-

____

(*) Et déjà consacrés dès le 1.er pluviôse an IX.

» tuant), on ne pourrait leur reprocher d'a-
» voir violé aucune loi. » (1)

8.º *INSTITUTIONS (les) testamentaires, A TITRE UNIVERSEL et excédant la portion disponible, dans les successions ouvertes sous l'empire de la loi du 17 nivose an II, comme sous l'empire de celle du 4 germinal an VIII, ne peuvent avoir effet comme legs.*

Sont nulles aux termes des lois des 17 niv. an II, et 4 germinal an VIII.

Néanmoins, *les legs particuliers contenus au même testament doivent recevoir leur exécution.*

En d'autres termes, l'institution testamentaire faite soit en germinal de l'an II, pour le résidu de tout le disponible de l'instituant, au moment de l'institution; soit en l'an IV, à titre d'héritier universel, dans tous les drois, raisons et actions du testateur, est nulle et de nul effet, dans une succession ouverte sous l'empire des susdites lois de nivôse et de germinal.

En vain l'institué dirait-il: la nullité prononcée par l'article 14 de loi de nivôse, an II, ne porte que sur les dispositions faites avant les lois des 5 brumaire et 17 nivôse; on ne peut étendre sa prohibition hors de ses limites; on ne peut l'appliquer aux dispositions d'une personne qui a testé en l'an IV; l'article 16 veut qu'à l'avenir il n'y ait qu'un sixième ou un dixième de disponible; il n'annulle pas les dispositions qui seront faites à l'avenir au-delà de ces quotités, elles sont seulement réductibles.

---

(1) 1.ᵉʳ *Pluv. an IX.* Rej. *Héritiers* GRAMMONT. Jur. an 11, p. 196.

On ne peut pas faire concourir deux légistations différentes ; les retenues dont est question dans l'art. 47 de la même loi, avaient lieu dans les successions ouvertes au moyen de cette loi, en faveur de ceux au profit desquels était faite l'institution d'héritier universel ; s'il s'agit, comme dans l'espèce, d'une succession ouverte depuis la loi du 17 nivôse, il n'y a plus lieu, il n'y a plus de raison d'appliquer la disposition qui en est la suite : si l'instituant voulait m'avantager, d'une portion plus forte ou de toute sa succession, il voulait à *FORTIORI* m'avantager d'une partie ; s'il ne m'avait avantagé que d'un sixième ou d'une moindre quantité, sa disposition serait valable : comment soutenir qu'elle est nulle pour le tout, parce qu'il m'a donné une quotité plus considérable ?

On lui répondrait : « il résulte de la combi
» naison des lois des 5 brumaire, 17 nivôse,
» et 22 ventôse an II, que l'institution d'hé
» ritier était prohibée, qu'elle était nulle en
» elle-même, et ne pouvait subsister dans au
» cune de ses parties, soit comme institution,
» soit comme legs ; ainsi, ce serait le cas d'in
» firmer le jugement, qui aurait ordonné
» l'exécution de l'institution universelle, dont
» il s'agit, jusqu'à concurrence du sixième
» disponible ; et les juges supérieurs ne con
» treviendraient à aucune des lois citées,
» en la déclarant nulle pour le tout, fondés sur
» l'art. 49 du décret du 22 ventôse an II ; car,
» il serait absurde de supposer, que les dis
» positions universelles que ce décret a or
» donné de refaire, sous peine de nullité ab
» solue, auraient pû, sans être soumises à la
» même peine, être refaites de la même ma-

» nière (et cependant cette conséquence ré-
» sulterait nécessairement du systême con-
» traire.) » (1)

9.º *Mais « aucune loi n'a prononcé l'annul-*
» *lation des legs particuliers contenus dans un*
» *acte d'institution universelle et qui se trouve*
» *annullé.* »

En principe, « l'institution ainsi conçue :
» (après que les legs ci-dessus seront fournis
» et remplis, j'institue pour mon héritier uni-
» versel du résidu de tout ce que j'ai de dis-
» ponible par testament *tel*) est une institution
» à titre universel. »

« Il est évident que l'intention de l'insti-
» tuant à été d'user dans toute son étendue
» de la faculté qui lui appartenait : (*) or,
» l'institution dans une universalité de mobi-
» lier, est un titre universel, ainsi que le dé-
» cide l'art. 48 du décret du 22 ventôse an II;
» donc, cette disposition (souscrite en germi-
» nal an II) a été annullée par les lois de ni-
» vôse et de ventôse an II ; »

« Peu importe que le testament *contenant*
» *cette institution* eût été fait au mois de ger-
» minal an II, postérieurement à ces lois; en
» effet, il n'est pas possible de prétendre, que
» ces lois aient permis, le lendemain de leur
» publication, les dispositions universelles
» qu'elles avaient cru devoir annuller dans
» tous les testamens où elles existaient; et c'est
» ainsi que la même question a déjà été dé-

*Des
legsquelles
contiennent.*

---

(1) 21 *Flor. an XI.* Rej. SELLETTI. Jour. du Pal. an
11, 2. s. p. 177. —— Jur. an 11, p. 317.

(*) Aux termes de la coutume du Hainault, «laquelle
» autorisait à disposer de tout le mobilier. »

» cidée par la cour ; » (ainsi qu'il est rapporté ci-dessus nomb. 8.)

« Cette institution ne peut pas se soutenir
» d'avantage par la considération de l'exis-
» tence de la loi du 4 germinal an VIII, au
» temps du décès de *l'instituant*, cette loi
» n'ayant pas d'effet rétroactif, et n'ayant pû
» faire revivre des dispositions déjà annullées
» par des lois précédentes. »

« Les lois des 22 ventôse, 9 fructidor an II
» et 18 pluviôse an V, ont expliqué et déter-
» miné, comment devait être entendu l'art.
» 1.er de celle du 17 nivôse an II ; (voyez au
» mot *Legs*) il résulte évidemment de l'art.
» 47 de la *première de ces lois*, que les précé-
» dentes n'annullent que les seules disposi-
» tions à titre universel, non restreintes à la
» quotité disponible; vérité confirmée par
» l'art. 4 de la loi du 18 pluviôse an V, lequel
» déclare, . . . que c'est la loi du 22 ventôse
» seule qui a établi la nécessité de refaire les
» anciennes dispositions à titre universel; »
(1)

Pour établir avec plus de méthode ce dernier principe, il faut remarquer avec la Cour
de cassation, « que les lois des 5 brumaire
» et 17 nivôse an II ne doivent point être sé-
» parées de celles du 22 ventôse et 9 fructi-
» dor an II, et de celle du 18 pluviôse an V,
» lesquelles ont eu pour objet non seulement
» de réformer le vice de la rétroactivité que
» renfermaient les premieres lois, mais en-

----

(1) 19 *Therm. an XI.* Cass. TORFFS *père.* Bul. de la Cour,
an 12, p. 393. —— Jur. an 13, p. 3. —— Jour. du Pal. an
13, 1. s. p. 129. — Jour. des Aud. an 12 , p. 553.

» core

» core de les expliquer et de fixer le vérita-
» ble sens de plusieurs de leurs dispositions
» trop imparfaites dans leur rédaction. »

Or, « l'art. 1.ᵉʳ de la loi du 17 nivôse pris
» isolément, faisait naître les deux questions
» de savoir : *Premièrement*, si c'était l'acte
» même qui contenait des dispositions à cause
» de mort qu'il annullait, ou seulement les
» dispositions qu'il contenait, et toutes les dis-
» positions à cause de mort indistinctement,
» ou seulement un certain genre de ces dis-
» positions : *Secondement*, quel était l'effet de
» la nullité que la loi prononçait ; si c'était
» une nullité absolue qui obligeât le testateur
» de refaire une autre disposition, ou seule-
» ment une réduction de la disposition exces-
» sive. »

« Ces deux questions ont été clairement ré-
» solues par lesdites lois de ventôse et fruc-
» tidor an II, et par celle de pluviôse an V; »
« La loi de ventôse an II a déclaré, à la
» vérité, que les dispositions prohibées par
» l'art. 1 ᵉʳ de celle du 17 nivôse étaient radi-
» calement nulles, et devaient être refaites
» conformément à la loi ; mais cette loi de
» ventôse a, en même temps, clairement ex-
» pliqué que les dispositions annullées par la
» loi de nivôse n'étaient que celles qui conte-
» naient dispositions à titre universel, en ex-
» pliquant ainsi ces termes trop equivoques
» de l'art. 1.ᵉʳ de la loi de nivôse, *toutes dis-*
» *positions à cause de mort*, et en plaçant ainsi
» sur la même ligne les actes testamentaires
» et les actes entre vifs, à l'égard desquels l'art.
» 2 n'avait annullé que les dispositions univer-
» selles ; c'est ce qui résulte évidemment de

» la réponse que fait la loi à la 47ᵉ question,
» qui était proposée, et qui ne parlait que *des
» dispositions à cause de mort contenant titre
» universel :* c'est à ces sortes de dispositions
» qui faisait l'objet de la question, que la loi
» a référé sa réponse, lorsqu'elle a dit que
» si la loi de nivôse les a abolies, et si elle a
» simplement réduit celles que le testateur
» décédé ne pouvait plus refaire, ce motif
» avait cessé, lorsque l'auteur avait survécu,
» et qu'ainsi une pareille disposition était
» nulle pour le tout ; »

« Ces dernières expressions de la loi de ven-
» tôse, *nulles pour le tout*, sont évidemment
» relatives à celles qui précèdent, et dans les-
» quelles le législateur avait réduit la ques-
» tion à ce seul point de savoir : *si la disposi-
» tion contenant titre universelle était nulle,
» ou si elle n'était que réductible ;* d'où il suit
» que ce n'est point l'acte qui contient une
» pareille disposition qui est déclarée nul ;
» que ce ne sont point non plus toutes les dis-
» positions à cause de mort, que la loi a dé-
» clarées nulles si elles n'étaient point refai-
» tes, et qu'elle n'a appliqué cette nullité
» qu'à celles des dispositions, contenues dans
» l'acte, à cause de mort qui étaient faites à
» titre universel :.. il eût été déraisonnable
» de frapper avec la même sévérité une dis-
» position à titre particulier dont l'excès peut
» n'être souvent qu'une erreur de calcul, ou
» un changement survenu dans la fortune du
» testateur ; »

« La loi du 9 fructidor an II, en déclarant
» valable la disposition à titre universel qui
» serait restreinte à la quotité disponible ou à
» une quotité moindre, prouve d'une manière

» sans réplique, que ce n'est pas l'acte testa-
» mentaire qui est annullé et qui doit être
» refait ; la nullité et l'obligation de refaire,
» ne s'applique qu'aux dispositions, qui, faites
» à titre universel, excèdent la quotité dispo-
» nible. »

« La loi de ventôse a la première et seule
» établi la nécessité de refaire des disposi-
» tions contenues dans des actes antérieurs
» aux lois de brumaire et de nivôse an II ;
» mais, elle n'a declaré cette nécessité que
» pour les dispositions universelles ; ... si les
» législatenrs, dans la loi du 18 fructidor an
» V, se sont contentés de renvoyer, sur l'ef-
» fet des dispositions à titre universel, anté-
» rieures à la loi de nivôse, aux dispositions
» de la loi de ventôse et de fructidor, et aux
» distinctions qu'elles établissaient, ce n'a été
» que parce que ces lois étaient trop claires
» pour avoir besoin d'une nouvelle interpré-
» tation. » (1)

« D'où il suit, qu'en annullant les legs par-
» ticuliers faits dans un testament contenant
» une institution universelle, les juges feraient
» une fausse application des lois, sur la ma-
» tière, ci-devant citées. ainsi qu'il a déjà été
» jugé dans une espèce semblable ; (*) tandis
« que la loi du 4 germinal an VIII ne disposant
» que pour l'avenir, si le testament, fait en
» en 1790, et contenant des dispositions uni-
» verselles, n'a pas été renouvellé et circons-
» crit dans les termes du droit établi par la

---

(1) 11 *Niv. an IX.* Rej. DUCHEYLARD. Jur an 13, p.
10.—— Par mention au Jour. du Pal. an 12, Coll. p. 129.

(1) Voyez la note (1) 19 *Therm.* page 320.

» loi du 17 nivôse et lois subséquentes, les
» juges en déclarant nulle pour *le* tout, la
» disposition en question, se conformeraient
» parfaitement à la loi. » (1)

Sous la condi-tion d'un mariage.
Coutume de la Marche.

10.° *INSTITUTION* (*l'*) *faite, en 1783, en faveur d'un mineur, sous la condition d'un mariage, avec une personne indiquée, est nulle si l'institué n'accomplit pas la condition.*

En vain, cet institué soutiendrait-il devoir recueillir l'institution, sur le fondement que la loi du 5 septembre 1791, qui déclare et répute non écrite toute chose impérative ou prohitive qui serait contraire aux lois et aux bonnes mœurs, et qui gênerait la liberté, soit de se marier avec telle personne, etc.; et qu'une clause impérative qui tend à contrarier la liberté de se marier est irritante et contraire aux bonnes mœurs ; qu'enfin, ce ne serait pas faire rétroagir cette loi que d'ordonner que ceux qui étaient liés en 1783, et pendant leur minorité, fussent affranchis à l'avenir, et lorqu'ils n'auraient enfreint la condition impérative que depuis ladite loi de 1791.

On lui répondrait : dans l'espèce, « *vos*
» *frères et sœurs* sont directement institués
» pour la totalité des biens des père et mère
« communs, et ceux-ci ont voulu que les ins-
» titués ne vous associassent à cette institution
» que dans le cas où vous épouseriez (la per-
» sonne qu'ils indiquaient) ; il en résulte que
» cette clause est moins prohibitive qu'une
» modification de l'institution qui résidait
» essentiellement sur la tête de *vos frères et*

____

(1) 29 *Brum. an XII.* Rej. *Elizabeth* ULRICY. **Jour. des**
Aud. an 12, p. 163.

» *sœurs*, laquelle ne pouvait être altérée que
» dans un cas qui n'est pas arrivé, (celui du
» mariage avec la personne indiquée dans
» l'institution) »

« D'où il suit que les dispositions des lois
» qui déclarent non écrites les conditions qui
» gênent la liberté des mariages, ne sont
» pas applicables à l'espèce. » (1)

11.° *INSTITUTION* (*l'*) *par contrat de mariage, ne saisit* l'institué *des biens compris dans* l'institution *qu'au moment du décès de l'instituant.*

L'institué n'est saisi que par le décès de l'instituant.

Droit de mutation.

En vain dirait-on : qu'il serait de principe consacré par la jurisprudence (du Parlement de Bordeaux) qu'une institution contractuelle faite en contemplation de mariage, est irrévocable de sa nature ; que la propriété des biens de l'instituant aurait passé sur la tête de l'institué au moment de l'institution ; que ce principe aurait été consacré par la réponse, consignée dans la loi du 9 fruct. an II, portant que les actes doivent s'apprécier bien plutôt par la substance que par la dénomination ; qu'enfin les institutions ou promesses d'instituer pures et simples auraient ôté à l'instituant la faculté d'instituer tout autre héritier.

Ces principes, faux en eux-mêmes, fourniraient motif à la cassation du jugement qui en aurait été la conséquence ; « attendu qu'une
» institution contractuelle, faite par contrat
» de mariage, est une disposition mixte, qui
» participe de la donation entre vifs, en ce
» que, comme elle, elle est irrévocable ; et de

____

(1) 6 *Flor. an XI.* Rej. *Demoiselle* GIROIR. Jour. du
Pal. an 12, 1. s. p. 212. —— Jur. an 11, p. 237.

*L'institué
n'est saisi que
par le décès
de l'instituant:*
Droit de
mutation.

» la disposition testamentaire, en ce que,
» comme celle-ci, elle ne donne que des es-
» pérances, qui ne doivent avoir d'effet qu'à
» la mort de l'instituant; qu'une telle dis-
» position ne transmet que le titre et la qua-
» lité d'héritier, et non la propriété effective
» des biens; que l'instituant conserve la pro-
» priété, puisqu'il est des circonstances où il
» peut faire des aliénations; qu'ainsi ce n'est
» qu'à sa mort que s'opère une mutation de
» propriété : »

Il suit delà, et c'est l'espèce jugée, *que l'institué qui appréhende les biens compris dans
l'institution après le décès de l'instituant, doit
acquitter les droits d'enregistrement résultant
de la mutation qui s'opère sur sa personne.*

« En effet, l'institution d'héritier portée
» dans un contrat de mariage ne confère ir-
» révocablement à *l'institué,* que l'hérédité
» future de l'instituant, telle qu'elle se trou-
» vera au jour du décès de ce dernier, sans
» l'investir de la propriété actuelle d'aucun
» bien; cette institution peut même devenir
» caduque par le prédécès de *l'institué* sans
» enfans; »

D'ailleurs « il est impossible de détermi-
» ner qu'elle doit être la somme à payer pour
» droit de mutation de biens qui ne sont pas
» même dans les mains de l'instituant, puis-
» qu'ils ne lui appartiendront qu'en vertu
» d'acquisitions postérieures au jour de l'ins-
» titution; surtout, si l'institution comprend
» des biens à venir. »

« En un mot, la déclaration de biens re-
» cueillis à titre d'héritier ne peut être ni
» régulière, ni proportionnée à la valeur et
» à la masse de ses biens, avant qu'il y ait une

» héridité, d'où il résulte que ce n'est que le
» décès de l'instituant qui opère la mutation
» qui donne ouverture au droit d'enregistre-
» ment, dans la proportion de la valeur des
» biens qui passent de la tète de l'instituant,
» sur celle de l'institué ; » (1)

« D'où il suit que les droits dûs pour cette
» mutation éventuelle n'ayant pû être payés
» lors du contrat de mariage, la régie de l'en-
» registrement est par conséquent fondée à les
» exiger au décès de l'instituant, seule épo-
» que à laquelle elle soit dans l'usage et en
» droit de les demander. » (2)

12° *INSTITUTION* (*l'*) nominative *faite avant
1789, avec faculté au conjoint de l'instituant
de faire un autre choix, a dû profiter à l'institué, lorsque ledit conjoint n'a pas fait usage.
avant la loi du 17 nivôse an II, du droit d'élire
qui lui avait été conferé.*

*Faite avec
faculté, au
conjoint de
l'instituant, de
faire un autre
choix.*

C'est-à-dire, que cette institution subordonnée, devenue irrévocable par la loi du 7
mars 1793, a échappé à l'annullation prononcée par l'art. 24 de la loi du 17 nivôse; que
l'héritier institué a eu droit à la succession
testamentaire, faute par ledit conjoint d'avoir
fait un autre choix ; et que cette succession
n'a pû être considérée comme dévolue *AB
INTESTAT.*

---

(1) **24** *Niv. an XIII.* Cass. *Régie de l'engist.* Bul. de la
Cour, an 13 et 14, p. 145. — Jour. du Pal. an 13, 1. s.
p. 472, pour la première partie de cet article seulement. — *Daté par erreur du 17 dito.* Jour. des Aud. an
13, p. 276.

(2) 19 *Pluv. an XI.* Cass. *Régie de l'enregistr.* Jur. an
11, p. 193. — Bul. de la Cour, an 11 , p. 149.

Par exemple : En 1778, mon père fait son testament dans lequel il insère deux dispositions distinctes; par *la première,* il nomme pour son héritier général et universel, celui de ses enfans mâle et laïc, qui sera institué héritier par ma mère son épouse :

· Par *la seconde ;* et pour le cas où ma mère viendrait à mourir sans avoir disposé, . . « il *m'institue* hors et déjà son heritier universel et général.

Mon père est décédé en 1783 laissant trois enfans, deux filles et moi : en l'an VI, elles prétendirent avoir droit au partage de la succession du père commun ; je leur fit l'offre de leur légitime, et je soutins être héritier institué.

Sur la contestation mue à ce sujet, les juges ordonnèrent l'exécution du testament ou de l'institution universelle faite à mon profit Mes sœurs ont elles ete fondées à attaquer cette decision ? *NON.*

En vain diraient-elles: d'après l'art. 23 de la loi de nivôse an II, la faculté d'élire un héritier, conferée par le mari à la femme, et *VICE VERSA,* est demeurée, nulle si l'election n'a pas été faite anterieurement; ... il fut ajouté, dans l'art 24, que de même, aucun effet ne serait accorde aux actes portant institution nominative d'un heritier subordonnée, au cas où un tiers ne disposerait pas autrement des biens compris dans la même institution ; depuis, la loi du 18 pluviôse an V n'a maintenu les dispositions anterieures à la législation nouvelle, qu'autant qu'elles avaient été irrévocables. A l'égard des institutions d'héritiers, elle les confirma, en tant seulement qu'elles

nuraient été consommées avant la loi du 17 Moyens qui
ont succombés
nivôse an 11.

Le résultat de toutes ces lois combinées, est que toutes dispositions qui avaient été où étaient devenues antérieurement irrévocables, devaient conférer leur effet, et qu'au contraire, tout avantage qui, de quelque manière que ce fût, avait été succeptible d'échapper à la personne à qui il était destiné, disparaissait devant la legislation nouvelle, et n'empêchait pas la succession d'être réglée *AB INTESTAT*, et distribuée selon les principes qu'elles venaient de décréter.

Il était clair surtout, que toute institution subordonnée au cas ou un tiers ne disposerait pas autrement, ne devait pas être considérée comme ayant attribué un titre irrévocable, et que n'ayant pas reçu son effet auparavant, elle n'en devait ultérieurement obtenir aucun.

Dans l'espèce, il s'agissait bien d'une succession ouverte sous l'ancienne législation ; mais le titre d'héritier testamentaire était resté en suspens; l'institué ne l'avait été que subordonnément, autant que sa mère ne ferait pas un autre héritier; sa mère venant à instituer de son chef un autre héritier, son institution devait rester sans force, et le titre d'héritier passer à celle de ses sœurs qu'elle aurait nommée.

Cet institué n'avait eu, à partir du testament de son père, qu'une espérance incertaine, un titre dont rien ne garantissait la perpétuité tant que sa mère était vivante, qu'elle avait le droit d'annuller, en faisant une institution contractuelle ou testamentaire, et qui, par conséquent, n'était pas irrévocable.

Enfin, vainement mes sœurs ajouteraient-elles : que la loi ayant voulu que toute institution subordonnée à la volonté d'un tiers restât sans effet, si la nouvelle législation était survenue avant la déclaration définitive de cette volonté ; que l'institution dont il s'agit étant précisément de cette nature, la règle particulière prescrivait encore que cette institution demeurât sans effet; qu'il a été statué le 18 pluviôse an V, que les élections d'héritiers, consommées avant la loi de nivôse an II, auraient leur effet ; et que non consommées, elles resteraient abolies; que comme on aurait argumenté de la première proposition, pour faire valoir une institution fixée par la déclaration de la volonté dont elle aurait dépendue, on devrait argumenter de la seconde pour rejetter au contraire l'institution, qui aurait été laissée à son incertitude native :

En vain, après cette discussion, diraient elles que l'institution en question, titre in certain et révocable, aurait été abolie par la nouvelle législation, et qu'en la faisant revivre, les juges auraient commis une contravention à la loi du 17 nivôse an II.

Fausse conséquence, résultat d'une fausse théorie qu'il serait aisé de détruire d'après les principes de la cour suprême :

En effet, « par le testament du 31 décem-
» bre 1783, mon père n'a pas seulement au-
» torisé sa femme à lui élire un héritier gé-
» néral et universel entre leurs enfans, mais
» il s'est donné lui-même pour son héritier
» général et universel *moi* son fils, sous la
» condition cependant, que cette institution
» n'aurait d'effet que dans le cas où sa femme
» n'instituerait pas pour son propre héritier

» général un autre de leurs enfans ; d'où il
» résulte que *j'ai* été irrévocablement héritier
» pur et simple de mon père, du moment
« que ma mère a été privée soit par la mort,
» soit par la force majeure de la loi, de la
» faculté de se donner un héritier général
» et universel entre ses enfans »

« Ma mère a été privée du droit de se
» donner un héritier général et universel
» entre ses enfans, par la loi du 7 mars
» 1793, qui a aboli le droit de tester en
» ligne directe ; ainsi, depuis cette époque,
» j'ai été irrévocablement l'héritier général
» et universel de mon père. »

« L'article 24 de la loi du 17 nivôse an II
» n'a pû atteindre cette institution, devenue
» irrévocable depuis le mois de mars précé-
» dent, que par la force de son effet rétroac-
» tif ; mais cet effet a été annéanti par la
» loi du 9 fructidor an III. » (1)

En thèse, » l'institution d'héritier princi-
» pal, faite par testament en 1789, est de-
» venue définitive, absolue et irrévocable,
» soit par le décès du testateur arrivé en
» 1792, soit par la force de la loi (comme
» il est dit plus haut) : laquelle enlève à
» l'époux survivant la faculté de s'élire un
» héritier et, par une conséquence nécessaire,
» celle d'en élire un dans la succession de
» son co-époux décédé antérieurement, (*)
» l'effet rétroactif de la loi de nivôse ayant

(1) 17 *Pluv. an XIII.* Rej. *Sœurs* GRAILHE. Jour. du
Pal. an 13 , 2. s. p. 5. — Jour. des Aud. an 13, p. 241.
— Jur. an 13 , p. 173.

(*) Dans l'espèce jugée par cet arrêt, l'instituant
avait élu son fils pour son héritier universel et subor-

» abrogé par la loi de fructidor an III, l'ins-
» titution a repris son caractère d'irrévocabi-
» lité qui est confirmé par la loi du 18 plu-
» viôse an V, article 7; ce serait en vain
» qu'on objecterait que l'article 23 de la loi
» de nivôse an II, qui serait applicable à
» l'institution dont il s'agit, n'a point eté rap-
» porté par celle de pluviôse an V, puis-
» que cet article, qui n'aurait pû atteindre
» le testament que par l'effet rétroactif, a été
» supprimé par la loi de fructidor an III. »(1)

« Les tribunaux sont institués pour juger
» les affaires d'après les lois existantes, dont
» ils sont chargés de faire l'application aux
» cas qu'elles ont prévues; or, l'article 24
» de ladite loi de nivôse, qui contenait évi-
» demment une disposition rétroactive, ayant
» été modifié (comme il est ci-dessus) par la
» loi de fructidor an III; cet article n'a dû
» être exécuté qu'à compter du jour de la
» publication de la loi de nivôse; » (2)

D'où il suit que l'élection d'un héritier,

---

donné, comme dans l'espèce précédente, cette institution
au droit qu'il conférait à son épouse de lui nommer où
élire un héritier universel entre tous leurs enfans.

(1) 13 *Therm. an XIII.* Rej. *Héritiers* GRIMAL. Jour.
des Aud. an 14 et 1806, p. 80. — Jur. *idem.* p. 114.
Nota. Il fut jugé par la section des requêtes, le 23 fruct.
an VIII, sur le pourvoi de *Pouch*, (l'arrêt est rapporté dans la *Notice de la jurisprudence* et dans le supplément au *Jour. des Aud. an* 13,) que l'institution
nominative d'un héritier, subordonné au cas où un tiers
ne disposerait pas autrement, était comprise dans l'annullation prononcée par l'article 24 de la loi de nivôse
an II; mais, à la date du 13 thermidor an 13, le
contraire fut jugé dans les termes par nous rapportés.

(2) 26 *Vend. an VII.* Cass. d'office. Jur. notice, p. 171.

faite avant le 17 nivôse II . en vertu d'institution antérieure, a été validée par les lois abolitives de l'effet rétroactif de celle de nivôse.

13.º *INSTITUTION (l') nominative faite par l'un des conjoints subordonnée à la faculté accordée à l'autre époux , de faire un autre choix dans un temps déterminé, est irrévocable, si le second choix n'a pas été fait dans le délai fixé, ou si cette nouvelle institution est frappée de révocation.* **Facultative** *doit être faite dans le délai déterminé.* Suite de l'art. précédent.

C'est ainsi qu'une institution testamentaire, faite en 1761, par mon père , portant institution de tous ses enfans pour héritiers particuliers d'une somme déterminée, et pour héritier universel celui de ses enfans qui serait choisi par son épouse, avant ou lors de la majorité du plus jeune, sans pouvoir différer davantage, *et « venant à décéder , sans faire ledit choix , m'aurait nommé et institué dèsà-présent , »* devrait recevoir son exécution, encore que ma mère n'eût fait son election sur ma personne que le jour de ma majorité.

En vain opposerait-on à cette institution, les circonstances suivantes :

Le décès de mon père arrivé en 1762: le mariage d'une de mes sœurs en 1768. et d'une autre en 1775, sans que ma mère ait fait election d'héritier ;

L'élection d'héritier faite par ma mère en ma faveur, le jour de ma majorité , en 1778, en mon absence, sans acceptation de ma part, par le même acte ;

Que depuis, et en 1779, lors de mon mariage , ma mère m'aurait donné , dans mon

contrat de mariage, la qualité dhéritier universel de mon père ;

Que dans les quittances données à ma mère,
en 1779 et 1782, j'aurai pris la qualité d'héritier universel de mon père, sans avoir dit en
vertu de quel titre j'aurais pris cette qualité ; qu'il serait incertain si c'était en vertu de
l'institution directe en cas de non-élection ou
de l'élection faite par ma mère en ma faveur.

Enfin, vainement mes sœurs, après le décès de ma mère, arrivé en l'an V, forme-
raient-elles contre moi une demande en partage de la succession de notre père commun,
fondé sur ce que l'élection de ma mère n'ayant
pas été acceptée par le même acte, ni expressément par aucun autre, serait demeurée révocable ; d'autre part, sur ce que la mère commune ayant survécu à la publication des nouvelles lois sur les successions, cette élection devrait être considérée comme non avenue·

Elles devraient succomber dans leur demande : « en effet, les juges en décidant que le
» pouvoir d'élire conféré à ma mère, était
» limité d'une manière absolue à la majorité
» de son fils, qu'elle n'aurait pû l'exercer après
» cette époque ; que l'élection faite le jour de
» ma majorité serait conséquemment irrévo-
» cable, et que l'institution directe à mon
» profit, écrite dans le testament de mon père,
» devrait avoir son effet, ne contreviendraient
» à aucune loi. » (1)

Subordon-
née

14.º *Institution* (l') *contractuelle faite, en*

---

(1) 17 *Fruct. an XIII.* Rej. *Sœurs Odet-Gazauchon.*
Jour. des Aud. an 13, p. 568. —— Jour. du Pal. 1806,
1. s. p. 53.

1775, en faveur d'un enfant, sous la condition que l'instituant pourra rappeller ses autres enfans, est nulle par la loi du 7 mars 1793, encore que l'instituant, décédé, an l'an XI, n'ait point exercé la faculté du rappel.

Cette règle n'est succeptible d'aucun doute : sans succès dirait-on qu'elle confond l'institution contractuelle avec une simple institution d'héritier ; que celle-ci ne produit d'effet qu'à l'instant de la mort ; tandis que l'institution contractuelle que *DUMOULIN*, sur la coutume de Bourbonnais, définit : *DISPOSITIO STATIM LIGAT, NEC SUSPENDITUR, ET AB EA FIT DENOMINATIO, SED EXECUTIO HABET TRACTUM,* que *LEBRUN* considère comme une donation entre vifs, ainsi que *LAURIÈRE, RICARD* et *DANTY* ; est un don irrévocable de succession en totalité ou en partie fait au profit de l'un des conjoints et des en fans à naître de leur mariage.

Que la loi du 18 pluviôse an V, a déclaré, contrairement à celle de nivôse an II, ces institutions irrévocables de leur nature, et veut que celles faites avant la publication de la loi du 7 mars 1793 aient leur plein et entier effet sur les successions déjà ouvertes ou qui s'ouvriront à l'avenir.

Qu'à l'égard de celles subordonnées à la faculté de rappeller les autres enfans, cette faculté ne pouvait lui faire perdre son caractère d'irrévocabilité ; et que l'instituant n'ayant point fait usage de cette faculté, est censé avoir persisté dans sa disposition et entendu lui faire produire tout son effet.

L'on réfuterait et la doctrine des anciens auteurs précités, et les raisonnemens ci-dessus par les principes de la cour, laquelle a re-

 connu « que la loi de pluviôse an V. art. 1.er
» n'a maintenu les institutions contractuelles
» légitimement stipulées en ligne directe,
» avant la publication de la loi du 7 mars 1793,
» qu'autant que leurs dispositions etaient ir-
» révocables de leur nature; que l'institution
» dont il s'agit, n'a jamais acquis le carac-
» tère d'irrévocabilite voulu par la loi, puis-
» qu'elle n'avait jamais cessé d'être subor-
» donnée à la faculte que s'etait formellement
» réservé *l'instituant*, de rappeller ses autres
» enfans à sa succession; que quoique le rap-
» pel n'ait pas été exercé par cet instituant,
» qui a existé jusqu'après les lois nouvelles,
» celles d'avril 1791, et du 7 mars 1793 ont
» elles-mêmes prononcé le rappel, en prescri-
» vant le partage égal entre co-heritiers;
» qu'ainsi il etait inutile que l'instituant mît
» cette faculté en usage, puisque les lois l'a-
» vaient fait pour lui. » (1)

En fait d'institutions, voyez les mots indi-
ficatifs des distinctions particulières auxquelles elles peuvent donner lieu, et principalement *Avantages* entre époux; *Créanciers,*
nomb. 5; *Femmes,* nomb. 2; *Legs; Mutation;*
Succession; Testament.

INSTRUCTION : *en matière civile,* voyez
le mot *Procédure,* le code judiciaire de 1806,
et les volumes de ce recueil pour les années
suivantes.

En matière criminelle, voyez les mots indicatifs des différens actes de l'instruction; et
des magistrats chargés d'y prendre part.

INSTRUMENT : en jurisprudence c'est un

---

titre par écrit qui sert à établir ou à conserver nos droits; en ce sens ce mot n'est plus en usage; on emploie plus ordinairement ceux *Actes*, *Bail*, *Contrat*, *Titres.* Voyez ces mots et autres relatifs à la procédure.

INTENTION.

CONSILIUM, *ANIMUS*, *MENS:* c'est en morale et en jurisprudence la vue, le dessein, la fin que l'on se propose en faisant quelque chose : pour bien juger des actions des hommes, il faudrait remonter à leur intention et retourner jusqu'au cœur où elle prend naissance.

En matière pénale : c'est l'objet que les juges doivent le plus examiner, après la matérialité du fait ; elle donne lieu aux principales questions qu'ils aient à juger ; le défaut d'intention étant admis, c'est une excuse en faveur de l'accusé.

1.º *INTENTION* (*l'*) *de remettre les effets volés est la seule excuse qui puisse être utilement présentée par un recéleur.*

Exemple en fait de recélement.

C'est-à-dire, que la déclaration des jurés que le recéleur n'a point commis ce délit pour détourner à son profit les objets recélés, serait insuffisante pour faire prononcer l'acquittement de cet accusé.

En effet « la connaissance que les effets
» dont il s'agit provenaient d'un vol, cons-
» titue toute la moralité du receleur, sans
» qu'il soit besoin de poser aucune autre
» question sur la moralité du fait, à moins

Aud. an 13, p. 531. — Jur. an 14 et 1806, p. 28. — Jour. du Pal. 1806, 1. s. p. 262.

» que pour sa défense , l'accusé n'articule que
» son objet était de restituer ; cas auquel
» la question doit être posée , aux termes
» de l'article 373 du code des délits et des
» peines , comme résultant de la défense de
» l'accusé : l'intention de détourner à son
» profit les objets volés n'est pas supposée né-
» cessaire , par la loi , pour constituer l'immo-
» ralité du recélé. » (1)

En matière de faux témoignage ou dévasion d'un détenu.

2.° *INTENTION (l') de l'accusé ne peut faire l'objet d'une question en matière de faux té-moignage, ou de complicité d'un geolier dans l'évasion d'une personne confiée à sa garde.*

En effet ; *Au premier cas* , « le fait d'avoir
» fait en jugement une déposition que l'on
» savait fausse , ou le fait d'avoir provoqué
» cette fausse déposition , sont nécessairement
» accompagnés d'une intention coupable. » (2)

Au second cas , « le fait de connivence avec
» un détenu pour procurer son évasion , c'est-
» à-dire, pour le soustraire à l'action des lois,
» est par lui-même un fait coupable, . . qui
» ne saurait être excusé par l'intention. » (3)

Voyez *Accusé* , *Acquittement* , *Déclaration* des jurés, *Questions* ; et les mots indicatifs des crimes et délits, où l'exception résultante de l'intention est souvent indiquée.

INTERDICTION.

1.° *INTERDICTION (l') régulière d'un majeur*

---

(1) 27 *Pluv. an IX.* Cass. d'office. Bul. de la Cour, an 9, part. crim. p. 209. — Jur notice, p. 404.

(2) 3 *Frim. an XIII.* Cass. d'office. Bul. de la Cour, an 13 et 14, part. crim. p. 41.

(3) 1.er *Messid. an XIII.* Cass. d'office. Bul. de la Cour, an 13 et 14, part. crim. p. 276.

est le seul acte qui puisse le priver de l'admi-
nistration de ses biens.

C'est-à-dire, qu'on ne peut lui donner un conseil judiciaire pour régir et administrer ses biens pour l'unique cause de maladie ordinaire et qui n'attaque point sa raison. (*)

En vain, les juges diraient-ils, dans leur jugement portant nomination d'un conseil judiciaire, après avoir reconnu que la personne n'est point en état actuel de démence, *qu'elle est dans un état de maladie (de nerfs) qui fait naître des inquiétudes fondées sur la conservation de sa fortune;*

Car, il est de principe « que tout individu
» majeur doit jouir de ses droits civils, et
» conséquemment du droit d'aliéner et hy-
» théquer ses biens comme bon lui semble,
» à moins qu'il ne soit privé de cette faculté
» par un jugement sur une des causes for-
» mellement indiquees par la loi; »

Or, « depuis la constitution de l'an III . (et
» depuis l'art. 489 du code civil) l'on n'a plus
» reconnu, dans la republique, que trois
» causes d'interdiction, la fureur, la démence
» et l'imbécilité; ainsi, tout arbitraire est
» ôté aux tribunaux dans cette matière »

« Lorsqu'il est réconnu que l'individu ne
» se trouve dans aucun des cas exprimés par
» la loi, aucune loi n'autorise les juges à
» prononcer de ces demie interdictions par
» lesquelles, en affectant de laisser à un
» individu la jouissance de sa liberté civile,
» on le prive, malgré lui, d'une des préro-

RÈGLES
GÉNÉRALES,
Conseil
judiciaire.
Avant le code
civil.

(*) Voyez les articles 489, 497 et 499 du code civil.

Y 2

» gatives les plus sacrées de cette liberté ;
» de celle de disposer de ses biens. »

D'où il suit, qu'en prononçant dans un sens contraire, « les juges commettraient visible-
» ment un excès de pouvoir, et empièteraient
» sur l'autorité législative. » (1) Voy. *Conseil judiciaire*, pag. 100 du 3.e vol.

*Exception,
à la règle
précédente.*

2.° *La rigueur de ces principes reçoit cependant une exception à l'égard de la nomination d'un conseil judiciaire, lorsqu'il s'agit d'un
vieillard, dont la faiblesse d'esprit et les appa-
rences de captation, de la part de ceux qui
l'entourent, peuvent autoriser la nomination
d'un conseil judiciaire.*

« En général, l'interdiction pour faiblesse d'esprit ou prodigalité est injuste, *disait M. Merlin*, attentatoire au droit de propriété, et faite pour favoriser de présomptifs héritiers, souvent d'avides collatéraux. »

« Mais le droit de propriété ne s'étend pas jusqu'à détruire tous les moyens d'existence de ceux auxquels on a donné le jour ; d'ailleurs, lorsqu'un père de famille se trouve dans la détresse, il a droit de réclamer des alimens de la part de ses enfans. »

« Sous ce double rapport, les enfans ont un grand intérêt, et même droit de s'opposer à ce qu'un père abusé ou prodigue fasse disparaître la totalité de sa fortune. »

« Appliquant ces principes à l'espèce, *M. le Procureur général* a été d'avis, et la cour a jugé que la vieillesse *d'un père*, et les

______

(1) 24 *Niv. an X. Femme Corbin.* Bul. de la Cour, an 10, p. 141. — Jour du Pal. an 10, 1. s. p, 381. — Jur. an 10, p. 205.

autres moyens de fait ci-dessus posés, pré-
sentés par les *enfans*, n'étant pas contestés,
ces moyens pouvaient raisonnablement décider les juges à autoriser les poursuites en
nommination d'un conseil judiciaire ; » (et
conséquemment à nommer ce conseil) (1)

3.º *INTERDICTION* (l') *ne peut être provoquée* *A l'égard des* *ni poursuivie de la part d'un époux divorcé à* *époux,* *l'égard de son ci-devant époux.*

Parce que le divorce prononcé « pendant
» le cours de l'instance en interdiction, for-
» mée par un époux contre l'autre (avant le
» divorce) ferait cesser, *IPSO JURE*, la qualité
» dans laquelle le premier aurait pu intenter
» cette action. » V. *Action*, nomb 49, 2.ᵉ vol.

4.º *INTERDICTION* (l') *prononcée ne produit* *Comment* *aucun effet en faveur de ceux qui l'on fait* *les effets en* *prononcer, lorsque ces personnes ont concou-* *sont détruits,* *rues avec l'interdit à des actes qui annon-* *cent sa présence d'esprit :*

C'est ainsi que des héritiers présomptifs, après
avoir obtenu un jugement d'interdiction contre
leur parent, ne pourraient se prévaloir de ce
jugement pour faire annuller le testament qu'il
aurait fait postérieurement à son interdiction,
si lesdits héritiers avaient obtenu de lui,
après ladite interdiction, une procuration,
dont ils auraient fait usage, pour, recueillir
une succession échue à l'interdit.

Les juges ne donneraient point motif à la
cassation de leur jugement en décidant « que
le testament fait par l'interdit présenterait
des preuves de raison et de sagesse, qui
exclueraient l'idée de faiblesse d'esprit ; »

____

(1) 21 *Fruct. an* X. Rej. *BOURNEUF*, Jur. an 10, p. 1.ʳ

« Car, ayant été allégué par l'héritier testamentaire, et reconnu par les héritiers présomptifs, que depuis l'interdiction prononcée, lesdits héritiers auraient obtenu de l'interdit une
procuration, dont ils auraient fait usage pour
recueillir une succession à lui advenue, ils
seraient non-recevables dans leur demande en
nullité du testament en question. »

En effet « la fin de non-recevoir résultante
» de la procuration reçue par les héritiers
» du testateur, à l'époque même où ils pré-
» tendent qu'il était faible d'esprit, élève
» contr'eux une fin de non-recevoir invin-
» cible » C'est ainsi que s'expliquait *M. le
Procureur général*, et qu'il a été jugé par la
Cour de cassation. (1)

5.° *INTERDICTION* (l') *pour cause de prodigalité, prononcée sous l'empire de l'ancienne
législation, a cessé avec la publication de
l'article 513 du code.*

C'est-à-dire, que du moment de la publication du susdit article, le curateur qui avait
été nommé à un interdit pour cause de prodigalité, en vertu des anciennes lois, a dû
cesser ses fonctions et être remplacé par un
conseil judiciaire, le cas échéant;

Que l'interdit en question a pû, dès cette
même époque, exercer toutes les actions aux
qu'elles il avait droit, et qu'aucun autre n'a
pû les exercer à son insu et sans sa parti-
cipation

On a fourni contre ces principes, beaucoup
d'argumens qu'il serait superflu de rappor-

____

(1) 12 *Brum. an X.* Rej. *Héritiers BOUSINEAU*, Jui.
an 10, p. 97.

ter ; il suffit de justifier la règle posée en disant avec la cour suprême :

« L'article 489 du code civil ne permet
» de faire interdire que ceux qui sont dans un
» état habituel d'imbécillité , de démence ou
» de fureur. »

« L'article 513 autorise seulement la fa-
» mille à faire donner au prodigue un conseil
» judiciaire, sans l'assistance duquel il ne
» puisse transiger , plaider , aliéner , etc. »
« Les lois qui règlent et modifient l'état
» des personnes , en améliorant leur sort ,
» doivent par la nature même des choses ,
» et à raison de la faveur due à l'état des
» personnes , recevoir leur application du jour
» qu'elles ont été promulgées ; il résulte de
» là que depuis la publication du code civil ,
» l'individu précédemment déclaré prodigue ,
» a cessé d'être dans un état d'interdiction. »

« La seule modification apportée à son état
» par l'article 513 du code civil , ne consiste
» qu'en ce qu'il peut lui être défendu de
» plaider , transiger , etc. ... sans l'assistance
» d'un conseil , qui lui est donné par le
» tribunal ; d'où il suit que ses actions lui
» appartiennent et doivent être exercées par
» lui , avec l'assistance de ce conseil ; que
» personne ne peut les exercer en son ab-
» sence et à son insçu , et qu'en décidant
» le contraire , les juges seraient en oppo-
» sition avec le susdit article 513 du code
» civil. » (1)

6.º *INTERDICTION* (*l'*) des officiers ministé-   *Des officiers ministériels.*

---

(1) 20 *Mai* 1806. Cass. *Dame* GARDINI. Jour. du Pal.
1806, 2. s. p. 145. — *Daté* 20 *Mars.* id. POGLIANI. Jur.
an 14 et 1806, p. 263.

riels, *ou leur suspension, a lieu pour divers motifs :*

Elle peut être prononcée par les autorités auxquelles ces officiers sont subordonnés et de la manière particuliérement indiquée au mot *Irrévérence.*

Voyez *Avocat, Avoué, Huissiers et Suspension.*

INTERÊTS. Voyez *Adjudication, Anatocisme, Assignats, Créanciers, Dommages et intérêts, Prèts, Réductions, Remboursement, Rente, Sur enchères,* et autres mots suivant l'analogie des matières.

INTERLOCUTOIRE. Jugement qui ordonne quelque chose pour l'éclaircissement de la contestation ; les cas où il a lieu et tout ce qui le concerne, sont reglés par le code de procédure.

INTERPRÉTATION. *En mat. civile.*

Des actes, de la part des juges,

1.° *INTERPRÉTATION (la fausse) des actes de la part des juges ne constitue point un moyen de cassation.*

Voyez au mot *Cassation,* nomb. 4, pag. 354 du deuxième volume.

Des jugemens

2.° *INTERPRÉTATION (les demandes en) des jugemens ne peuvent servir de prétexte aux juges pour ajouter ou retrancher, desdits jugemens, des expressions dont l'addition ou la suppression en changerait totalement le sens.*

Voyez au *Traité de competence,* partie civ, pag. 16, nomb. 15

3.° *INTERPRÉTATION (l') des jugemens ne*

peut autoriser les juges à modifier un jugement antérieur . en déclarant que ce jugement n'a voulu décider, que QUANT A PRÉSENT . tandis que ce jugement aurait décidé sans restriction.

Par exemple: s'il s'agissait de la liquidation d'une société de commerce, qui aurait existé entre les parties; et que le tribunal de commerce ait mis les parties hors d'instance, sur leurs conclusions relatives à la réduction des créances de la société;

Les juges saisis de la demande en interprétation, déclarant que, par la mis hors d'instance, ils ont voulu dire seulement qu'ils ne s'arrêtaient point aux conclusions quant à présent; il y aurait ou usurpation de pouvoir, ou violation de la chose jugée.

D'abord « le jugement en question, par le-
» quel les parties auraient été mises hors
» d'instance, sur leurs conclusions relatives à
» la réduction des créances, serait définitif;
» et ne serait succeptible que d'appel: »

« Si loin d'en appeller, les parties y ont
» formellement acquiescé, en offrant de con-
» courir à son exécution, ce jugement est passé
» en force de chose jugée. »

Or, dans cette dernière hypothèse, « sui-
» vant la loi 55 au digeste, liv. 42 . tit. 1.er,
» il est défendu aux juges de réformer ou ap-
» porter des changemens ou modifications à
» leurs jugemens; donc, en déclarant que la
» disposition, de celui dont il s'agit, relative
» à la réduction des créances, ne serait pas
» un obstacle à la reproduction des conclu-
» sions, sur lesquelles les parties auraient été
» mises hors d'instance, et en modifiant cette
» disposition, qui aurait l'effet d'un débouté;
» les juges réformeraient par là leur propre

» jugement; il y aurait sous ce rapport, at-
» teinte porté à la chose jugée, et violation
» de la loi romaine précitée. » (1)

Des actes administra-tifs.

4.º *INTERPRÉTATION (l') des actes adminis-tratifs n'appartient point aux tribunaux.*

C'est ainsi qu'en fait de retenue du décime par franc établie sur les prises maritimes, en faveur de la caisse des invalides, par arrêté du Gouvernement en date du 14 brum. an VIII , les tribunaux ne peuvent prendre sur eux de décider, si une prise antérieure à cette date est soumise ou non à cette retenue, ni dire « qu'en réunissant les mots *Liquidation* et *Répartition*, qui se trouvent dans le susdit arrêté , on a voulu dire que si la liquidation de la prise avait été faite sans que les fonds eussent été répartis, il y aurait lieu à la ré-tenue, parce que le sujet de la contribution existait; pour ensuite décider en fait que la répartition aurait eu lieu avant l'arrêté de brumaire an VIII. »

Exemple.

Prises ma-ritimes.

En effet, « les juges ne parviendraient, dans
» cette espèce, à écarter le sens des expres-
» sions *Liquidation* et *Répartition*, qui se trou-
» vent cumulativement dans l'arrêté, que par
» une interprétation qui n'est pas au pouvoir
» des tribunaux , à l'égard des actes émanés
» de l'autorité administrative. » (2)

En matière criminelle.

Du code pénal.

INTERPRÉTATION (l') du code pénal de 1792 doit être faite d'après les dispositions des lois anciennes.

------

(1) 28 *Brum. an VIII*. Cass. MARINPOEY. Bul. de la Cour, an 8, p. 58. — Jur notice, p. 264.

(2) 14 *Germ. an XII*. Cass. *Inspect. de la marine de Bordeaux*. Bul. de la Cour, an 12, p. 219.

En effet; « le sens et l'étendue des expres-
» sions contenues au code pénal, doivent être
» déterminés par les définitions que les lois
» anciennes, les décisions judiciaires et les
» opinions des jurisconsultes ont adoptés. »

Voyez l'espèce, où ce principe a reçu son application, au mot *Faux*, nomb. 1. pag. 170 précédente.

INTERROGATOIRE. *En mat. civile.*

INTERROGATOIRE (l') *sur faits et articles, requis en première instance, par une partie, contre sa patrie adverse, qui ne s'est point présentée à l'audience, peut être prêté en dégré d'appel, si la partie défaillante le demande.*

En vain dirait-on : la disposition de la loi ne s'applique qu'à l'instruction de première instance; le procès est jugé par le jugement définitif de première instance : ainsi, dès que la partie n'a pas subi l'interrogatoire, requis d'elle en première instance, elle est non-recevable sur l'appel à vouloir en user, à offrir de le subir, et les juges d'appel loin de contrevenir à la loi, s'y conformeraient en refusant de l'admettre.

On répondrait avec succès : « la circons-
» tance que le jugement qui, à défaut de com-
» parution de la partie *à interroger*, aurait
» tenu les faits pour avérés, aurait été signi-
» fié; qu'une opposition y aurait été formée
» après le délai, et ladite partie déclarée non-
» recevable, ne produirait d'autre effet que
» de donner à ce jugement la force d'un ju-
» gement contradictoire, et ne pourrait empê-
» cher l'appel de ce jugement, ni conséquem-
» ment de réparer, sur cet appel, l'omission

» de subir interrogatoire en première instan-
» ce ; comme l'ont observé les rédacteurs de
» l'ordonnance de 1667 (*) ; il n'y a pas de
» raison de faire, à l'égard de cette omission,
» exception à la règle, qui veut que, sur ap-
» pel, on puisse réparer toutes les omissions
» faites dans l'instruction devant les pre-
» miers juges : »

« En effet, la faculté de réparer cette
» omission, est évidemment accordée, et par
» l'art. 1.er du titre des interrogatoires sur faits
» et articles de l'ordonnance de 1667 (324 du
» code de procédure de 1806), qui permet
» aux parties de se faire interroger en tout
» état de cause, et par l'art. 5 du même titre
» (331 du même code), qui veut que, si la
» partie qui n'a pas comparu pour répondre,
» se présente avant le jugement pour le faire,
» elle y soit reçue. » (1)

En matière criminelle.

Doit être suivi de la lecture des charges. INTERROGATOIRE (l') d'un prévenu *doit toujours être suivi de la lecture des charges et dépositions, avant sa traduction au jury d'accusation, ou devant les juges qui doivent en remplir les fonctions.*

En effet, « s'il résultait des actes d'une pro-
» cédure qu'il aurait bien été donné lecture
» au prévenu, avant sa traduction devant le
» jury d'accusation, des déclarations des té-

(*) Par M. PUSSORT, alors conseiller d'état, et chargé par le roi de dresser le plan des articles de cette ordonnance, sur l'observation de M. DE LA MOIGNON, premier président. *V. le procès-verbal de cette ordon.*

(1) 13 *Niv. an X.* Cass. PERTON. Bul. de la Cour, an 10, p. 124. — Jour. du Pal. an 10, 1. s. p. 357.

» moins entendus lors d'une première ins-
» truction faite par le Directeur du jury;
» mais qu'il ne lui aurait point été donné
» connaissance des charges résultant des pro-
» cès-verbaux, ni des déclarations des té-
» moins entendus lors d'une seconde instruc-
» tion faite devant une cour spéciale; ce dé-
» faut de lecture serait une contravention
» formelle à la disposition de l'article 10 de
» la loi du 7 pluviôse an IX ; laquelle entraî-
» nerait la cassation et annullation de l'ordon-
» nance de traduction au jury d'accusation
» et de tout ce qui en aurait été la suite. » (1)

INTRODUCTION *des marchandises pro-*
hibées. Voy. *Anglaises* (marchandises), *Doua-*
nes, Importation, Lac, Saisies, etc.

INVENTAIRE.

INVENTAIRES (les), *procès-verbaux de des-*
cription et de Carence, à l'ouverture des succes-
sions, n'ont pû être valablement faits par les
greffiers des justices de paix.

Des successions.

Par qui ils peuvent être fait.

« L'article 10 de la loi du 27 mars 1791 for-
» mait (avant l'art. 943 et suivans du code de
» procédure) le dernier état de la législation,
» et attribuait exclusivement aux notaires le
» droit de procéder à la confection des in-
» ventaires; l'art. 1.er de la loi du 17 septem-
» bre 1793 n'était relatif qu'au droit de faire
» des prisées et ventes de meubles, et ne pou-
» vait être étendu au droit de faire des in-
» ventaires; »

---

(1) 27 *Niv. an XIII.* Cass. *ANDRIEU et ROUSSEL* Bul. de
la Cour, an 13 et 14, part. crim. p. 106; et une foule
d'arrêts antérieurs rendus dans le même sens.

« Les arrêtés du Directoire exécutif, des
» 12 fructidor an IV et 27 nivôse an V, n'ont
» apporté ni pù apporter aucun changement
» aux lois existantes; »

« Enfin, l'art 38 de la loi du 9 vendémiaire
» an VI, qui assujettit à l'enregistrement sur
» la minute les actes qui y sont énumérés, et
» qui indique que cette formalité doit être
» remplie à la diligence des dépositaires des-
» dits actes.., ne peut être considéré comme
» attributif en faveur des greffiers, du droit
» *de faire les inventaires.* » (1)

Voyez *Bénéfice* d'inventaire, *Succession.*

INVENTION. Voyez *Brevet* d'invention,
Contrefaçon, *Privilège*, *Traité de compétence,*
en matière criminelle, nomb. 11, pag. 108.

IRRÉVÉRENCE.

Envers les juges.
Compétence.
Procédure.
Suspension des officiers ministériels.

*IRRÉVÉRENCE (l') d'un officier ministériel
aux audiences, envers les juges qui s'y trouvent, même sans être dans l'exercice de leurs
fonctions. donne lieu à la suspension de cet officier ministériel:*

En ce cas, la suspension peùt être prononcée, sur les seules requisitions du ministère public, comme sur la provocation du Gouvernement; il peut être appellé du jugement
qui prononce cette suspension.

Voici une espèce qui présente beaucoup de
développement sur cette matière.

Un juge. dont l'épouse avait un procès pendant au tribunal dont ce juge était mem-

____

(1) 11 *Frim. an X.* Cass. PERROT. Bul. de la Cour, an
10, p. 83. — Jur. an 10, p. 145.

bre, se retire dans la chambre du conseil au moment où la cause de son épouse est appellée; le tribunal, ordonne qu'il en sera délibéré, sur le champ, en chambre de conseil, dans laquelle il se rend et le juge dont il s'agit, rentre dans le prétoire (la salle des audiences) sans avoir son costume; il adresse, à l'avocat, en même temps avoué de la partie adverse de son épouse, quelques reproches, et lui témoigne son mécontentement des mensonges qu'il venait de plaider : réponse de l'avoué, ... *au reste, qui êtez vous ici?* etc. Le juge décline son nom, sa qualité, ajoutant que l'avoué doit le connaître, lui fait quelques reproches sur les nullités habituelles qu'il commet dans ses procédures; des invectives, des menaces ont lieu de la part de l'avoué envers le juge; procès-verbal du tout est dressé par le juge et transmis à son Excel. le Grand-Juge, lequel mande au Procureur imperial près ledit tribunal qu'il pense que ce tribunal peut suspendre cet avoué de ses fonctions, pendant quelques mois afin de ne pas laisser impunie l'injure faite à un juge.

Réquisitoire du Procureur impérial à cette fin, plus de deux mois après le jour où les irrévérences avaient eu lieu; citation à l'avoué pour comparaître devant le tribunal en chambre du conseil; audition de témoins tant à charge qu'à décharge, de laquelle il est résulté, d'une part, que l'avoué a dit au juge, *que l'on savait comment il jugeait; .. qu'il lui couperait les oreilles; .. .*que l'avoué a commis sur la personne du juge des excès réels, dans un moment où ce dernier s'était retiré dans l'embrasure d'une des croisées de la salle, et après que la première scène était terminée:

d'autre part, par et un seul témoin , que, le juge avait dit à l'avoué qu'il lui couperait le cou : mais outre que cette déposition était unique, son auteur déclarait avoir été si troublé, dès le commencement de la rixe, qu'il ne serait pas étonnant qu'il fût dans l'erreur ;..

Surquoi ledit tribunal.. jugeant par forme de discipline, en chambre de conseil, a suspendu l'avoué pour trois mois.

Quelques jours après, ou le même jour, cet avoué se présenta en robe à l'audience ; le Procureur impérial requit qu'il lui fût enjoint de se retirer ; mais l'avoué exposa qu'il n'était pas seulement avoué mais encore avocat : qu'il n'était suspendu qu'en sa première qualité, et par conséquent pouvait encore porter la robe : surquoi nouveau jugement, qui étendant la suspension prononcée contre lui comme avoué , lui défend de se présenter dans la salle des audiences, revêtu du costume attribué par la loi aux avocats et aux avoués, pendant le temps de sa suspension.

Appel, de ces deux jugemens par l'avoué ; les juges d'appel les réforment, disant que, dans l'espèce, les juges ayant été en délibération à la salle du conseil, les faits en question s'étaient passés hors la présence des juges ;.. que dans le fait, le juge insulté n'étant pas revêtu de son costume, était confondu dans la foule des plaideurs , et que par conséquent l'injure et les outrages dont il s'était plaint, ne lui avaient pas été faits dans l'exercice de ses fonctions ; que ce n'était que plus de deux mois après que la suspension avait été prononcée ; que dans le droit, la connaissance des faits en question devait être dévolue au tribunal de police simple ou au tribunal de

police

police correctionnelle, et que sous aucun rapport ces faits ne pouvaient être soumis à la connaissance du tribunal de première instance comme tel.

Cet arrêt a été dénoncé d'office à la Cour de cassation. *par M. le Procur. général*, pour excès de pouvoir et fausse application de la loi: M. le Proc. gén. a examiné la question de savoir si dans l'espèce il y avait lieu d'appeller du jugement de première instance; où si plutôt ce n'était pas le cas d'avoir recours au Gouvernement, la suspension n'ayant été prononcée que sur la provocation du Grand-Juge, organe du Gouvernement, pour tout ce qui est relatif à l'ordre judiciaire; et a laissé à la cour le soin « de peser toutes ces observations dans sa sagesse: ne les prenant que par forme de questions. »

« Les avoués sont nommés par le Gouvernement, il a incontestablement le droit de les destituer. Il a par conséquent aussi le droit de les suspendre. *disait ce Magistrat*; car, (dit la loi 21, ff. *DE REGULIS JURIS*,) *NON DEBET EI CUI PLUS LICET, QUOD MINUS EST NON LICERE.* »

« Les tribunaux peuvent cependant aussi suspendre les avoués; les anciennes ordonnances leur en donnaient le pouvoir, et aucune loi nouvelle ne le leur a ôté: la cour l'a d'ailleurs jugé le 22 germ. an XII. par rapport aux huissiers (*), et la raison est la même pour les autres officiers ministériels »

« Quant aux jugemens, *dont il s'agit*, le tribunal avait ordonné l'exécution du premier

---

(*) Voyez au *Traité de compétence* nomb. 28, p. 27. Voyez aussi *Injures, Outrages* et *Suspension*.

nonobstant l'appel interjetté ; mais ce qu'il a fait à cet égard , il a pû il a dû le faire ; jamais l'appel n'a eu l'effet suspensif pour les jugemens civils rendus en matière de police , et à plus forte raison en matière de discipline.»

La cour , en adoptant les réquisitions de M. le Procureur général, a décidé en principe, « que les tribunaux sont essentiellument com- » pétens pour statuer sur la police de leur au- » ditoire et sur la discipline intérieure à l'é- » gard de leurs officiers assermentés auprès » d'eux ; »

« Que les faits reprochés à l'avoué (dans la » cause dont il s'agit) , constituaient un acte » irrévérenciel commis dans l'auditoire pu- » blic , de la part d'un des officiers astreints » par un serment spécial au respect envers le » tribunal et chacun de ses magistrats ; »

« Que sur la dénonciation de ces faits , pro- » voquée par le chef de la magistrature , et » faite à un tribunal par le Procureur impé- » rial . ce tribunal doit statuer , par forme de » discipline , que sa compétence ne peut être » contestee . et est indépendante des règles re- » latives à l'éxercice des actions publiques ou » privées , pour la représsion des délits cor- » rectionnels et de police simple. »

« Que , dans l'espèce , l'arrêt dénoncé ren- » fermait un excès de pouvoir , en ce qu'il » avait créé une nullité et violé les règles de » la compétence , en refusant de reconnaître » celle d'un tribunal civil , pour des actes de » discipline intérieure et de police de son au- » ditoire . et en s'abstenant , sous prétexte » d'incompétence , de l'examen des faits d'in- » discipline et d'irrévérence dans un audi-

» toire public, qui lui étaient déférés par les
» voies legales. » (1)

IVRESSE.

IVRESSE (l'état d') serait-il constant . ne pourrait point éffacer entièrement un delit , mais seulement en diminuer la gravité. (2)   De ses effets, en matiere crim.

L'ivresse. est l'etat d'une personne dont l'esprit est dans une espèce d'alienation , par l'effet du vin ou autres liqueurs fortes dont elle a usé immodérément.

Voyez *Excuse*, en mat. criminelle, nomb. 1. pag. 125 précedente.

─────────────────────────

(1) 15 *Décembre* 1806. Jour. des Aud an 14 et 1806, p. 680. — Jur. an 14 et 1806, p. 459.

(2) 10 *Flor. an* X. Cass. d'office. Bul. de la Cour, an 10, part. crim. p. 316.

J.

JOUISSANCE.

1.º *JOUISSANCE (la) des acquéreurs de domaines nationaux, détermine la portion des fruits ou des fermages revenant à l'état et à l'adjudicataire.*

C'est-à-dire, qu'il n'y a point a distinguer si les biens vendus étaient affermés par bail pour un prix fixe, ou si le propriétaire les avait loués à part de fruits.

En vain dirait-on : la république n'a droit au partage, que quand le domaine par elle vendu est affermé pour un prix fixe ; en assimilant les fruits à des fermages, elle ne pourrait réclamer que ceux de ces fruits qui auraient été récoltés avant la vente : or, si dans l'acte de vente il n'a été réservé que des prix de fermages, les choses sont restées dans les termes du droit commun, selon lequel les fruits pendans par branches ou par racines, au jour de la vente, appartenaient à l'acquéreur, hors le cas d'une réserve expresse faite au profit du vendeur.

On opposerait à ce raisonnement « que la » loi du 13 floréal an III établit la régle générale de la jouissance proportionnelle à » compter du jour de l'adjudication ; que par » celle en forme d'instruction, du 6 floréal » an IV, cette jouissance est partageable entre la république et l'adjudicataire d'un domaine national; que le temps qui s'est écoulé » depuis le jour de l'année, qui correspond à » celui de l'entrée en jouissance du fermier

» jusqu'à la date de l'adjudication, détermine
» la portion de fruits, de fermages ou de loyers
» qui appartient à la république. »

Enfin, « de la combinaison de ces lois, il
» résulte que peu importe qu'il n'ait pas de
» bail, et qu'au jour de l'adjudication il y ait
» des fruits récoltés, ou des fruits pendans
» par branches ou par racines ; le mot *culti-*
» *vateur*. à côté de celui *fermier*, et les mots
» *loyers de maisons*, qui s'appliquent au cas
» où le locataire jouit sans bail, comme au cas
» où il lui en a été fait un ; ainsi que le mot
» *générique prestation*, démontrent que, bail
» ou non, fruits pendans ou récoltés, le par-
» tage proportionnel est prescrit générale-
» ment et sans nulle exception. » (1)

2.º *JOUISSANCE (la) de l'immeuble vendu re-* Donne lieu à un droit d'enregistrement.
tenue. par le vendeur, donne lieu au droit d'en-
registrement calculé sur la moitié du prix de
la vente.

En vain dirait-on contre cette règle, que
la vente avait été stipulée secrète jusqu'au
décès du vendeur, (qui s'était réservé la jouissance jusqu'à sa mort) à peine de nullité de
cette vente ; auquel cas le vendeur était tenu
de restituer à l'acquéreur le prix stipulé au
contrat, sans qu'il fût dit qu'il payerait l'intérêt couru dudit capital ;

Que du silence gardé dans l'acte de vente,
sur l'article des intérêts du prix remboursa-
ble dans le cas d'annullation de la vente,
on devrait induire que la vente aurait été

---

(1) 19 *Germ. an XII.* Cass. *Règie de l'enregistr.* Bul.
de la Cour, an 12, p. 231. —— Jour. du Pal. an 11, 2. &
p. 389.

réduite au prix stipulé, après calcul et compensation de ces intérêts avec la jouissance réservée; pour en tirer la conséquence que la vraie valeur de la vente n'excédant pas le prix stipulé, il n'y aurait pas lieu d'appliquer la perception du droit proportionnel d'enregistrement sur la reserve de jouissance retenue par le vendeur, en sus du prix de la vente de sa propriété.

Ce raisonnement en opposition avec « la » disposition de la loi du 22 frimaire an VII, » sur l'enregistrement, intitulée des valeurs » sur lesquelles le droit proportionnel des im- » meubles est assis, article 15, etc.; » se détruirait par le fait;

« Que l'acte dont il s'agit, contiendrait » vente des objets y énoncés et réserve de la » jouissance au profit du vendeur; »

« Qu'ainsi cet acte serait sujet au droit pro- » portionnel sur le prix exprimé pour la » vente de la propriété, plus à la moitié de » ce même droit, à raison de la réserve de » la jouissance stipulée par le vendeur; » Qu'en principe, « la disposition de la loi ci- » dessus n'admet aucune hypothèse, excep- » tion ni distinction, et que l'art 58 interdit » toute modération des droits établis par cette » loi;

D'où il résulterait une « contravention for- » melle dans la disposition qui déclarerait n'y » avoir lieu à la perception du droit d'enre- » gistrement sur la réserve de jouissance dont » il est question. » (1)

____

(1) 25 *Niv. an XII.* Cass. *Régie de l'enregistr.* Bul, de la Cour, an 12, p. 124.

Voyez *Bail*, *Clauses* résolutoires, *Réserve*, *Usufruit*.

JOURS. Voyez *Complémentaires* (Jours).

JUGE.

Juge : Judex quasi jus dicens, qui rend la justice ; son caractère est une portion de la majesté impériale dont le prince se dépouille.

Juge *à quo*, celui dont les décisions peuvent être attaquées par la voie d'appel ;

Juge *ad quem*, celui par-devant lequel l'appel est interjetté du juge *à quo*.

Juges *arbitres*, choisis volontairement par les parties, qui n'ont point de juridiction, et ne peuvent connaître des choses qui intéressent le public ou l'état des personnes.

Juge *extraordinaire* qui ne connaît que de quelque matière particulière, tels sont *en matière civile :* les juges de commerce, les prud'hommes pêcheurs, le conseil des prises : et les cours criminelles spéciales, les commissions militaires, les conseils de guerre, *en matière criminelle.*

Voyez, à l'égard de toutes ces juridictions, le *Traité de compétence* qui précède, aux différents §. qui les concernent, relativement à leur compétence ou à leur incompétence ; et aux règles générales, pour les matières civiles et criminelles, qui doivent respectivement leur être soumises.

1.º *Juges* (les) *compétens à raison de la matière, et devant lesquels les parties ont plaidé volontairement, peuvent néanmoins se clarer incompétens , si les parties ne sont pas leur justiciables.*

Par exemple , en matière de commerce , si , comme débiteur d'une lettre de change , mon domicile est à Cologne , et que cette lettre ait été faite à Toulouse ; si la marchandise et les valeurs du change ont dû être livrées à Baumont ; la circonstance que j'aurais été mis en cause devant les juges de commerce d'Auch, et que j'y aurais défendu au fonds, sans proposer de déclinatoire , ne pourrait empêcher les juges d'Auch de se déclarer incompétens , s'ils reconnaissaient que le porteur qui aurait poursuivi son endosseur domicilié à Auch , ne serait qu'un prête nom , à l'effet de m'amener en cause et de me distraire de mes juges naturels.

En vain soutiendrait-on qu'en se déclarant d'office incompétens, les juges d'Auch auraient commis un déni de justice, en ce que j'aurais consenti, par ma défense , à être jugé par eux , et appuyerait-on cette théorie de la loi 52, ff. *DE JUDICIIS* ; de la loi 13 , *cod. de exceptionibus* , et de la *Nov.* 53 , *chap.* 3.

Car , en principe , « la juridiction n'est conférée sur la personne , par l'acquiescement des parties , *disait M.ᵣ DANIELS* , qu'autant que les juges y consentent eux-mêmes. » *Voyez, BECMANN , dans ses annotations sur BŒHMER, introd. in jus digest. ad tit. de jurisd. §. 21.*

« Aucune loi n'oblige un tribunal à juger
» des parties qui ne sont pas ses justiciables,
» alors même qu'elles auraient consentie à
» être jugées par lui. » (1)

____

(1) 11 *Mars* 1807. Rej. *BÉGUÉ,* Jour. des Aud. et Jur. 1807, S. p. 73.

2.° *JUGES* (les) tenant le siège, *sont les seuls compétens pour connaître de la police de leur audience ; par conséquent, ils sont les seuls compétens pour connaître, au moins provisoirement, des injures proférées à l'audience par une partie envers l'autre ou envers un avocat plaidant devant eux.*

En effet, « s'il est constant que les injures
» pour lesquelles *une personne* aurait été pour-
» suivie devant un tribunal de police, auraient
» eu lieu devant un tribunal civil en séance,
» et contre *un avocat* pendant la plaidoirie et
» dans l'exercice de ses fonctions : ces injures
» tendaient à troubler l'ordre ; en offensant
» *l'avocat*, elles étaient aussi une offense pour
» le tribunal devant lequel elles étaient pro-
» noncées. »

Donc, « la répression en appartenait à la po-
» lice de l'audience, et la plainte devait en
» être formée par *l'avocat* devant le tribunal
» qui en avait été le témoin, qui était à même
» d'en apprécier la gravité d'après les circons-
» tances de leur cause et de leur caractère ;
» ce tribunal pouvait en arrêter le scandale
» par des injonctions conformes aux disposi-
» tions de l'article 556 du code des délits et
» des peines ; en cas de gravité de ces injures,
» il devait en dresser procès-verbal et ren-
» voyer les parties devant les tribunaux com-
» pétens. »

« Mais le tribunal n'ayant rien statué à
» l'occasion de ces injures, il est présumé de
» droit n'avoir point été offensé, et n'y avoir
» pas vu la base d'une action, ou du moins
» en avoir fait remise à leur *auteur*. »

« Dès-lors cet *avocat* était non-recevable à
» les reproduire devant un tribunal de police ;

» ce tribunal en accueillant sa plainte et en
» prononçant une condamnation, aurait fait
» revivre un délit éteint, et par là commis un
» excès de pouvoir. » (1)

En fait
d'injures.

3.º *Juges* (les), en fait d'injures, *ne sont compétens, règle générale, que pour les réprimer ; mais, ils ne peuvent prendre des mesures pour en prévenir de nouvelles.*

En principe, « les tribunaux doivent, pour
» la répression des délits, se renfermer stric-
» tement dans les termes de la loi ; or, nulle
» loi n'autorise un tribunal de police à signaler
» comme suspect tel ou tel individu, et à pro-
» voquer contre lui la surveillance, soit des
» autorités constituées, soit des simples ci-
» toyens ; …»

« D'où il suit qu'en faisant défense à une
» *personne* d'approcher du domicile d'une au-
» tre personne, en invitant les bons citoyens
» et le commissaire de police à la surveiller, les
» juges commettent un excès de pouvoir. »
(2) Voyez *Jugement*, nomb. 8.

JUGEMENT. (*)

CONTRE DES
ÉMIGRÉS,
rayés ou am-
nistés et
rentrés en
France.

1.º *Jugemens* (les) *rendus contre des émigrés, pendant leur émigration en pays étranger, peuvent être exécutés contre eux en France, après leur rentrée légale, et produire*

---

(1) 16 *Avril* 1806. Cass. DESPERIÉ. —— Jour. des
Aud. et Jur. 1807, S. p. 71.

(2) 19 *Février* 1806. Cass. MUSSY. —— Jour. des Aud.
et Jur. 1807,
S. p. 74.

(*) *Jugemens :* décisions rendues par les juges, et que

hypothèque sur leurs biens, sans être revisés par les tribunaux français.

Voyez les développement aux mots *Exécution*, nomb. 2 ; et l'espèce au mot *Mort civile.*

2.° *Ils peuvent être réputés contradictoires lorsque le défendeur s'est présenté en jugement, bien qu'il se soit borné à déclarer qu'il n'entend ni avouer ni contester la légitimité de la demande formée contre lui.*

En effet, dans l'espèce, « la comparution du » défendeur au tribunal, lors d'un jugement » définitif, atteste qu'il y a proposé ses ex- » ceptions, de la manière qu'il a trouvé le » plus convenable à ses intérêts ; d'où il suit » que la qualification de jugement contradic- » toire est la seule qui lui soit propre. » (1)

3.° *Celui rendu par défaut contre une des parties, mais contradictoirement avec une autre, ayant le même intérêt que la partie défaillante, est un jugement contradictoire contre*

Contradictoire.

---

l'on nomment arrêts lorsqu'elles sont rendues par les juges supérieurs.

Judicium, mens, intellectus, vis animi. Puissance de l'ame pour dicerner le bon d'avec le mauvais, le vrai d'avec le faux.

Pour qu'un jugement soit inattaquable, il doit être rendu conformément aux règles et aux principes établis dans ce recueil.

Nous avons rendu compte des dispositions, relatives aux divers espèces de jugement aux mots indicatifs des matières jugées et au *Traité de compétence: voyez* ce traité et les divers mots de ce Dictionnaire suivant les cas.

(1) 4 *Février* 1806. Rej. *Jousselin.* Jour. des Aud. an 14 et 1806, p. 255. —— Jour. du Pal. 1806, 2. s. p. 17.

*Par défaut
contre une
partie, et
contradictoire
contre une
autre.*

lequel la partie qui a défendu, ne peut former opposition.

Par exemple : des experts ayant été nommés contradictoirement entre le demandeur et l'un de deux défendeurs, le premier de ceux-ci ne peut prétendre à se servir de l'opposition formée à ce jugement par son co-défendeur non-comparant; c'est la disposition formelle de l'art 153 du code de procédure: mais, il devait encore en être de même avant sa publication.

En principe, « quoique l'obligation solidaire
» soit une, par rapport à la chose qui en est
» l'objet, elle est cependant composée d'autant
» de liens qu'il y a de personnnes différentes
» qui l'ont contractée; ainsi le jugement rendu
» en l'an V, qui décidait qu'il y avait lieu à
» la nomination d'un tiers expert, ayant été
» rendu contradictoirement avec l'un des *dé-*
» *fendeurs*, celui-ci ne pouvait pas être reçu
» à l'attaquer par la voie de l'opposition, quoi-
» que ce moyen subsistât en faveur de son
» co-défendeur, qui n'y avait pas été partie; »
Donc, « c'aurait été en contravention à la
» loi que les juges auraient rendu commun
» au *premier* l'opposition formée par le *se-*
» *cond.* » (1)

*En dernier
ressort.*

4.° *Jugement* (le) *de condamnation à une somme moindre de mille francs, rendu contre le co-débiteur non-solidaire d'une somme excédant 1000 francs, doit être qualifié en dernier ressort.*

C'est ainsi qu'une bourse de 1800 fr. ayant

____

(1) 3 *Juin*. 1806. Cass. Sarrans. — Jour. des Aud. an 14 et 1806, p. 536.

été partagée entre trois conscrits, si l'un deux prétend à la restitution des 600 fr. perçus par un des deux autres, le tribunal saisi de cette demande doit y prononcer en dernier ressort.

En effet ; « la demande n'ayant pour objet » que la répétition d'une somme de six cent » francs, le jugement ne ferait, en statuant » en dernier ressort sur cette demande, que » se conformer à l'art. 5 du tit. 4 de la loi du » 24 août 1790, et à l'article 7 de celle du 27 » ventôse an VIII. » (1)

5.º *JUGEMENT (le) qui admet une demande en divorce. peut être attaqué par la voie d'appel avant le jugement définitif.*

En matière de divorce. Appel. CODE CIVIL.

Cette règle déjà virtuellement admise par la cour suprême, le 18 frimaire an XIV (*) l'a été d'une manière formelle le 30 juillet 1806 :

En vain a-t-on dit, que le jugement dont il s'agissait, était préparatoire, et qu'en recevant l'appel de ce jugement, les juges avaient violé l'art. 6 de la loi du 3 brumaire an II et les dispositions des articles 247. 248, 249, 250 et 262 du code civil ; que le code n'autorisait

____

(1) 12 *Août* 1806. Rej. *CHENAIS*. Jour des Aud. an 14 et 1806, p. 527.

(*) Sur le pourvoi exercé contre un arrêt (rendu en cour d'appel), la cour de cassation a décidé « que » les juges d'appel, en confirmant purement et sim- » plement un jugement de première instance, qui avait » prononcé sur le tout (l'admission de la demande et la » pertinence des faits) par un seul et même jugement, » étaient formellement contrevenus aux articles 246 et » 247 du code civil, qui exigeaient deux jugemens » distincts et séparés ; » la cour d'appel était donc compétente pour réformer le jugement dont appel, autrement il y aurait eu incompétence *RATIONE MATERIÆ* ; mais point de contravention aux articles précités.

En matière de divorce.
Appel.
CODE CIVIL.

pas l'époux défendeur à appeler isolémment de chaque acte de la cause ; que s'il lui était permis d'appeler pendant le cours de l'instruction du jugement d'admission et de chaque acte de la cause, il pourrait donc appeler isolement et successivement de tous les procès-verbaux, de toutes les ordonnances du président du tribunal de première instance, de tous les jugemens de ce tribunal ; que l'époux demandeur serait exposé à soutenir divers procès nés d'un seul, avant le jugement définitif ; que ces lenteurs seraient contraires au vœu de la loi qui, après la célérité requise dans le cours de l'instruction, exige même qu'en cas d'appel, la cause soit instruite et jugée par la cour d'appel comme affaire urgente.

Sans égard à ces moyens la cour a admis en principe, « qu'aux termes de l'art. 262 » du code civil, la faculté d'appeler du juge- » ment d'admission de la demande en divorce » était ouverte dans le cas où elle était éxer- » cée avant le jugement du fond de la de- » mande ; mais, que les juges saisis de cet » appel devaient se borner à statuer sur la » regularité ou irrégularité du susdit juge- » ment d'admission. » (1)

Du jugement sur le fond. 6.º JUGEMENT (*le*) *sur le fond, d'une de- mande en divorce, comprend la décision sur la pertinence des faits de nature à justifier cette demande.* (*)

---

(1) 30 *Juillet* 1806 *Dame* CHAPPEL. Bul. de la Cour, 1806, p. 285. — Jour. des Aud. an 14 et 1806, p. 708. — Jur. an 14 et 1806, p. 485.

(*) Voyez le nota qui est ci-après page 368.

En effet, « la pertinence des faits allégués
» (à l'appui d'une demande en divorce de
» l'espèce dont il s'agit) constitue le fond dont
» la cour d'appel ne peut être saisie, lorsqu'il
» s'agit de l'appel interjetté par *le mari*. d'un
» jugement qui a admis la demande en di-
» vorce, et a ordonné qu'il sera procédé con-
» formément à la loi ; »

Donc, en « se permettant de statuer sur la
» pertinence des faits en question, les juges
» d'appel excéderaient leur pouvoir et usur-
» peraient celui que l'art. 247 du code civil
» attribue au tribunal de première instance. »
(1)

7.º *Jugemens* (*les*) *qui censurent ou qui sus-pendent les officiers ministériels peuvent être prononcés en chambre du conseil; ils sont susceptibles d'appel.* — *Qui suspendent les officiers ministériels.*

Voyez *Avoués, Avocats, Irrévérences* et *Suspension.*

8.º *Jugement* (*un*) *conforme à la loi, dans sa disposition au fond, peut être annullé dans sa disposition additionnelle et qui serait irrégulière.* — *Qui contient des dispositions régulières et d'autres irrégulières.*

Par exemple, dans l'espèce de l'arrêt rap-porté au mot *Juge*, nomb. 3, il s'agissait d'un jugement d'un tribunal de police, lequel après avoir condamné le prévenu à l'emprisonne-ment et à des dommages-intérêts, pour cause de proposition malhonnête, suivies d'injures grossières et de propos deshonnêtes, envers une femme mariée, contenait deux disposi-tions irrégulières : « dont l'une faisait defense

______

(1) *Voyez* la note (1) 30 *Juillet*, page précédente.

» *au condamné* d'approcher du domicile de
» ladite femme, et soumettait sa conduite à la
» surveillance du commissaire de police; et
» par l'autre il invitait les citoyens à prevenir
» soit le commissaire de police, soit le magis-
» trat de sûreté, des atteintes que le condam-
» né pourrait porter à la tranquilité des époux
» dont il s'agissait. »

La cour de cassation, sur le pourvoi interjetté contre ce jugement, l'a cassé, en laissant subsister la disposition au fond, par le
motif « qu'en faisant défense à *ce condamné*
» d'approcher du domicile de *ladite femme*,
» et en invitant les bons citoyens et le com-
» missaire de police à le surveiller, ce tri-
» bunal de police simple avait commis une
» usurpation de pouvoir; c'est pourquoi elle
» a cassé et annullé ledit jugement EN CES
» DEUX CHEFS SEULEMENT. » (1)

Cet exemple nous paraît suffisant dans cette
espèce; mais il est bon d'observer que ce
principe a déjà été plusieurs fois admis dans
des espèces différentes.

Sur le nombre 6 précédent, page 366.

NOTA. Dans l'espèce, l'arrêt du 18 frimaire an 14, rapporté au mot *Divorce*, nombre 13, présupposait ce qui
est maintenant décidé affirmativement : mais, doit-on
comprendre dans les jugemens rendus sur le fond et
dont il est permis d'appeller, celui qui APRÈS L'AD-
MISSION PRONONCÉE POUR CAUSE DE SÉVICES OU D'IN-
JURES GRAVES, autorise la femme à quitter la compagnie de son mari, en vertu de l'article 259 du code?
Ce jugement est-il définitif? Cette question qui a déjà
souffert de grands débats, qui a présenté des doutes

(1) Voyez la note (2) 19 *Février* 1807, page 362.

réels

réels à cause des expressions *avant faire droit* insérées dans l'article précité du code, et celle *définitif* insérée dans l'article suivant, nous paraît devoir se décider par l'affirmative. Contre cette opinion, on dit que le législateur a lui-même qualifié ce jugement de préparatoire, par les termes *avant faire droit*, qu'un usage ancien a toujours consacré pour les jugemens préparatoires; et par le mot suivant *définitif* employé par le législateur en parlant du jugement d'admission; on répond que cette décision, toute préliminaire qu'elle soit, n'en n'est pas moins définitive, en ce sens qu'elle statue sur un objet indépendant de l'instruction du procès, et qui doit nécessairement être exécuté avant que les parties puissent revenir à l'audience ; nous ajoutons, qu'il est aussi admis au palais, et que la cour a elle-même décidé, les 24 brumaire an XII et 3 Pluviôse an XIII (Voyez *Appel*, nombre 3.), qu'un jugement préparatoire est « celui qui prononce *sans préjudice au droit des* » *parties*; ... qui ne prononce rien de définitif sur au-» cun des points du litige ; que le tribunal qui l'a rendu » peut, sans commettre un excès de pouvoir, *révoquer* » *pour statuer sur le fond*, encore bien que ce qu'il aurait » ordonné n'aurait point été exécuté, etc. » Or, s'il est vrai, dans l'espèce, que le jugement *qui autorise la femme à quitter la compagnie de son mari*, pendant une année d'épreuve (art. 160), ne préjuge rien sur le fond de la demande en divorce; il est sur que l'exécution nécessaire de ce jugement peut porter un grand préjudice aux parties; que le rapport de ce jugement ne peut avoir lieu, puisqu'il serait sans objet lorsque les parties seraient admises à plaider sur le fond, après l'année d'épreuve infructueuse :

La cour suprême nous disait, le 3 pluviôse an XIII; « *C'est précisément l'incertitude d'un préparatoire qui a* » *engagé le législateur à en proscrire l'appel avant le ju-*

IVe Vol.

A a

» *gement définitif;* » or, il ne peut y avoir d'incertitude dans un jugement dont l'éxécution serait irréparable: dans notre espèce, le jugement est indépendant du succès de la demande en divorce, il ordonne une mesure préalable; qui doit nécessairement être exécutée. Il est définitif.

JURÉS.

Jurés (les) sont des citoyens choisis par l'autorité administrative pour prononcer sur le fait dont *un autre citoyen est prévenu :* d'abord ils prononcent s'il y a lieu à accusation ; *après l'accusation admise*, ils déclarent si *ce citoyen* est coupable ou non du crime dont il est accusé : sur quoi , les juges lui imposent la peine prescrite par la loi.

L'assemblée des jurés se nomme *Jury ;* voy. ce mot.

Voyez aussi les mots *Déclaration* des jurys, *Questions* aux jurés, etc.

JURIDICTION.

Juridiction : c'est l'autorité publique accordée au juge , pour connaître et juger les différens des parties.

Voyez la division des juridictions et leur compétence au traité qui précède ce Dictionnaire et au mot *Juge.*

JURY.

1.º *Les membres d'un Jury d'accusation ne peuvent être récusés; cette faculté ne peut avoir lieu qu'envers les jurés de jugement.*

C'est-à-dire que M. M. les Procureurs généraux près les cours de justice criminelle ne peuvent pas plus qu'aucun autre exercer de récusation contre les jures d'accusation.

En effet, « la faculté accordée par l'art. 503
» du code des délits et des peines, à ces Procu-
» reurs, d'exercer des récusations, n'est rela-
» tive qu'au jury de jugement : aux termes de
» l'art. 492 du même code, le directeur du
» jury doit faire tirer au sort les huit jurés
» sur la partie de la liste mentionnée en l'art.
» 486; nulle part il n'est dit que cette liste
» puisse être réduite par des récusations : »

Le cas étant arrivé que « le procès-verbal
» du tirage au sort du jury d'accusation énon-
» ce, que l'on n'a point mis dans l'urne les
» noms de deux citoyens récusés par le Pro-
» cureur général près la cour de justice cri-
» minelle, suivant sa lettre, dirait ce procès-
» verbal; ce Procureur général, en faisant
» produire effet à ses récusations sur le ju-
» ry d'accusation, et le directeur du jury,
» en excluant ces deux citoyens d'après ces
» mêmes récusations, auraient commis l'un et
» l'autre un excès de po.   auraient fait
» une fausse application de l'art. 503 précité,
» et le directeur du jury serait encore con-
» trevenu à l'art. 492 aussi précité. » (1)

« D'après le susdit art. 503, le ministère pu-
» blic ne peut récuser qu'un juré sur dix, sans
» donner de motifs; si le procès-verbal de ti-
» rage du jury au sort, constate que le Procu-
» reur général impérial a exercé les récu-
» sations autorisées par la loi; en cet état, ce

---

(1) 28 *Vent* an X. Cass. **HERBESTER**. Bul. de la Cour,
an 10, part. crim. p. 259.

» magistrat ne peut plus exercer que des ré-
» cusations motivees: »

Conséquemment. « s'il est reconnu au procès-
» verbal, que lors des débats, il ait encore
» exercé une autre recusation, sans déduire
» de motifs, il en résulte une violation mani-
» feste des articles 503 et 525 du même code
» des délits et des peines. » (1)

De sa composition. En fait de jugement.

2.º JURY de jugement (le) doit être composé de douze jurés et trois adjoints ; les noms
des uns et des autres doivent être inscrits au
procès-verbal des débats.

Or. « s'il est dit en termes généraux dans
» le procès-verbal de la séance, sont compa-
» rus les douze jurés, les trois adjoints; et que
» cette énonciation générale soit restreinte
» par la désignation expresse de ceux qui ont
» réellement comparu, laquelle désignation
» soit faite en ces termes, savoir : M .. O...
» P..; etc. de cette désignation expresse et no-
» minative de ceux qui auraient été présens,
» il résulterait que les trois adjoints. dont les
» noms ne seraient pas rappelés, n'auraient
» pas concouru à la formation du jury de ju-
» gement, et qu'ainsi il y aurait eu violation
» formelle de l'art. 337 du code des délits et
» des peines. » (2)

3.º JURÉ (le) qui a fait partie du JURY d'accusation. ne peut pas être admis au JURY de
jugement.

____

(1) 5 Flor. an YIII. Cass DOURDON. Bul. de la Cour,
an 13 et 14, part. crim. p. 222.

(2) 1.ᵉʳ Messid. an XIII. Cass. JACQUOT. Bul. de la
Cour, an 13 et 14, part. crim. p. 282.

« Lorsqu'il résulte des pièces du procès, que
» c'est le même individu qui a coopéré à la
» délibération du jury d'accusation et à celle
» du jury de jugement, sur laquelle est in-
» tervenu l'arrêt de condamnation rendu par
» une cour de justice criminelle, la cour su-
» prême casse et annulle cet arrêt, ensemble
» la déclaration du jury de jugement, le dé-
» bats et la liste du jury de jugement dans
» ladite affaire. » (1)

4.° *JURY* de jugement (*le*) *comme celui d'accu-* Des listes sur
sation, est illégalement composé, s'il s'y trouve lesquelles il
des jurés qui ne soient pas sur la liste du tri- doive être
mestre actuel, mais sur celle d'un trimestre tiré au sort.
précédent.

En thèse, « avant la loi du 16 germinal an
» VIII, la liste des jurés ordinaires était for-
» mée pour un trimestre; tandis que d'après
» le titre 13 du code des délits et des peines,
» les listes des jurés spéciaux, tant d'accusa-
» tion que de jugement, étaient formées par-
» ticulièrement pour chaque affaire; de cet
» ordre de choses il suivait que la liste des
» jurés spéciaux une fois formée pour une
» affaire, cette liste était valable, quelle que
» pût être la durée de cette affaire; tandis que
» la qualité et le pouvoir des jurés ordinaires
» finissait à l'expiration du temps pour lequel
» ils étaient nommés; mais cette différence a
» cessé par la loi du 16 germ. an VIII, d'après
» laquelle la liste des jurés spéciaux est formée
» comme celle des jurés ordinaires, et seule-
» ment pour la durée d'un trimestre. »

____

(1) 8 *Messid. an XIII.* Cass. *TIQUERA.* Bul. de la Cour,
an 13 et 14, part. crim. p. 293.

Ainsi, si le tableau du jury de jugement avait été formé le 1.er ventôse an XIII, et qu'il ait été tiré de la liste formée par le Préfet pour le trimestre qui finissait avec le mois; des circonstances ayant retardé la mise en jugement de l'accusé jusqu'en prairial; on devait, au lieu d'appeler les jurés tirés au sort en ventôse, et dont la qualité avait cessé, d'après la loi de germinal précitée. former un nouveau tableau sur la nouvelle liste envoyé par le Préfet pour le trimestre de germinal.

En effet, « les jurés spéciaux tirés le 1.er » ventôse an XIII. qui auraient prononcé dans » l'affaire de cet accusé, auraient perdu leur » caractère à l'expiration de ventôse, la liste » du Préfet du département étant, à cette » époque. parvenue au Président de la cour » de justice criminelle : d'où il suit que la loi » aurait exigé, dans l'espèce. la formation » d'un nouveau tableau tiré au sort sur la liste » du trimestre » de germinal. (1)

5.° *JURÉS* manquant (*les*) *ne peuvent être remplacés. à défaut de citoyens de l'arrondissement de la justice de paix , sur la liste des jurés spéciaux et ordinaires que par des citoyens tirés au sort . sur les habitans de la commune où le jury est assemble.*

C'est-à-dire. qu'ils ne peuvent être remplacés par des citoyens indiqués verbalement et arbitrairement. par le président de la cour de justice criminelle ou par le directeur du jury.

S'il « résulte d'un procès-verbal, consta- » tant le mode de remplacement des jurés

____

(1) 12 *Fruct. an XIII* Cass. *LAZACE.* Bul. de la Cour, an 13 et 14, part. crim. p. 358.

» manquant à l'ouverture d'une séance , qu'à
» défaut de liste partielle des citoyens de l'ar-
» rondissement de la justice de paix du can-
» ton , les citoyens qui ont remplacé les ab-
» sens. ont été invités directement par or-
» dre du président (ou du directeur du jury)
» sans designation par le sort conformément
» à la dernière partie de l'art. 515 du code
» des délits et des peines. qui indique la dé-
» signation par le sort parmi les citoyens de
» la commune. âgés de plus de trente ans ,
» ce mode de procéder entraîne la violation
» formelle dudit art. 515, qui est prescrit à
» peine de nullité. » (1)

6.° *Le chef du* Jury *de jugement doit être celui qui se trouve le premier inscrit sur le tableau notifié aux accusés.*

Quel citoyen doit être le chef du jury de jugement.

Si au contraire il se trouve « que celui qui
» a fait fonctions de chef du jury de juge-
» ment, qui a dans cette qualité signé la dé-
» claration des jurés, n'était tombé au sort
» que le septième, qu'il n'avait non plus été
» porté que le septième sur le tableau notifié
» à l'accusé ; que sur ceux qui le précédaient,
» il n'y ait eu qu'un seul remplacement, de
» sorte que l'on ne voie point par quelle cir-
» constance il a pû être autorisé à exercer les
» fonctions de chef du jury : il y aurait con-
» travention à l'art. 385 du code du 3 bru-
» maire an IV précité. » (2)

____

(1) 6 *Prair. an XI.* Cass. *Femme* MARCHAND. Bul. de la Cour, an 11, part crim. p. 247.

(2) 19 *Flor. an XIII.* Cass. LANDON *et* MARTIN. Bul. de la Cour, an 13 et 14, part. crim. p. 234.

De leur serment.

7.º *Les citoyens appellés pour la formation des* JURYS *ne doivent point prêter d'autre serment que la promesse exigée d'eux par le code des délits et des peines.*

Ces citoyens ne sont point des fonctionnaires publics.

En principe, « les cours de justice criminelle
» (comme les directeurs de jury) ne contre-
» viennent à aucune loi, en se bornant à exi-
» ger des jurés la promesse voulue par le code
» des délits et des peines; »

Car, « le serment exigé par l'art. 56 du sé-
» natus-consulte organique du 28 floréal an
» XII, des fonctionnaires publics civils et ju-
» diciaires, ne concerne pas les jurés, puis-
» qu'ils n'y sont pas rappelés nominativement,
» et qu'il est textuellement décidé par l'ar-
» ticle 207 du code des délits et des peines,
» qu'ils ne sont point fonctionnaires publics; »

D'ailleurs, « aucun caractère distinctif, au-
» cune marque extérieure ne les désigne à
» leurs concitoyens comme devant être leurs
» juges, dans telles ou telles circonstances. »
(1)

De leur séance et de leur délibération.

8.º JURYS (les) *d'accusation, doivent non seulement entendre la lecture des pièces de la procédure, mais les avoir en leur pouvoir lors de leur délibération*

Si « le procès-verbal de la séance d'un jury
» d'accusation, ne dit point que les pièces de
» la procédure aient été remises au jury, et
» qu'il y soit seulement énoncé qu'il lui en a
» été fait lecture; de la mention bornée à la

____

(1) 5 *Brum. an XIII*. Rej. MAUCONDUIT. Jour. du Pal.
an 13, 1. s. p. 45.

» seconde formalité, on doit conclure que la
» première a été omise. et qu'ainsi l'art. 21 de
» la loi du 7 pluviôse an IX a été violé. » (1)

9.° *La déclaration du JURY d'accusation a
le caractère de dernier ressort ; et ne peut être
annullée que par la Cour de cassation.*

Par exemple : un maire et un officier ayant
été prévenus de délits relatifs à la conscription,
et traduits devant un jury d'accusation , qui
aurait déclaré n'y avoir lieu à accusation : la
cour de justice criminelle ne pourrait, sans
articuler de nouvelles charges, s'arroger un
pouvoir qui n'appartiendrait qu'à la Cour de
cassation, en annullant la déclaration négative du jury d'accusation, et en renvoyant
les prévenus devant le magistrat de sûreté.

Nuls motifs ne pourraient justifier « l'excès
» de pouvoir de cette cour, en annullant une
» déclaration du jury d'accusation ; cet excès
» de pouvoir résulterait de ce que cette cour,
» par son arrêt, aurait ordonné la reprise des
» poursuites dirigées originairement contre
» *lesdits prévenus* au mépris d'une déclaration
» négative du jury d'accusation, et sans énon-
» cer de nouvelles charges ; et qu'elle au-
» rait censuré une déclaration négative de
» jury, qui, ayant le caractère du dernier
» ressort, n'aurait pù être soumise qu'à la
» censure de la Cour de cassation. » (2)

Voy. le *Traité de compétence*, qui précède,

*De leur
déclaration.
Pourvoi.*

---

(1) 2 *Therm. an XI.* Cass. *PAULMIER.* Bul. de la Cour,
an 11, part. crim. p. 312.

(2) 5 *Brum. an XIII.* Cass. d'office. Bul. de la Cour,
an 13 et 14, part. crim. p. 23. —— Jour. des Aud. an 13,
S. p. 58.

aux divers §. concernant les directeurs du jury, les magistrats de sûreté et officiers chargés des fonctions du ministère public ; les mots *Actes* d'accusation, *Action* publique, *Cassation* en mat. criminelle, *Déclaration* du jury, *Lecture* des dépositions écrites, *Ordonnance*. *Procès-verbaux*, *Questions* aux jurés, *Récusation*, et les mots indicatifs des divers crimes et délits.

JUSTICE.

JUSTICE. En droi, c'est la ferme volonté de rendre à chacun ce qui lui appartient ; on la distingue en *commutative*, qui porte les hommes à ne point se tromper dans les relations qu'ils ont entr'eux : en *distributive*, qui est celle des souverains, exercée par des magistrats, *JUDICES*, *COGNITORES*. Voyez *JUGES*.

JUSTICE et *Juridiction*, signifie ordinairement la même chose : néanmoins Justice se dit plus particulièrement des juges absolument inférieurs : dans le langage de ce siècle, il n'y a que les justices de paix qui soient désignées par ce titre ; comme l'étaient anciennement les juges des seigneurs. Voyez sur le tout le *Traité de compétence* et le mot *Juge*.

Fin du quatrième volume.

Nota. Ne sont point compris ici les mots qui ne font qu'indiquer les renvois à d'autres mots, tels que *Droits* dans son acception générale; *Exportation:* etc.